Creating Mindful Leaders

가지 않은 길, 마인드풀니스

Creating Mindful Leaders

가지 않은 길,
마인드풀니스

조 버튼 지음 | 김은미 옮김

한언

일러두기

· 흔히 '마음챙김'이라고 번역하는 용어 '마인드풀니스mindfulness'는 '마음새김, 마음지킴, 알아차림'으로 번역되기도 하는 빨리어 용어 '사띠sati'의 영어 표현이다. 이 책에서 말하는 마인드풀니스는 명상에 국한되는 개념이 아니라 종합적인 집중력 훈련이므로 '마인드풀니스'와 '명상'을 구분하여 사용하였다.

· 외래어 표기는 국립국어원 외래어표기법을 최대한 따랐으나, 경우에 따라 예외를 두기도 했다.

나의 모든 순간을 소중하게 만들어 준
사랑하는 아내 사라, 아이들 잭슨과 윌에게
고맙다는 말을 전합니다.
그리고 더 건강하게, 더 행복하게, 더 몰입하면서
살 수 있는 세상을 만들기 위해 일하는
동료들에게 감사합니다.
내 꿈에 다가갈 수 있도록 힘을 보태 주어서 고맙습니다.

이 글을 읽고 있는 독자 여러분, 다 괜찮을 거예요.

『가지 않은 길, 마인드풀니스』에 쏟아진 최고경영자, 인사人事 전문가의 찬사

　　조 버튼은 마인드풀니스를 이해할 수 있게 도와주면서 누구든 쉽게 더 행복하고 효과적이며 균형 잡힌 리더가 되기 위한 첫발을 뗄 수 있게 한다. 지금은 그 어느 때보다 그의 도움이 필요하다. 회사 생활은 자주 혼란스럽고 점점 더 나빠진다. 이 책이 언론계와 광고 업계에 더 빨리 침투했다면 좋았을 뻔했다!

　　　　　　　　　　　　　　　　　　찰스 코티어Charles Courtier,
　　　　　　　　　　　　글로벌 미디어 에이전시 MEC의 전前 CEO

　　스트레스에 시달리는 직장인들을 위한 시의적절하고 완벽한 책이다. 마인드풀니스와 감성지능 기술은 오늘날의 리더들이 각자 목적에 따라 더 큰 가능성을 발휘하며 살아가게 하는 열쇠다. 조 버튼은 마인드풀니스를 성공적인 경력의 한 부분으로 만들 수 있는 깊은 통찰력과 훈련을 위한 조언을 제공한다.

칩 윌슨Chip Wilson,
스포츠 의류업체 룰루레몬Lululemon의 창업자

『가지 않은 길, 마인드풀니스』는 이 시대에 가장 널리 퍼져 있는 문제를 탐구한다. 항상 '전원이 켜진' 상태로 살면서 겪는 불가항력적인 과로와 성취 중독, 불균형이 그 문제들이다. 버튼은 자신의 경험에 풍부한 유머를 더하며 리더들을 위한 중요한 메시지를 공유하고, 일터와 개인적인 삶의 영역에서 온전한 정신을 유지하게 해 주는 간단한 훈련들을 소개한다. 모든 조직에서 단 한 사람만 이 책을 읽을 수 있다면, 바로 그가 리더가 되기를 바란다!

엘리자베스 A. 스탠리Elizabeth A. Stanley 박사,
조지타운대학교 부교수, 마인드풀니스기반정신건강훈련MMTF 창시자

모든 사람과 관련이 있을 법한 개인적인 이야기와 연구 결과들이 담겨 있어서 좋다. 이 책을 읽으면 누구나 지속 가능한 성공을 위해 자신의 스트레스를 관리하면서 더 강력하고 끈끈하게 연결된 팀을 만들어 내는 법을 제대로 이해하게 될 것이다.

데비 맥그래스Debbie McGrath,
인사 전문가 커뮤니티 HR.com의 CEO

마인드풀니스라는 여정을 시작하거나 발전시키려 할 때 완벽한 동반자가 될 것이다! 『가지 않은 길, 마인드풀니스』는 공감할 수밖에 없는 버튼의 개인적인 이야기부터 전반적인 연구 결과와 실용적이고 실천하기 쉬운 접근법까지, 오늘날 개인적인 삶과 경력에 긍정적인 변화를 일으키려는 직장인들에게 필요한 모든 것을 담고 있다.

패티 클라크Patti Clark,
글로벌 광고홍보회사 아바스Havas의 총괄 최고인재책임자

조 버튼은 주류 언론보다 훨씬 먼저 마인드풀니스의 중요성을 깨달은 정신 건강 분야의 리더다. 트렌드세터 아니면 당신이 원하는 어떤 호칭으로 불러도 좋다. 이 책은 모든 리더에게 직원들의 건강과 행복을 지원할 능력(과 책임)이 있다는 증거이다. 책에 소개된 아이디어들은 강력하면서도 단순하고 바로 행동으로 옮길 수 있다. 『가지 않은 길, 마인드풀니스』는 직장인들을 위한 마인드풀니스라는 버튼의 비전이 확장된 결과물이다. 그의 통찰력 덕분에 세상은 더 나은 곳이 되었다.

라우라 아고스티니Laura Agostini,
글로벌 커뮤니케이션기업 JWT의 총괄 최고인재책임자

지금처럼『가지 않은 길, 마인드풀니스』가 필요했던 때는 없었다! 치열한 경쟁이 벌어지고 스트레스가 쏟아지는 이 시대에 앞서 나가고 싶은 모든 이에게 필요한 책이다. 빠르게 돌아가는 오늘날의 세계에서 성공하려면 마음을 챙기는 접근 방식과 태도가 필요하다. 버튼은 경력과 개인적인 삶에서 모두 성공하기 위한 도구와 지식을 준다.

크리스 버티시Chris Bertish,
강연가, 베스트셀러 작가, 빅웨이브Big Wave 우승자,
스탠드업패들보드 세계기록 보유자, 해양 탐험가

『가지 않은 길, 마인드풀니스』는 정부나 교육계, 산업계에 몸담은 모든 직장인이 알아야 할 것을 포착했다. 오늘날 세계는 빠르게 변하고, 성장하려면 적응해야 한다. 이 책에서 공유한 훈련법과 도구, 기술을 이용하면 우리 모두 더 회복탄력성이 강하고 열정적이며 효과적인 사람이 될 수 있다.

그레그 피셔Greg Fischer,
미국 켄터키주 루이빌Louisville

서문

_조쉬 버신Josh Bersin

사회생활을 시작했을 때 이 책을 읽었다면 어땠을까

리더는 일을 하면서 맡게 되는 가장 복잡하고 까다로운 역할이다. 쉴 새 없이 성과를 내야 한다는 압박감에 시달리고 일거수일투족이 관찰의 대상이 된다. 모든 성공이 다른 사람들에게 의욕을 불어넣고, 방향을 잡아 주고, 지원해 주는 능력에서 나온다. 그 과정에서 나 자신은 어떻게 보살펴야 할까?

나는 몇 년 전부터 리더십과 인적 자원을 연구해 왔다. 세계적 기업의 CEO들을 만났고, 인사 담당자들과는 더 나은 리더들을 길러야 하는 필요성을 이야기했다. 그리고 아주 단순한 결론에 이르렀다. 우리는 특정한 지위에 올랐을 때가 아니라 사회생활을 하는 내내 리더로 살아간다. 그래서 우리 자신에 대해 더 많이 생각해야 한다.

조 버튼을 알게 되고 이 책을 읽었을 때 바로 "사회생활을 시작했을 때 이 책을 읽었다면 좋았을걸!"이라는 생각을 들었다. 우리에게는 다른 이들을 이끌어 가는 각자의 방식이 있다. 하지만 모두 합쳐 보면 결국 "마음을 돌보는 리더"가 진정한 지향점일 것이다.

위대한 리더십은 엄청나게 복잡한 주제다

먼저 "위대한 리더 되기"는 복잡한 주제이고 지금까지 수많은 연구가 이루어졌다는 사실을 짚고 넘어가야겠다. 수천 권의 책이 나왔고 수천 번의 워크숍이 열렸다. 리더십 모델이 수백 개에 이르며, 리더십을 상담하고, 평가하고, 자문하는 산업에 수십억 달러가 몰린다. 하지만 많은 회사에 해로운 문화가 고착되는 것으로 끝이 난다.

왜 그럴까? 좋은 리더가 되기는 어렵고, 성공은 순식간에 지나가기 때문이다. 어떤 상황에서는 탁월했던 리더라도 다른 상황에서는 종종 실패한다. 또한 사람들은 다양한 방식으로 이 문제에 접근한다. 우리가 오랫동안 리더십 개발을 연구하면서 얻은 가장 큰 발견은 다른 무엇보다도 "환경"이 중요하다는 것이다. 우리는 리더로서 팀, 회사, 업계 상황 그리고 우리를 둘러싼 모든 문화에 아주 민감해야 한다. 계속 변화하고 혼란이 이어지는 환경에 있다면, 회복탄력성을 발휘하며 깨어 있어야 세계를 잘 듣고 관찰해야 한다는 핵심적 요구에 부응할 수 있다.

리더에 대한 기대가 계속 변하면서 리더십이라는 주제도 더 까다로워졌다. 나는 1978년에 사회생활을 시작했다. 제일 처음 엑손Exxon에서, 그다음 아이비엠IBM에서 일할 때는 사람들이 경영진으로 승진하기까지 오랜 시간이 걸렸고 예상도 가능했다. 또한 경영자들은 그야말로 "우두머리"였다. 경영진이나 대표가 되려면 오랫동안 준비해야 했고, 일단 성공하면 다른 사람들이 따라야 할 규칙과 관행을 만들었다. 기업들이 안정적이던 시절이라 사람들은 인내심을 발휘하며 자기 순서가 오기를 기다렸다. 관리직을 맡게 되면 갑자기 핵심 인력 중 하나가 되었고, 모두 어느 정도 경의를 표했다.

경영진으로 승진하기는 쉽지 않았지만 확실한 패턴이 있었다. 회사는 호감이 가는 사람, 성공하기 위해 팀을 결집할 수 있는 사람, 근면 성실한 사람, 보통 타고난 일 중독자인 사람을 승진시켰다. 나는 이런 패턴을 영웅 리더십 모델이라 부른다. 성공하려면 엄청난 투지와 끈기가 필요했다.

그런데 1980년대와 1990년대를 거치며 리더십의 주제가 바뀌기 시작했다. 노동 시장의 경쟁이 더 치열해졌고 "인재 전쟁"이 시작됐다. 리더들은 새로운 역할을 떠맡아야 했다. 불현듯 지시를 내리고 자원을 배분하는 대신 사람들에게 영감을 주고, 힘을 불어넣고, 지지해 주어야 했다. 리더들이 자신의 취약성을 드러내는 것이 허용되었고, 리더의 진정성을 강조하는 "진정성리더십authentic leadership"이 엄청난 인기를 끌었다. 리더들은 회사 재정이나 개인적 도전, 성공을 위한 전략을 더 솔직히 밝히기를 요구받았다.

오늘날 세상은 다시 변하고 있으며 노동의 본질 역시 변하고 있다. 모든 직원은 거의 모든 역할에서 리더가 되기를 요구받는다. 직장인 중 40퍼센트가 자신보다 어리고, 아마 자신보다 경험도 적을 리더 아래에서 일한다. 우리는 직장에서 각각 팀이나 프로젝트, 회의, 여러 규모의 그룹을 이끄는 동시에 그 어느 때보다 행동과 태도를 감시하기 쉬운 환경에서 일한다. 당신이 피곤하고 스트레스가 쌓인 나머지 무심코 후회할 만한 말을 했다고 상상해 보자. 그 순간이 영상에 담겨 직원들의 사적인 채팅방에 공유되거나 온라인으로 전 세계에 퍼질 수도 있다. 리더에 대한 기대는 그 어느 때보다 높다. 그래서 행동에 옮기기 전 속도를 늦추고, 진정하고, 한 번 더 생각하는 것이 무엇보다 중요하다.

리더로 살아온 나의 여정

나는 엔지니어로 직장 생활을 시작했고 이후 영업 부서와 마케팅 부서를 거쳤다. 한동안은 리더가 되겠다는 꿈도 꾸지 않았다.

몇몇 훌륭한 기업에서 일할 기회가 있었고, 덕분에 뛰어난 관리자들과 경영진을 접하고 관찰하며 본보기로 삼을 수 있었다. 예를 들어 아이비엠에서 함께 일했던 상사는 아주 탁월한 관리자여서 많은 이들이 아버지처럼 생각했다. 미국 태평양 연안 지역의 영업 책임자였던 그가 사망하자 영업 부서의 거의 모든 직원이 장례식에 참석했다. 그는 아주 전통적인 방식으로 마음을 돌보았다. 당시에는 모두 정장을 입고 넥타이를 하긴 했지만 그는 사무실에서도 양복 상의를 입고 있었고, 행동에 나서기 전에 종종 창밖을 바라보며 깊은 생각에 빠졌다가 천천히 입을 열었다.

나는 스스로 준비가 되었다고 느끼기도 전에 관리자가 되었다. 그래서 다른 사람들을 보면서, 책을 읽으면서, 강연을 들으면서 방법을 찾으려 했다. 엔지니어 시절에는 나의 일을 파악하고 이해하고 있다고 생각했다. 하지만 관리자로 몇 년을 보내면서 리더가 되려면 결국 전인적인 사람이 되어야 한다는 것을 깨달았다. 그래서 한동안 갈팡질팡했고, 아마 전혀 마음을 돌보지 못하는 상태였을 것이다.

마흔한 살이던 1997년에 마음을 돌보는 리더십의 중요성을 확실히 배웠다. 자그마한 소프트웨어 기업의 마케팅 부사장으로 새로 부임했는데, 회사에 합류하고 몇 주가 지나기 전 CEO가 심장마비를 일으켜 사임했다. 190킬로미터 떨어진 곳에 살던 창립자는 회사 운영에 전혀 관심이 없었고, 갑자기 내가 사실상의 CEO

를 맡게 되었다. 전혀 원하지 않았던 임무가 떨어졌고 나는 어마어마한 스트레스에 시달렸다.

겉으로는 차분해 보이지만 사실 나는 선천적으로 경쟁심이 강하다. 갑자기 열정, 에너지, 실패에 대한 두려움이 수면 위로 떠올라 나를 일 중독자이면서 스트레스에 짓눌린 경영자로 바꾸어 놓았다. 내가 처리해야 할 일들이 쏟아져서 낮에 일하는 것으로는 부족했고, 결과적으로 1년 넘게 아주 늦게까지 일하면서 수면부족에 시달렸다. 우리는 회사를 매각하는 데 성공했고 이후 나는 옛 회사를 인수한 기업에서 더 스트레스가 많은 직책을 맡았다. 나는 버튼이 책에서 "지휘형" 리더라고 묘사한 상사가 되어가고 있었다. 그때 나는 마음을 돌보고 있었을까? 전혀 아니었다. 돌이켜 생각해 보면 사회생활을 하면서 가장 힘겨웠던 시절이었다. 다른 수많은 리더와 마찬가지로 나는 끊임없는 역경에서 제대로 된 도구나 기술, 사고방식을 활용하며 차분함, 집중력, 회복탄력성을 유지하는 법을 배운 적이 전혀 없었다.

그로부터 20년이 넘는 세월 동안 나는 내 회사를 창립해 운영하고, 전 세계에서 수백 명이 넘는 리더들을 만나고, 리더십을 상세히 연구하고, 컨설팅 회사 딜로이트Deloitte의 놀라운 리더들을 관찰하는 기회를 누렸다. 그 시간을 되돌아보면, 그리고 인상적인 연구들과 임상 실험들이 뒷받침하는 버튼의 책을 읽어보면, 마음을 돌보는 법을 배우는 것이야말로 모든 리더가 습득할 수 있는 가장 중요한 삶의 기술이라 하겠다.

마인드풀니스와 명상을 시작하다

몇 년 전 제너럴일렉트릭General Electric 회장인 잭 웰치Jack Welch에 대해 쓴 『잭 웰치와 GE 방식』을 읽으면서 기억에 남았던 문장이 있다. "당신이 바라는 대로가 아니라 있는 그대로 현실을 마주하라." 물론 그는 자신이 방향을 바꾸려 했던 GE의 수많은 사업에 관해 이야기하고 있었다. 리더라면 자신이 맞닥뜨린 시장 변화와 경쟁을 편견 없는 시각으로 바라보는 것이 중요하다.

하지만 나는 이 문장을 전혀 다르게 해석했다. 위대한 리더들은 정말 "있는 그대로 현실을 직면"한다. 부지런히 마음을 돌보는 존재 방식을 가졌다는 뜻이다. 적극적으로 감성지능을 키운다. 귀를 기울일 줄 아는 묘한 능력이 있고, 어떤 일이 벌어지고 있는지 신호를 알아채며, 자신을 포함해 사람들에게서 최선을 끌어내는 방법을 감지한다. 대개 차분하고, 말을 천천히 하는 경향이 있으며, 보통 행동하기 전에 잠시 멈추고 생각한다. 버튼이 지적하는 것처럼 충동보다 선택에 따라 움직인다.

마인드풀니스는 생리학과 심리학에도 어느 정도 근거를 두고 있지만, 대부분은 실천과 경험에서 온다. 많은 이에게 리더십이란 계속 변하는 낯선 개념이다. 우리는 항상 중심에서 약간 벗어나 있기 때문에 잠시 멈추고 숨을 들이마시면서 잘못된 방식으로 반응하지 않는 능력을 키워야만 한다.

경험이 아무리 많아도 리더가 되는 것은 괴롭고 힘겨울 수 있다. 상황이 의도하지 않은 방향으로 흘러가거나 누군가 제대로 성과를 내지 못하면 보통 무엇을 해야 할지 갈피를 잡지 못한다. 어떤 사람들은 빠르게 반응한다. 목소리를 높이고 공격적인 태도를 보이며, 분위기를 바꾸기 위해 상황을 통제해야 한다고 느낀다. 제18장에서 다루는 "나" vs. "우리" 리더 증후군이다. 한밤중에 잠에서 깨고, 강박적으로 문제를 되새기며, 스트레스를 주는 상급자들에게 짓눌리고, 자신의 개인 평판을 걱정한다. 점점 더 많은 고위급 리더들이 비윤리적인 행동을 하는 것처럼 보이는 이유는 바로 이런 부담감 때문이라고 생각한다. 성공해야 한다는 개인적 압박감은 특히 천성적으로 경쟁심이 강할 때 우리가 가진 내재적 힘과 결합하면서 나쁜 행동을 유발한다.

물론 근본적으로 리더십은 사람에 관한 것이다. 공식적으로 관리자 역할을 맡은 사람뿐 아니라 우리 모두 다른 사람들에게 활기, 명확함, 지지의 감정을 전하지 못하면 그냥 자신의 역할을 다하고 있지 않은 것이다. 그리고 자기 자신을 돌보지 못하면 이런 일도 해낼 수 없다. 버튼의 책은 압박이 계속 이어져도 회복할 수 있는 기술, 그리고 이러한 기술들을 당신 자신의 정신적–감성적 안녕과 관계, 성과를 발전시키는 데 활용하는 능력을 키우라고 충고한다.

나는 최근 5년간 일터에서의 신체적-정신적 안녕을 연구해 왔고, 명상과 마인드풀니스의 열렬한 팬이 되었다. 분명히 전문가라 할 수는 없지만, 시간을 들여 산책하고 엘리베이터 대신 계단으로 오르내린다. 홀로 책을 읽거나, 음악을 듣거나, 운동하는 시간을 즐긴다. 이제는 뇌가 쉴 수 있는 정지 시간의 중요성을 이해해서 전원을 올리기도 하고 내리기도 한다. 덕분에 더 나은 리더가 되었을까? 분명히 그랬기를 바라지만 오래전에 『가지 않은 길, 마인드풀니스』를 읽었다면 더 좋았을 것이다. 이 책에서 소개하는 습관들은 경력의 다양한 단계에 있는 리더들이 경쟁 우위를 확보할 수 있는 토대를 만들어 줄 것이다.

이 책을 읽으면서 자기 자신을 돌보는 일은 엄청난 "능력 배가 효과force-multiplier effect"를 가진다는 사실을 기억하자. 일터의 모든 이가 당신이 어떻게 행동하는지 지켜보고 있다. 마음을 돌보고, 감성적으로 영민하며, 귀를 기울이고, 침착함을 유지하는 당신의 능력은 다른 사람들까지 진정하고 집중하게 하는 효과를 발휘할 것이다. 그러면 좀 더 건강하면서 성과는 좋은 문화가 만들어질 것이다. 대부분 그렇지만 당신이 열심히 일하는 사람이라면 우리가 동료들, 가족들, 아이들에게 미치는 영향을 이해해야 한다. 그들에게 우리는 건강하고 행복한 사람이어야 한다. 물론 고객들, 주주들, 사업 파트너들도 당신에게 영향을 받는다. 따라서 당신 자신을 반드시 보살펴야 한다.

시의적절하고 유용한 동시에 무척 재미있는 책을 써 준 버튼에게 감사한다. 이 책에 담긴 강력하고 실행 가능한 통찰들이 당신이 "있는 그대로 현실을 마주"하게 도와주기를 바란다. 그리고 리더가 되기 위한 당신의 여정이 좀 더 가깝고, 건강하고, 효과적이길 빈다.

조쉬 버신,
미국 캘리포니아주 오클랜드에서

조쉬 버신은 딜로이터컨설팅LLP의 인재관리 부문 버신 바이 딜로이트Bersin by Deloitte의 창립자이자 회장으로 인적 자원, 인재, 학습 분야에서 연구에 기반한 회원제 프로그램을 제공하고 있다. 기업 인적 자원, 인재 관리, 채용, 리더십, 기술, 일과 삶의 교차점에 관해 분석하고 글을 쓰며 대중 강연도 펼치고 있다.

차례

성공하기 위해서 득도할 필요는 없다.
마음을 조금씩 비우면 충분하다.

_조 버튼Joe Burton

시작: 리더가 된다는 건
놀라운 일인 동시에 끔찍한 일이다

리더가 됐을 때의 문제는 다른 사람들이 당신을 따라오고 있는지 아니면
추격하고 있는지 전혀 알 수 없다는 것이다.

_클레어 A. 머레이Claire A. Murray

　나는 스트레스가 많고 뛰어난 성과를 요구하는 포춘 500대 기
업Fortune 500 중 몇 군데에서 최고운영책임자를 맡으며 20여 년
을 보냈다. 직장인이라면 대개 비슷하겠지만 엄청난 스트레스를
견뎌야 했던 시간이 내 건강과 정신적 안녕을 크게 해쳤다. 세계
보건기구WHO, World Health Organization는 스트레스를 전 세계적인
보건 전염병으로 간주한다.[1] 미국스트레스연구소AIS, American
Institute of Stress는 스트레스가 6대 사망 원인인 심장마비, 사고,
암, 간 질환, 폐 질환, 자살과 연관이 있다고 밝혔다.[2] 자신의 신
체적-정서적 안녕이 걱정된다면 동지가 넘쳐난다. 스트레스 산

업은 호황이다. 그리고 상황이 매년 더 심각해지고 있다.

2010년에 나 자신의 스트레스를 다스리기 위해 마인드풀니스와 명상을 시작했다. 그리고 바로 한 벤처 투자자에게 영입되어 헤드스페이스Headspace라는 스타트업의 실적을 호전시키라는 임무를 받았다. 이제는 소비자들이 명상을 배울 수 있게 도와주는 앱으로 유명한 기업이다. 특이한 경력 전환이었다. 상장 기업에 몸담고 있다가 한때 스님이었던 인물을 내세우며 티베트 불교에 전통을 둔 "명상 학습" 프로그램을 제공하는 스타트업을 운영하게 된 것이다. 평범한 앱 이용자였던 내가 갑자기 생각할 수 없었던 수준으로 인간의 뇌를 이해하게 되는 여정에 들어섰다. 덕분에 직장인들이 삶에서 더 많은 것을 얻을 수 있게 회복탄력성을 북돋우고 정신적 안녕을 향상시켜 준다는 사명을 되새기며 회사의 뿌리로 돌아갈 수 있었다.

2014년 8월에 윌콘셉츠주식회사Whil Concepts, Inc.(이하 윌)를 창립했다. Whil이라는 이름은 '어디where로 가는가?' 그리고 '무엇을 만들어 낼will 것인가?'의 두 질문에 포함된 단어에서 따왔다. 게다가 회사를 여는 시점에 Whil.com이라는 네 글자짜리 인터넷주소URL도 확보할 수 있었다. 우리의 사명은 직업인들이 더 건강하게, 더 행복하게, 더 몰입하면서 살 수 있도록 돕는 것이다. 나는 20년간 직장에서 일한 뒤 한계에 부딪혔고 40대 초반부터 건강과 신체적–정신적 안녕, 마음가짐이 무너지기 시작했다. 내가 이 책에서 공유하는 것들이 정말 내 삶을 구했고 경력의 경로를 바꿔 놓았다. 당신도 같은 경험을 하기를 바란다.

윌은 디지털 마인드풀니스 훈련 시장에서 세계적 선도 기업이 되었다. 현재 윌은 직장인들의 스트레스를 줄이고 회복탄력성을 높이며 수면과 성과의 질을 높이도록 도움을 주는 250개 이상의 맞춤 훈련 프로그램과 최고의 의학박사들, 박사들, 트레이너들이 출연하는 1,500개 이상의 독점 영상/음성 교육 자료를 제공한다. 윌의 훈련 시스템은 신경과학, 성인학습이론, 마인드풀니스, 감성지능 그리고 이 책에서 공유하는 긍정적인 심리 습관들을 바탕으로 짜였다.

현재 100여개국의 수백 개 기업에서 윌의 트레이닝 앱을 사용한다. 인튜이트Intuit, 익스프레스스크립츠Express Scripts, 하바스Havas, 샤프헬스Sharp Health, 스퀘어Square, 하버드비즈니스스쿨Harvard Business School, 리딩헬스Reading Health 등이 윌의 고객이다. 윌은 주요 근로자 지원 프로그램EAP, 학습 관리 시스템LMS, 그리고 버진펄스Virgin Pulse, 캐스트라이트Castlight, 라임에이드Limeade, 비버리Viverae 등의 직원 건강 플랫폼과 협력하며 각 시스템에 통합되어 있다. 미국 국립보건원NIH, National Institutes of Health에서 연구비를 받은 세 프로젝트를 포함해 총 5개의 임상 연구를 진행하고 있다. 또한 헬스케어 분야에서 세계적으로 가장 큰 비용을 지불하거나 가장 많은 의료 서비스를 제공하는 기업들이 회원들의 건강을 향상시킬 수 있도록 돕고 있다.

2016년 하반기에는 디이벤트풀그룹TEG의 공동 창립자 스티브 모리스와 7개 도시를 돌며 조사를 벌였다. TEG는 전 세계에서 40여 개의 회의와 행사를 여는 정상급 이벤트 회사다. 우리는 주요 도시의 리더들을 만나 사업에서 맞닥뜨리는 도전을 들었고, 기업에 필요한 회복탄력성과 마인드풀니스 훈련도 파악했다. 그 결과 '마인드풀니스 비즈니스 콘퍼런스: 혼란의 시대에 맞는 고성과, 리더십, 문화를 위한 로드맵'이라는 새로운 행사가 열렸다. 제목이 너무 길다는 건 안다. 30개국 이상에서 250명의 리더가 날아왔다. 우리는 회복탄력성과 마인드풀니스 훈련이 사람들에게 이롭고 기업에도 이롭다는 것을 알게 되었다.

이 행사는 윌의 고객들의 마음에 불을 질렀고 '마음을 챙기는 리더 만들기(이하 CML) 워크숍'의 씨앗이 되었다. 2017년 초, 윌의 고객들이 자사의 리더들에게 스트레스 회복탄력성과 마인드풀니스, 감성지능의 중요성을 알려줄 훈련 프로그램을 요청하기 시작했다. 그래서 회복탄력성을 발휘하고 마음을 챙기는 리더들을 위해 하루짜리 심화 프로그램을 만들었다. 지금까지 윌은 수십 개의 도시를 방문해 진행한 CML 워크숍과 여전히 계속되고 있는 인터넷 생방송 시리즈를 통해 500개 이상의 기업과 수천 명의 리더들을 훈련시켰다. 윌은 광고, 보험, 헬스케어, 자동차, 법률, 교육, 정부, 컨설팅, 프로 스포츠, 기계, 제약, 엔터테인먼트, 소매, 소비재, 미용, 재무, 공익, 석유 및 가스, 언론 등 50개가 넘는 산업 분야의 기업들과 함께 해왔다.

이 프로그램이 이렇게 성공하리라고는 예상하지 못했다. 윌의 팀원들에게는 엄청난 힘이 되었고, 더 중요하게는 교육에 참여한 이들의 삶을 바꾸었다.

이 책의 활용법

앞에서 설명한 놀라운 일들을 겪으며 이 책을 쓰게 되었다. 개개인을 위한 안내 책자라고 생각하라. 당신이 스트레스, 변화, 혼돈을 더 잘 관리할 수 있게 도와주는 "지침"을 제시하려 했다. 각 장에서는 당신의 정신적-감성적 안녕과 관계, 성과, 수면, 신체 건강을 완전히 바꾸기 위한 접근법들을 강조한다. 그리고 당신의 팀과 기업 문화에 같은 변화를 불러올 모범 사례들과 기술들도 소개한다. 점점 더 많은 직장인을 스트레스와 번아웃, 탈주로 몰아가는 핵심 요인들에 관한 최신 연구들도 공유한다. 독자 여러분은 회복탄력성과 마인드풀니스 훈련이 무엇인지 그리고 어떻게 해야 하는지 배울 수 있는 실행 가능한 기술들을 경험하고, 바로 이런 기술들을 자신의 삶에 적용하게 될 것이다. 또한 「하버드 비즈니스 리뷰Harvard Business Review」가 마인드풀니스를 "경영자들에게 꼭 필요한 기술"[3]이라 칭한 이유도 직접 깨닫게 될 것이다.

많이 연습할수록 잘하게 된다

우리 뇌는 경험을 통해 배운다. 많이 연습할수록 더 잘하게 된다. 관련 연구를 보면 우리 대부분이 잘못된 쪽으로는 상을 받을 정도로 스트레스, 불안, 불면증, 분노 등을 배우고 있다. 이런 습관은 건강, 행복, 성과에 영향을 미친다. 리서치 회사 윌리스타워스왓슨Willis Towers Watson이 최근 펴낸 보고서에 따르면 미국 직장인 중 75퍼센트가 건강과 생산성에 영향을 미치는 가장 큰 걱정거리로 스트레스를 꼽았다.[4] 스트레스에 짓눌려 한계에 부딪히기 전에 당신을 돕고 싶다. 내가 겪었던 일이다. 그리고 다시 회복하기는 쉽지 않았다.

윌의 디지털 훈련 앱과 마찬가지로 이 책도 행동 기반 학습이다. 당신의 일상에서 사용할 수 있는 기술을 배우고 바로 적용하게 될 것이다. 마인드풀니스 명상, 성찰과 계획, 감성지능, 전문가 소통, 수면 훈련 등의 훈련을 통합했다. 최고의 뇌 훈련 전문가들이 제공한 핵심 자원들도 모두 "전문가의 팁"으로 공유할 것이다. 이 책을 삶의 질과 눈에 보이는 직업적 성과에 바로 영향을 미치기 위해 과학을 기반으로 만든 도구와 기술들의 지침서로 생각하라. 새로운 일을 만들지 않고도 기존의 루틴과 업무 프로세스에서 마인드풀니스를 어떻게 실천하는지 그리고 당신과 당신의 팀을 위한 작지만 실용적이고 일상적인 활용법에 마인드 풀니스가 어떻게 적용되는지 알게 될 것이다.

당신은 혼자가 아니며 그렇게 끔찍하지도 않다

리더들이 맞닥뜨리는 도전은 산업, 지역, 문화를 넘어 놀라울 정도로 비슷하다. 한 시간에도 몇 번씩 욕설이 튀어나오는 삶을 사는 것은 당신뿐만이 아니다. 당신이 어떤 일에 종사하고 있는지는 중요하지 않다. 오늘날 일의 속도 그리고 스트레스가 우리의 삶에 미치는 영향에 대처하기가 점점 더 어려워지고 있다는 것이 보편적 진실이다. 이러한 출발점을 받아들이고 나면 "이건 끔찍해"에서 "이게 정상이야. 그저 제대로 대처하고 성장하기 위한 도구가 필요할 뿐이야"로 사고방식을 바꿀 수 있다.

직장인들은 득도를 바라지 않는다

이 책은 쉴 새 없이 쏟아지는 달콤하고 호들갑스러운 개념들에 맞서 균형을 잡기 위해 쓰였다. 마인드풀니스가 만병통치약이자 치유의 돌이며, 득도로 이어지는 길을 열어 준다는 맥도날드 스타일의 마인드풀니스 운동도 있다. 내 경험에 의하면 직장인들은 유행을 좇는 승려들이나 신비주의 연극에 흥미를 보이지 않는다. "득도"를 바라지도 않는다. 그저 조금씩 가벼워지려 한다. 여기에 커다란 차이가 있다. 당신의 정신적-감성적 안녕을 개선하려 할 때는 직장인들을 위한, 직장인들에 의한 올바른 접근법이 커다란 차이를 만들어 낸다.

걱정이란 당신이 절대 빌리지 않을 빚에 대한 이자를 미리 지불하는 것이라는 말이 있다. 내가 이 책에서 공유하는 접근법은 당신의 삶과 경력에 빚이 없는 새로운 페이지를 열어 줄 초대장이다.

이 책은 당신에게 행동하기를 요구한다

당신의 삶에서 건강하지 않고 부정적인 일상을 바꿀 기회다. 가장 사랑하는 것들을 되살릴 수 있다. 사는 동안 계속 이어질 변화와 혼란, 도전에 맞서서 더 강한 회복탄력성을 발휘할 수 있다. 실은 그래야만 한다. 당신을 괴롭히는 것들은 사라지지 않을 것이다. 삶의 속도는 빨라지기만 할 것이다. 이 책에서 소개하는 습관을 실천하면서 더 건강하게, 더 행복하게, 더 몰입하면서 살 준비를 하자. 이미 시작되었다.

요다가 현명하게 이야기했던 것처럼 "앞서 배운 것은 잊어야 한다. …… 하거나 하지 않거나. 시도만 해 볼 수는 없다."

내가 이 책을 쓰면서 즐거웠던 만큼 여러분도 이 책을 체험하며 즐겁기를 바란다. 내 평생의 작업이었고 그 결과물을 여러분과 공유하게 되어 기쁘다.

마음껏 즐기길! 한때 스트레스에 짓눌린 리더였던 이가 동지
들에게.

1부

나를 돌보는
마인드풀니스

제1장

마인드풀니스란 무엇일까?

바로 지금 이 순간 하고 싶은 것을 하자. 우리의 삶은 영원하지 않다. 우리에게는 오직 지금 이 순간만 존재하고, 순간은 우리 손에서 별처럼 반짝이다 이내 눈송이처럼 녹아내린다.

_프랜시스 베이컨 Francis Bacon

마인드풀니스가 무엇인지 소개하기에 앞서, 먼저 나의 이야기를 나누고 싶다. 마인드풀니스는 나의 삶과 리더십에 대한 접근법, 그리고 일에 대한 관점을 바꾸었다. 여러분에게도 같은 일이 일어나길 바란다.

그래서 마인드풀니스가 중요하다.

나는 미국 펜실베이니아주 피츠버그에서 여섯 남매 중 막내로 자랐고 쌍둥이였다. 아버지는 실직한 알코올 중독자였다. 어머니는 근육위축증을 앓아 걷는 데 어려움이 있었다. 누나 한 명은 건설 노동자와 결혼했는데 이후 남편이 마약상이 되었다. 할아버지의 집에서 세 세대가 함께 살았다. 어렸을 때부터 집에서 음주와 마약 문제를 겪었고 종종 폭력도 벌어졌다. 나는 싸움꾼이 되는 법을 배웠다. 나는 우리 집안에서 처음으로 대학에 간 사람이었다. 이제는 프라이스워터하우스쿠퍼스PricewaterhouseCoopers가 된 컨설팅 회사 프라이스워터하우스Price Waterhouse에서 직장 생활을 시작했다. 나는 성공하지 못하면 떠나야 하는 문화, 즉 적자생존의 문화에 딱 맞았다. 싸우거나 도망가야 할 때가 오면 늘 싸우는 쪽을 택했다. 이런 사고방식 덕분에 사회생활을 하면서 내가 생각했던 것보다 더 많은 것을 이룰 수 있었다. 싸움꾼으로 사는 것은 도움이 됐다. 그게 먹힐 때까지는 말이다.

그림 1.1 저자 (그림보다는 실물이 더 잘생겼다)

서른두 살에 농구를 하다 등 아래쪽 제5요추-제1천추 디스크가 파열됐다. 서른다섯 살에는 제4-5요추와 제5요추-제1천추 디스크가 동시에 파열됐다. 격한 운동 때문이 아니라 기다리던 수화물을 들어 올렸던 탓이었다. 마흔 살 즈음에는 만성 요통으로 8년째 괴로워하고 있었다. 스트레스가 심했고, 50개국을 오갔으며, 주중과 주말을 가리지 않고 12시간씩 일하는 것을 명예의 훈장처럼 생각했다. 그리고 신체적-정신적 안녕은 빠르게 악화되고 있었다. 익숙한 얘기 아닌가?

두 번째로 등을 다친 뒤 나는 광고회사 오길비앤매더Ogilvy & Mather의 멋진 전용 사무실에서 지팡이를 사용했다. 하루에 몇 번씩 문을 닫고 바닥에 누워 쉬었고 가끔은 통증에 못 이겨 울기도 했다. 시간이 지나며 만성 요통이 불면증을 불렀다. 불면증은 천식을 불렀다. 만성적 통증, 건강 악화, 가족 문제는 분노, 두려움, 태도 불량을 불렀다. 서른일곱 살에는 오랫동안 마약을 해 온 누나 매리가 심장마비로 죽었다. 서른여덟 살에는 쌍둥이 누나 줄리가 자살했다. 줄리는 오랫동안 중독자로 살았고, 나 역시 다른 종류의 중독에 빠져 있었지만, 당시에는 알아차리지 못했다. 마흔에 나는 인터퍼블릭Interpublic의 한 사업 부문을 책임지는 글로벌 최고운영책임자가 되었다. 광고계에서 연간 76억 달러의 수입을 올리는 회사였고, 내가 책임지는 부분에서 나오는 수입만 5억 달러가 넘었다. 점점 무너지는 건강과 정신적 안녕은 성공의 조건이 아니었다. 나는 힘들수록 더 열심히 일했다. 살아남기 위해 미친 듯이 달릴 수 있는 상태는 아니었다. 하지만 일 중독자가 되는 것 외에 시련에 대처하는 방법을 몰랐다. 불만이 쌓이고, 화가 났으며, 경쟁심이 치솟았고, 비참했다. 다른 사람들에게 비열하게 굴거나 화풀이를 하지는 않았지만, 분명히 위압적이었고 조바심을 냈으며 주변을 아주 즐겁게 하는 존재는 아니었다.

내가 받은 교육 중에는 내가 책임져야 하는 세계 전역의 직원 5만 명은 차치하고, 나 자신의 감성적-정신적 안녕을 고민하도록 도와주는 프로그램도 전혀 없었다.

나는 1년에 65만 달러 이상 벌고 있었다. 머리로는 승진 기록과 보너스, 보상으로 받은 주식을 보며 내가 일을 잘하고 있음을 확인했다. 하지만 이대로 계속할 수 없다는 것을 깨달았다. 사랑하는 나의 아내 사라도 같은 생각이었다. 첫째 아들이 태어난 후 나는 행복을 만끽하는 대신 스트레스에 짓눌렸고 무척 괴로워하면서도 일에만 매달렸다. 끊임없는 통증에 시달리며 내 삶을 놓치고 있었다. 한계에 부딪힌 것이다.

전 세계를 돌아다니며 사람들을 압박하는 것이 내 근본적인 업무가 되자 개인적 상태가 일에도 영향을 미치기 시작했다. 명함에 내 불행을 나열하고 싶은 심정이었다.

히피가 될 필요는 없다.

당시 뉴욕시에서 일하던 척주 지압사 알렉스 인고른Alex Eingorn이 내게 명상으로 통증을 관리해 보라고 권했다. A 유형 성격 (심장 전문의 마이어 프리드만Meyer Friedman과 레이 로젠만Ray Rosenman은 심혈관계 질환에 걸리는 특성과 관련해 성격 유형을 A 유형과 B 유형으로 분류하였다. A 유형은 초조하고 조급해하며 경쟁적이어서 심혈관계 질환에 걸릴 가능성이 큰 유형이다—옮긴이)인 나는 바로 화가 났다. 마인드풀니스 그리고 특히 "명상"이라고 하면 터무니없는 초자연적 이미지들이 떠올랐다. 기독교인이라면 가질 법한 근거 없는 죄책감에서 벗어나기까지 오랜 시간이 걸렸다. 내가 치유의 돌 혹은 불교 사회로 들어가는 회원증이라고 잘못 생각했던 것들과 기독교 신앙을 맞바꾸고 싶지 않았다. 다른 의사들은 척추고정술이나 약을 통한 통증 관리, 40대 초반에는 멀리하고 싶은 거대한 의료 밴드 착용을 추천했다. 결국 나는 자포자기했다. 나아질 수 있다면 뭐든 했을 것이다. 실제로 그랬다. 나는 주치의의 처방에 따라 마인드풀니스를 시도했다. 그리고 그 결정이 내 삶을 바꾸었다.

당신의 삶도 바뀔 수 있다. 우리는 가장 회의적이고 강박적인 직장인이라도 건강하고 행복해지며 삶에 몰입할 수 있게 하는 올바른 마인드풀니스 훈련법들을 함께 알아가게 될 것이다. 삶과 경력의 모든 측면을 발전시켜 줄 실천들을 탐험할 것이다. 걱정은 하지 마시라. 광신 집단에 입문하거나, "나마스테Namaste"라고 말하거나, 가부좌로 앉거나, 자신을 상징하는 동물을 정하거나, 샌들을 신거나, 새로운 종교를 찾지 않아도 된다. 우리는 마인드풀니스가 뇌 본연의 기능과 어떻게 연관되어 있는지 배우게 될 것이다. 당신은 생각하는 대로 변한다. 초자연주의를 피해갈뿐 아니라, 현대적 주의력 훈련이 당신과 당신이 몸담은 기업의 문화에 경쟁력을 더해 줄 수 있다는 것도 알게 될 것이다. 당신은 당신이 꿈꾸는 리더가 될 수 있다. 행복하고, 자신감이 넘치며, 헌신적이고, 활기차며, 사회적이고, 사람들을 휘어잡으며, 호감이 가고, 계획적이며, 인간적이고, 결단력 있는 리더. 당신은 당신의 팀이나 회사에 뛰어난 성과를 올리는 지속 가능한 문화를 만드는 주역이 될 수 있다.

당신의 삶을 바꾸기 위해 하루 5분을 투자하겠는가?

나는 내 일을 사랑하지만 그건 정말 힘겹다

우리는 'CML 워크숍'을 토론으로 시작하는 것을 좋아한다. 참석자들은 파트너를 선택한 뒤 5분간 두 가지 주제에 관해 이야기한다. 바로 '당신의 일에서 어떠한 점을 좋아하는가?'와 '당신이 직면한 가장 큰 도전은 무엇인가?'다.

당신의 팀에서도 이런 활동을 해 보기를 적극적으로 권장한다.

무엇이 당신의 팀을 기쁘게 하는지 뿐만 아니라 무엇이 회사를 짓누르고 있는지 혹은 그냥 사람들을 미치게 하는지 제대로 알 수 있다.

최근 CML 워크숍에 나온 답들을 다음 표에 정리했다.

내 일에서 좋아하는 것		내가 직면한 가장 큰 도전	
성취	흥분	항상 일을 하는 태도	자아/자기도취
지지	빠른 속도	애매함	감정들
자율성	유연성	형편없는/멍청한 상사	빠른 속도
돌파	자유	규정 체계	변화에 대한 두려움
도전	재미	변화	재미(부족)
변화(를 주도하는 것)	성장	고객들	세대 갈등
고객들	타인을 돕는 것	경쟁	승인받기
협력	타인과의 상호 작용	순응	성장에 대한 요구
경쟁	인간성	우선순위의 충돌	혁신(속도)
연결	영향	비용 절감/해고	노선 결여
창조성	혁신	문화	공감 결여
문화	교류	거리	기술
발견	웃음	집중을 방해하는 것들	시간/자원
힘 실어주기	배우기	회의	훈련(부족)
차이 만들기	가르치기	반대론자	변환
임무	기술	사람	여행
돈	훈련	정치	불확실성
기회	변환		예측 불가능성
사람	여행		불합리한 기한
확신			

목적	신뢰	형편없는 의사소통	다양성
인정	예측 불가능성	문제들	변동성
관계	가치	증거/투자수익률	일과 삶의 균형
문제 해결	다양성	인정	
	일과 삶의 균형	저항	
		안전성 문제	
		이차적 외상	
		불황	
		스트레스	

굵은 글씨로 표시해 둔 것처럼 리더들이 좋아하는 것과 직면한 도전 중에는 겹치는 항목이 정말 많다. 리더에 따라 비슷한 혹은 "평범한" 업무 부담을 전혀 다르게 받아들일 수 있다. 여기서 평범하다는 것은 끊임없이 변화와 혁신, 혼란을 맞닥뜨린다는 것을 의미한다. 오늘날의 기준이 그렇다. 현대 기업의 속도는 새로운 사고방식을 요구한다. 이러한 요구에 대한 사고방식과 반응이 우리의 정신적–감성적 평안함, 리더십 스타일, 관계 그리고 궁극적으로 성공에 미치는 영향을 결정한다. 우리는 앞으로 전 세계의 리더들을 위한 반복되는 두 가지 주제를 살펴볼 것이다.

1. 많이 연습할수록 잘하게 된다.
2. 당신은 항상 뇌를 훈련하고 있다. 의도적으로 해 보면 어떨까?

뇌 훈련에 관해 이야기하자면, 너무 많은 사람이 나쁜 쪽으로만 연습하고 훈련하고 있다. 살아남기 위해 불안해하고 위협이 없는지 계속 감시하는 뇌의 타고난 본능에 더해, 잘못된 훈련이 스트레스와 아픔, 질병에 약한 성향을 부른다. 뇌의 정상적이고 기본적인 생존 기능을 이해하기란 어렵지 않다. 더 고차원적인 뇌의 사고 기능을 활용하려면 인식과 노력이 필요하며, 마인드풀니스가 훌륭한 방법이다. 주의력 훈련은 스트레스에 대한 회복탄력성을 높이고 감정 상태에 대처하도록 돕는다. 또한 계속되는 부정적인 반추와 무의식적 편향, 자기 알아차림 부족으로 상황을 더 나쁘게 만드는 인간 본연의 성향을 피해 가도록 해 준다.

도대체 마인드풀니스가 뭐지?

마인드풀니스는 마음을 차분히 가라앉히고 집중하며 중추 신경계를 이완할 수 있는 일상 습관을 만들도록 도와주는 인식과 주의력 훈련이다. 집중력과 정신적-감성적 평안함을 높이고 거의 모든 측면에서 성과를 강화할 수 있게 도와주는 뇌 훈련이다. 내가 지난 6년간 배운 사실은 우리가 항상 뇌를 훈련하고 있다는 것이다. 1900년대 초까지 거슬러 올라가면 "신경가소성neuro-plasticity"이라는 광범위한 뇌 연구 영역이 있다. 간단히 말하면 뇌의 능력이 경험에 기반해 바뀐다는 개념이다. 무언가를 계속하면 더 잘, 더 훌륭하게, 더 빨리하게 된다. 당신은 신경 연결 통로를 만들고 강화할 수 있다. 두뇌를 실제로 바꾸는 것이다.

마인드풀니스 훈련이 건강과 성과에 주는 혜택을 연구한 학술지 논문은 4,500편이 넘지만, 주요 결과만 뽑아 정리해 보았다.

- 1906년: 스페인의 신경해부학자 라몬 이 카할Ramón y Cajal은 신경 연결 통로를 표시한 뇌 해부학 지도를 그리느라 몇 년간 힘겨운 시간을 보냈다. 그는 우리가 뇌를 어떻게 사용하는지에 따라 뇌의 구성과 기능이 바뀔 수 있다고 생각한 최초의 연구자였다. 그는 "누구든 뜻만 있다면 자신의 뇌를 조각하는 사람이 될 수 있다"고 썼다.[1]

- 1949년: 캐나다의 심리학자 도널드 헵Donald Hebb은 신경 심리학 분야의 대가였다. 그는 뉴런의 기능이 학습과 같은 심리적 과정에 어떻게 기여하는지 알아내려 했다. "함께 활성화되는 뉴런은 하나로 연결되어 있다"고 밝힌 그의 연구는 헵의 이론Hebbian Theory으로 잘 알려져 있다. 헵은 이제 고전이 된 저작 『행동의 조직The Organization of Behavior』에서 우리가 경험에 따라 좋은 행동과 나쁜 행동에 대한 신경 연결 통로를 모두 만들고 강화할 수 있다는 생각을 처음으로 소개했다.[2]

- 1979년: 존 카밧진Jon Kabat-Zinn이 매사추세츠 대학교 의과대

학에 스트레스완화클리닉Stress Reduction Clinic을 설립했다. 그는 이후 '마인드풀니스에 기반한 스트레스 완화MBSR, mindful-ness-based stress reduction'라는 8주짜리 프로그램을 만들었고 마인드풀니스 훈련을 과학의 영역으로 옮겨 온 최초의 연구자가 되었다.

· 1993년: 빌 모이어스Bill Moyers의 기념비적인 책 『치유와 마음 Healing and the Mind』을 통해 대중문화에 뇌 훈련이 소개되었고 새로운 연구 분야에 불을 붙였다.[3]

1980년대 초 이후 이루어진 셀 수 없이 많은 연구에서 우리의 뇌가 변화할 수 있다는 사실이 확인되었다. 뇌는 우리가 어떻게 사용하는지에 따라 변하고 적응하며 만들어진다. 릭 핸슨Rick Hanson 박사는 『행복 뇌 접속』에서 최신 연구 결과를 다음과 같이 훌륭히 요약했다. "함께 활성화되는 뉴런은 하나로 연결되어 있다. 정신 상태는 신경계에 흔적을 남긴다. 매일매일 당신의 마음이 당신의 뇌를 만들고 있다. 과학자들이 경험 기반 신경가소성이라 부르는 것이다."[4]

신경가소성 연구가 발전하면서 세계 최고의 석학들이 매년 모여 "가소성plasticity"을 이야기하는 '뇌 미래 콘퍼런스'도 생겼다.[5] 나도 한 자리를 차지하곤 한다.

당신 자신을 "숫자를 잘 다룬다"라든가 "사람들과 잘 어울린다"고 묘사한 적이 있는가? 타고난 능력을 넘어서서 별생각 없이 놀라운 일을 해낼 수 있을 정도로 특정한 기술에 통달하려면 몇 천 시간 이상 뇌를 훈련해야 한다. 실제로 그런 사람으로 만들어 진 것이다.

예를 들어 미식축구선수 톰 브래디Tom Brady는 수천 시간 훈련 한 끝에 45미터가 넘는 터치다운을 던지게 되었다. 농구선수 스테판 커리Stephen Curry는 3점 슛을 뽑아낸다. 바이올리니스트 이츠하크 펄먼Itzhak Perlman은 기가 막힌 연주를 한다. 그들은 뇌가 바로 배턴baton을 이어받을 정도까지 연습했다. 신경 연결 통로 가 만들어져서 의식하지 않을 때조차 멋지게 해낼 수 있을 정도 로 완벽하게 정보를 처리한다. 가치가 있고 귀중한 기술들을 연습하고 있다면 정말 대단한 일이다. 누구든 자신이 집중하겠다고 선택한 일을 더 잘할 수 있다.

우리는 잘못된 것들을 연습하고 있다

문제는 우리 대부분이 잘못된 일들을 하도록 뇌를 훈련하고 엄청난 연습을 하고 있다는 것이다. 우리는 걱정과 후회, 불안, 음모론을 연습한다. 소셜 미디어와 이미 다섯 번은 읽은 오래된 뉴스 피드로 주의를 흩트린다. 깨어 있는 매 순간을 행동으로 채우도록 자신을 훈련한다. 무의미하고 해로운 트위터의 타임라인과 페이스북에서 가장 인기를 끄는 친구들의 가짜 인생에 중독되어 있다. 몇 년 전 벌어진 부정적인 사건들을 몇 번이고 되새긴다. 절대 현실이 되지 않을 걱정에 먹이를 준다. 더 많은 이들은 불면증의 전문가가 되려고 훈련하며 기진맥진한 나머지 질이 좋지 않은 수면에 빠질 때까지 침대에 누워 버틴다. 우리 뇌는 많이 연습하는 만큼 더 잘할 수 있도록 신경 연결 통로를 강화한다.

우리가 스스로 주의를 흩트리는 훈련을 얼마나 열심히 하는지 궁금하다면 마이크로소프트의 연구에 주목하자. 이 연구에서 측정한 인간의 주의 지속 시간은 8초에서 12초로 금붕어와 거의 비슷하다.[6] 벌써 산만해졌을까 봐 다시 얘기하는데, 그 멍청한 금붕어 맞다.

그림 1.2
당신은 걱정 많고
주의 산만한 금붕어가
아닐까?

멀티태스킹multitasking은 근거 없는 믿음이다

스트레스에 짓눌린 직장인들은 한 번에 여러 작업을 하는 경향이 있다. 그러면 더 많은 일을 처리하고 있다는 느낌이 든다. 연구 결과를 보면 오히려 다중 작업자들의 생산성이 떨어진다고 한다.[7] 하지만 생산성이라는 환상 덕분에 감정적으로는 자신의 작업 결과에 더 만족한다. 사실 멀티태스킹이라는 말은 틀렸다. 뇌는 한 번에 한 가지에만 집중한다. 우리가 실제로 하는 것은 작업의 전환이고 그 대가는 크다. 한 번에 하나를 하는 대신 여러 가지를 오가면 작업을 마치는 데 더 많은 시간이 걸린다. 실수도 더 많이 나온다. 실제로 연구자들은 하루에 여러 번의 전환이 일어나면 생산성이 40퍼센트까지 떨어질 수 있다는 사실을 알아냈다.[8] 나는 이런 작업 방식을 "대충태스킹multislacking"이라 부른다. 게다가 여러 작업을 오가면 스트레스를 더 많이 받는다는 연구 결과도 있다. 충동성과 신경증적 경향이 높은 사람은 다른 사람들보다 작업을 더 많이 전환하는 경향이 있다.[9] 요약하면 우리가 일에 짓눌리지 않으며 대처하기 위해 만들어 낸 최적의 전략은 사실 득보다 실이 많다.

정리해 보자. 당신이 무엇을 생각하며 시간을 쓰는지가 중요하다. 당신은 항상 뇌를 훈련하고 있다. 의도적으로 해 보면 어떨까?

전문가의 팁: 스트레스, 공포, 분노, 불안의 생존력은 당신의 정신적 접근법에 달려 있다. 멀티태스킹은 스트레스의 먹잇감이다. 마인드풀니스 훈련은 선천적으로 혹은 훈련으로 생긴 뇌의 건강하지 못한 루틴을 인식하고, 최적의 성능을 발휘할 수 있게 한다. 한 번에 하나에만 집중함으로써 잘못된 루틴을 고치도록 도와준다. 싱글태스킹single-tasking도 해독제 중 하나다. "양보다 질"을 생각하라.

마인드풀니스는 어떻게 작용할까?

전원을 내려라. 전원을 올려라. 앞으로 힘차게 나아가라.™

마인드풀니스 훈련은 주의注意가 산만해진 것을 알아차리고 주의의 대상으로 돌아오는 훈련이다. 연습을 해서 집중하는 능력을 키울 수 있다. 이를 위해 다양한 기술이 활용된다. 그중 하나가 호흡을 주의의 대상으로 사용하는 명상이다. 우리는 늘 호흡하고 있기 때문에 마인드풀니스 수련가들은 호흡에 집중하는 것을 가장 선호한다.

또한 심장 박동, 신체에서 압박감이 느껴지는 지점pressure point, 벽의 한 점, 심지어 음악까지 집중의 대상으로 삼아 훈련할 수 있다. 실은 무엇이든 마음을 진정시키고 중추신경계를 이완하기 위한 안정 포인트soothing point로 삼아 주의력을 훈련할 수 있다. 하루 5분에서 10분 정도 규칙적으로 훈련하면 변화가 일어날 수 있다.

마인드풀니스가 건강과 성과에 주는 혜택에 관해서는 수천 건의 연구가 이루어졌다. 그 논문들을 모두 읽으라는 것은 아니니 걱정하지 마시라. 대신 내가 가장 좋아하는 연구를 소개하려 한다. 하버드 대학교에서 이루어진 연구로, 내가 이 연구를 선호하는 이유 중 하나는 "하버드 대학교"라고만 말해도 똑똑해지는 기분이 들기 때문이다.

하버드 대학교 연구진은 인간의 뇌가 의식과 신경 활동의 표준 상태를 따라 순환한다고 주장했다(그림 1.3). 연구진은 평균적인 사람은 절반 이상의 시간을 마음이 "방황"하는 상태로 보낸다고 추정했다.[10] 방황하는 동안 우리는 미래를 걱정한다. 과거를 걱정한다. 상사는 나를 가만히 둘 생각일까? 공상하고, 조바심을 내며, 음모 이론을 떠올린다. 집을 나올 때 오븐을 켜두지 않았나? 온갖 것들이 떠오른다. 우리 대부분은 뇌가 지금 실제로 일어나고 있는 일들만 제외하고 무수히 많은 생각들을 순환하도록 훈련해 왔다.

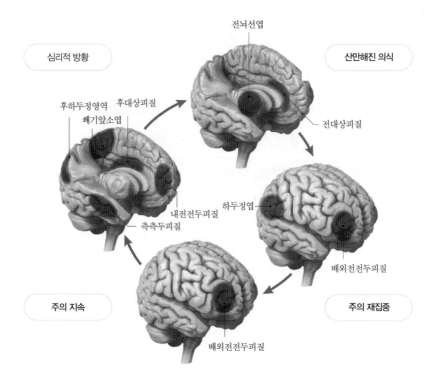

심리적 방황

산만해진 의식

전뇌섬엽

후하두정영역 후대상피질

쐐기앞소엽

전대상피질

하두정엽

내전전두피질

측측두피질

배외전전두피질

주의 지속

주의 재집중

배외전전두피질

그림 1.3 뇌의 자연스러운 주기

출처: 1회 인용을 승인받고 수정.

　이렇게 무척 비생산적인 시간은 분명히 일에 끔찍한 영향을 미친다. 하지만 실제 상황은 더 좋지 않다. 연구진은 일반인은 20퍼센트의 시간을 "산만해진 의식" 상태로 보낸다고 추산했다. 누군가의 말을 듣고 있지만 제대로 듣고 있지는 않을 때가 여기에 해당한다. 지루한 수업을 들어본 적이 있다면 어떤 상태인지 잘 알 것이다. 대학교, 보험회사, 의료 기업, 연구소 수백 곳을 대상으로 한 연구에서는 이렇게 마음이 방황하는 선천적인 경향이 건강에도 엄청난 영향을 미치는 것으로 나타났다. 수명이 몇 년이나 단축될 수 있다.

나는 두 가지 비유를 즐겨 사용한다. 우선 우리 뇌는 냉장고와 비슷하다. 상황에 따라 작동 강도는 달라지지만 계속 작동하는 것이다. 하지만 냉장고 문을 열어 두면 온도를 낮추느라 끊임없이 작동하므로 결국 원래 수명보다 빨리 고장 나고, 안에 있던 음식물도 상하게 된다. 마음이 방황하는 동안 감정, 정서, 사고 패턴의 질은 상해 버리고 과도한 활동으로 우리는 결국 소진되고 만다. 게다가 이렇게 과도한 마음의 활동은 대부분 부정적이며 반복적이다.[11] 즉, 우리는 터무니없고 건강하지 못한 생각을 계속하는 경향이 있다. 인간의 기본적인 상태다. 그리고 신경가소성 때문에 뇌는 우리가 가장 많이 생각하는 것들을 처리하고 다시 떠올리는 일에 전문가가 된다. 이중 타격이다.

부정적인 생각을 반추하는 성향은 자기 회의감에 먹잇감을 주고 우리를 우리 자신의 가장 가혹한 비평가로 만든다. 여기서 내가 좋아하는 두 번째 비유가 나온다. 어린 시절 본 만화에서 플루토Pluto(디즈니 만화에 등장하는 강아지 캐릭터—옮긴이)나 대피 덕Daffy Duck(애니메이션 시리즈 루니 툰Looney Tunes에 등장하는 오리 캐릭터—옮긴이) 같은 캐릭터는 한쪽 어깨에는 악마가, 다른 쪽 어깨에 천사가 앉아 있을 때가 있었다. 양심의 두 가지 측면을 표현한 것이다. 바로 내면에 있는 두 비평가다. 픽사Pixar는 한발 더 나아가 영화 「인사이드 아웃」에서 다섯 가지 기본 감정, 즉 기쁨, 슬픔, 분노, 공포, 혐오가 번갈아 가며 주인공의 마음속을 주도한다고 묘사했다. 마음이 방황하는 것은 그다지 평화로운 상태가 아니다. 사실 많은 리더가 자기 머릿속에 하나의 이사회가 온전히 존재한다고 느낀다. 비판적인 사람, 걱정이 많은 사람, 사기꾼, 구세주 같은 사람, 음모론자, 엉망진창인 사람, 애석해하는 사람, 영웅, 뒤늦게 이러쿵저러쿵하는 사람, 다 있다. 그대로 놔두면 지나치게 힘을 얻은 내면의 이사회가 끊임없이 집중을 방해해서 당신의 건강과 일에 해로운 영향을 미칠 것이다.

방황하는 마음 그리고 계속 걱정하는 경향은 직장인들이 스트레스에 짓눌리고, 소진되어, 결국 점점 더 이른 나이에 점점 더 많이 일터를 떠나게 하는 근본 원인이다. 부정적인 사고 패턴에 갇히면 스트레스가 생긴다. 스트레스는 신체적-정신적 안녕, 그리고 성과에 영향을 미친다. 관계와 팀에 영향을 미친다. 그리고 결국에는 회사 전체의 문화에 영향을 미친다.

이런 문제가 당신을 삼키도록 내버려 두지 마라. 내면의 비평가나 목소리는 당신을 공포와 실패, 수치심에서 보호하기 위해 생기는 것이다. 허상에 불과하다. 보통은 당신이 마음을 먹기만 해도 당신을 대신해 부지런히 움직이는 비평가나 목소리를 멈춰 세울 수 있다. 마음의 선천적인 성향을 돌려세우고 더는 일할 필요가 없다고 알려 줄 방법은 아주 많다.

> 전문가의 팁: 미국 TV 드라마 「덱스터」의 주인공은 연쇄살인마다. 그는 방황하는 마음 상태에서 자신이 "어두운 손님dark passenger"이라 부르는 내면의 목소리와 계속 대화한다. 윌의 트레이너 마크 콜먼은 내면의 비평가에게 각각 별명을 붙여서 그가 목소리를 내도 친근하게 무시할 수 있게 하라고 충고한다. "안녕, 비관주의자 씨. 지금은 당신이 필요하지 않아. 잘 가." 그래도 누굴 죽이지는 말자.

뇌 훈련이다

호흡처럼 하나의 대상에 계속 집중할 수 있게 뇌를 훈련하면 새로운 신경 연결 통로를 만들고 일상에서 다른 부분에 주의를 기울이는 능력을 강화할 수 있다. 집중을 반복하면 근육 기억 muscle memory이 만들어진다. 이후에는 정신이 산만해지는 순간을 더 잘 알아차리게 되고, 다시 하나의 대상에 주의를 돌릴 수 있게 된다. 시간이 흐르면 현재에 집중하면서 주의를 기울이는 것이 정상적이면서 기본적인 존재 방식이 될 것이다. 건강과 행복, 성과를 망치면서 계속 산만하게 지내는 것보다는 낫다. 둘 중 하나가 당신의 현실이다. 선택해야 한다.

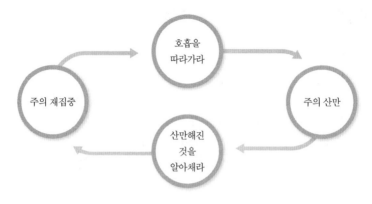

그림 1.4 주의력을 훈련하는 기본 루틴

주의력 훈련

월의 훈련 프로그램 중 1분짜리 연습을 시도해 보자.

방법은 간단하다. 타이머를 맞춘다. 눈을 감거나 눈에서 긴장을 푼다. 1분 내내 호흡에만 집중하는 것을 목표로 한다. 숨을 깊게 들이마신다. 잠시 숨을 멈춘다. 그리고 완전히 내뱉는다.

1분간 집중하는 사이 아마 다른 생각들이 떠오를 것이다. 마음이 산만하게 움직이는 것이다. 그러면 생각마다 '걱정', '일', '상사', '아이들'처럼 한 단어로 이름을 붙이고 차분히 떠나보낸다. 그리고 다시 호흡으로 돌아와 집중한다.

이 연습을 반복할 때마다 근육 기억, 즉 산만해진 것을 알아챘을 때 다시 하나의 대상으로 돌아올 수 있는 능력을 키우게 된다. 뇌의 집중 기술이 더 발전하도록 훈련하면 하루 내내 같은 기술을 활용할 수 있다. 이러한 기술이 기본적인 존재 방식이 되는 것이다.

명상과 마인드풀니스는 무엇이 다른가?

명상은 주의력을 훈련하는 연습이다. 잠깐씩이라도 실천할 수 있다. 윌에서는 가장 큰 효과를 보기 위해 하루에 5분에서 10분 정도 꾸준히 실행하기를 권한다.

마인드풀니스는 주의력을 훈련하는 목적이다. 생활 방식이다. 하루 24시간 동안 집중하고, 인식하고, 친절하고, 의도를 갖고, 마음을 열고, 호기심을 품고, 함부로 판단하지 않고, 공감하기 위해 당신의 능력을 쓰는 것이다. 명상은 다양한 형태의 훈련 중 하나일 뿐이다. 마인드풀니스는 당신이 배운 것을 필요한 시간, 필요한 때에 활용하는 것이다.

아주 작은 습관으로 시작하자

B. J. 포그 박사B. J. Fogg는 스탠퍼드 대학교 설득기술연구소의 교수이자 인간 행동 변화 분야의 세계적 전문가다. 모든 습관이

그렇듯 마인드풀니스도 일상의 일부가 되어야 실천하기 쉽다. 새로 "아주 작은 습관"을 만들기 위한 포그 박사의 조언을 살펴보자.[12]

1. **구체적으로 정하라:** 당신이 하고자 하는 새로운 행동을 '하루 5분간 마인드풀니스'처럼 구체화한다. 목표는 행동으로 표현되어야 한다. 예를 들어, '어디에 있든 오후 3시에는 매일 운동하기'처럼 정할 수 있다.

2. **문턱을 낮춰라:** 마인드풀니스를 하려면 스마트폰 앱과 앉을 자리만 있으면 된다. 간단할수록 행동을 바꾸기 쉽다.

3. **행동의 계기를 만들라:** 자연스러운 행동을 계기로 삼을 수도 있다. 예를 들어, 매일 자려고 누웠을 때 마인드풀니스를 해도 된다. 아니면 새롭게 설정하면 된다. 핸드폰 타이머에 미리 시간을 입력해 두고 알람이 울리게 한다. 계기가 없으면 행동도 없다.

왜 모두 마인드풀니스를 이야기할까?

이미 알아챘을지 모르겠지만 세상은 스트레스에 짓눌려 있다. 2017년 실시된 '미국 내 스트레스Stress in America' 조사 결과 미국 전역에서 스트레스가 크게 증가했다.[13] 우리 대부분이 압박감을 완화하기 위해 뭐든 시도해야 하는 지경에 이르렀다. 마인드풀니스가 스트레스의 해결책으로 주목받는 데는 크게 세 가지 이유가 있다.

주류가 되었다

마인드풀니스는 뉴스거리다. 심지어 「60분60 Minutes」(미국 CBS TV 계열의 심층 시사 보도 프로그램—옮긴이)에서는 앤더슨 쿠퍼 Anderson Cooper(미국의 유명 기자 겸 앵커—옮긴이)를 내세워 마인드풀니스를 다루었다. 매주 이 주제에 관한 새 책이 나오고 아마 당신도 한 권은 읽고 있을 것이다. 「코스모폴리탄Cosmopolitan」부터 「패스트컴퍼니Fast Company」, 「와이어드Wired」까지 다양한 잡지의 표지를 장식했다. 주간지 「타임Time」은 마인드풀니스에 관한 특별호를 냈고 월을 취재한 기사도 실었다.[14] 근사했다. 「월스트리트저널Wall Street Journal」과 「뉴욕타임스New York Times」는 주요 경제 뉴스 주제와 함께 마인드풀니스와 스트레스를 다룬다. 우리 친구인 팀 라이언Tim Ryan 상원의원은 심지어 『마음을 돌보는 나라Mindful Nation』라는 책을 써서 마인드풀니스가 학교, 기업, 정부, 심지어 군대까지 어떻게 바꾸고 있는지 설명했다.[15]

라이언은 TV 다큐멘터리 「명상에 관하여On Meditation」에서 마인드풀니스가 스트레스 해소에 어떻게 도움을 주었는지 설명했다. "나는 스물아홉 살에 상원의원이 됐고 잘해 나가고 있었다.

하지만 상원에서 6년 정도를 보내며 삶이 점점 더 빡빡해졌고 책임감과 부담은 더해만 갔다. 2008년 즈음에는 부정적인 생각이 많아졌고 '더 잘할 수 있어'나 '왜 이렇게밖에 못 해' 같은 자기 비판에 휩싸이곤 했다. 정말로 완전히 지쳐서 나가떨어질 때까지 나를 밀어붙였다. 그때가 서른다섯 살이었다. …… 매일 하는 명상 훈련을 당장이라도 시작하고 싶어 안달이 났다. 명상이 내 삶을 바꿨다. 몸과 마음이 함께 움직이는 것이 어떤 느낌인지 알게 됐다. …… 그 느낌을 알게 된 후에는 미국의 의료 체계에 명상을 도입해야 한다고 생각했다." [16]

삶의 모든 측면에 도움을 준다

집중력 향상부터 요통이나 외상 후 스트레스 장애 관리, 마인드풀니스 양육, 암 치료까지 모든 주제에 걸쳐 도움을 받을 수 있다.

스티븐 커리나 마이클 조던Michael Jordan 같은 농구선수도 명상을 한다. 톰 브래디나 조 나마스Joe Namath 같은 미식축구선수도 명상을 한다. 케이티 페리Katy Perry나 폴 매카트니Paul McCartney 같은 뮤지션, 크리스틴 벨Kristen Bell이나 휴 잭맨Hugh Jackman 같은 배우, 러셀 브랜드Russell Brand나 제리 사인펠트Jerry Seinfeld 같은 코미디언도 명상을 한다. 엘런 드제너러스Ellen DeGeneres와 오프라 윈프리Oprah Winfrey도 빼놓을 수 없다. 마크 저커버그Mark Zuckerberg와 스티브 잡스Steve Jobs, 마틴 스코세이지Martin Scorsese, 주드 아패토우Judd Apatow, 에디 베더Eddie Vedder, 토니 로빈스Tony Robbins, 조지 루카스George Lucas도 있다. 마크 베르톨리니Mark Bertolini, 마크 베니오프Marc Benioff, 레이 달리오Ray Dalio, 레스 문베스Les Moonves, 아일린 피셔Eileen Fisher, 밥 샤피로Bob Shapiro, 로저 버코위츠Roger Berkowitz, 로버트 스틸러Robert Stiller, 낸시 슬로모위츠Nancy Slomowitz, 릭 고잉스Rick Goings, 마니 에이브럼슨Marnie Abramson 같은 CEO들도 명상을 한다. 나열하자면 끝이 없다. 어느 분야든 최고들은 삶의 질을 더 높이려 한다. 그러면서 경쟁력도 유지하고 싶어 한다.

애석하게도 잘 알려진 훈련들과 건강 향상을 연관 짓는 연구나 과학적 결과를 무시하는 초보자들이 내놓은 글이 너무 많다.

마인드풀니스에 관한 과학적 연구가 폭증하고 있다

미국마인드풀니스연구협회American Mindfulness Research Association에서는 마인드풀니스 훈련이 건강과 성과에 미치는 영향에 관한 4,500편 이상의 연구를 데이터베이스로 관리한다(그림 1.5 참고).[17] 첫 번째 관련 연구는 1980년대 초에 나왔다. 2017년에는 한 달에만 80편 이상이 쏟아졌다.

숫자에 집착하는 회의적인 인간이었던 내가 명상과 마인드풀니스를 시도해 볼 생각이 든 것도 이러한 과학적 성과의 영향이 컸다.

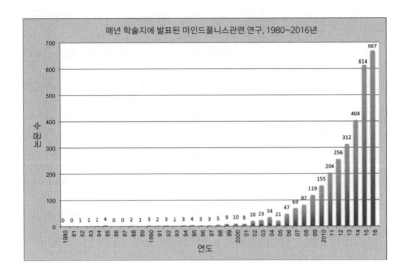

그림 1.5 스트레스 산업과 관련 연구는 급속히 발전하고 있다

출처: 미국마인드풀니스연구협회, 2017; goAMRA.org.

스트레스 그리고 그로 인한 결과인 질병과 질환은 세계적인 위기 상황이다. 관련 연구들을 자세히 들여다보면 왜 마인드풀니스가 리더들에게 필요한 새로운 생존 기술인지 재빨리 이해하게 된다. 각종 연구 결과에 따르면 마인드풀니스와 명상은 심지어 약물만큼 효과적일 수 있다. 그러나 한 번에 털어 넣을 수 있는 알약 형태의 마인드풀니스는 없다. 연습이 필요하다. 나는 이 책의 처음부터 끝까지 가장 적절한 연구와 기술들을 공유할 것이다. 하지만 여러분을 마냥 기다리게 하지는 않겠다. 리더들을 위해 내가 가장 좋아하는 10가지 연구의 결과를 정리했다.

1. **집중력 향상:** 마인드풀니스를 훈련한 직장인들은 더 잘 집중하고, 더 오래 작업에 몰입하며, 자신이 잘했던 일들을 더 잘 기억했다.[18]

2. **기폭제**trigger **관리:** 명상 훈련을 더 많이 한 사람들은 정신을 산만하게 하는 부정적 자극에도 뇌의 투쟁-도피 반응을 담당하는 편도체가 덜 활성화되었다.[19]

3. **만성 스트레스 완화:** 외상 후 스트레스 장애를 겪는 참전 군인들이 우울증, 행동 활성화, 경험적 회피에서 진전을 보였다.[20]

4. **통증 완화:** 3일간의 간단한 마인드풀니스 훈련도 통증 등급과 감도를 낮추는 데 효과적이어서 진통 효과가 나타났다.[21]

5. **면역 강화:** 마인드풀니스 훈련을 꾸준히 하면 불안이 감소하고, 긍정적인 감정들과 관련이 있는 뇌 영역의 활동이 눈에 띄게 증가하는 것이 확인되었다.[22] 또한 인플루엔자 백신을 맞았을 때 항체가 더 많이 형성되었다. 또 다른 연구에서는 감기와 독감 증상이 50퍼센트 감소하고 결석이 76퍼센트 줄었다.[23]

6. **혈압 강하:** 마인드풀니스는 심장 마비나 심장 발작이 발생할 위험을 낮출 수 있다. 훈련을 받은 환자들은 수축기와 이완기 혈압이 모두 현저하게 떨어졌다.[24]

7. **행복과 에너지:** 마인드풀니스 훈련을 한 직장인들이 감정 소모가 덜하고 직업 만족도가 더 큰 것으로 보고되었다.[25]

8. **심혈관 건강 증진:** 특히 흡연이나 체질량 지수, 공복 혈당, 신

체 활동 같이 위험 인자가 있을 때 마인드풀니스가 심장 건강을 향상시켰다. 마인드풀니스 훈련을 정기적으로 하는 사람들은 심혈관 건강이 양호할 확률이 83퍼센트 더 높았다.[26]

9. **수면 개선:** 마인드풀니스 훈련을 2주간 하면서 수면의 질과 지속시간이 모두 꾸준히 개선되었다.[27]

10. **실수 감소:** 마인드풀니스 훈련을 정기적으로 하는 사람들은 착오율이 낮아졌고, 더 많은 데이터를 처리하도록 한정된 뇌 자원을 배분하는 통제력이 더 강해졌다.[28] 그러면 뇌에 램 RAM, random access memory을 추가한 것과 비슷한 효과를 볼 수 있다.

선도적인 대학교나 연구소, 병원, 보험회사들이 모두 마인드풀니스 훈련에 주목하는 것은 놀랄 일이 아니다. 대형 기업들은 심지어 애트나의 마인드풀니스 최고 책임자 앤디 리Andy Lee처럼 직원들의 평안에 집중할 경영진을 추가하고 있다.

일과 삶에는 성과가 필요하다

대형 기업부터 대학교, 의료 시스템, 군대까지 다양한 조직들이 마인드풀니스 훈련을 채택하고 있다. 2016년 미국 비영리단체 국가의료기업조합National Business Group on Health은 포춘 500대 기업 중 45퍼센트가 직원들을 위해 1년 이내에 마인드풀니스 훈련을 도입할 예정이라고 추정했다. 대부분은 실시간 훈련을 택했지만 월과 같은 디지털 솔루션을 택하는 기업도 증가하는 추세다.[29]

스포츠에서도 마인드풀니스가 대유행하고 있다. 최근 3년 사이 미국 프로미식축구NFL 슈퍼볼, 프로야구MLB 월드시리즈, 프로농구NBA 챔피언십에서 우승했던 팀들은 모두 마인드풀니스를 훈련했다. 내가 사는 샌프란시스코에서도 NBA팀 골든스테이트 워리어스Golden State Warriors가 마인드풀니스를 훈련한다. 벼랑까지 몰린 NFL팀 포티나이너스Forty-Niners도 마인드풀니스 훈련을 하는지는 모르겠다. 계속해서 슈퍼볼을 차지하고 있는 NFL팀 뉴잉글랜드 패트리어츠New England Patriots는 마인드풀니스 훈련을 한다. 아마 그림이 그려질 것이다. 지도자들은 선수들이 경기에 집중하고 압박감 속에서도 성과를 낼 수 있게 도와주려 한다. 상대보다 우위에 서게 하는 무언가를 찾는다. 선수들이 좀 더 규칙적으로 "무아지경"에 빠져들기를 원한다. 익숙하지 않은가? 바로 기업의 리더로서 우리가 회사의 선수들에게 바라는 것도 정확히 똑같다. 압박감 속에서도 성과를 내길 바란다. 마음을 차분하게 유지하고 집중하면서 압박감 속에서도 성과를 내는 것은 리더들에게 값을 따질 수 없는 능력이다. 팀 구성원들이 일, 관계, 의사소통 방식, 그리고 기업의 문화를 만드는 데 관련된 기술을 충분히 활용할 수 있다면 경쟁 우위로 작용할 것이다.

그림 1.6 챔피언의 아침 식사 메뉴인 마인드풀니스

마인드풀니스는 딱 붉은 포도주만큼만 종교적이다

기업이나 스포츠계에서는 생산성과 성과를 높이는 도구로 급속히 마인드풀니스를 도입하고 있지만, 여전히 간혹 명상이 너무 영적이거나 종교적으로 여겨져서 시도하기 어렵다는 우려를 듣는다. 심지어 기독교 전통이 강한 미국 남부와 중서부 지대에 온 친구 중에는 명상이 "악惡"이라는 이들도 있었다. "게으른 사람은 악마의 도구가 된다An idle mind is the devil's workshop"는 오래된 영어 속담을 들먹이는 사람도 있었다. "헛소리하고 있네"라고 마냥 무시할 수는 없다. 대신 마음과 생각이 통제를 훌쩍 벗어나도록 두는 것이 더 큰 문제라고 이야기하고 싶다.

아일랜드 가톨릭 집안에서 자란 사람인 내가 마인드풀니스를 알게 됐을 때 분명히 새로운 종교를 찾는 것은 아니었다. 일상에서 아주 자그마한 일에도, 특히 4분기가 끝날 때마다 스트레스에 짓눌리는 상황을 멈추고 싶었다. 더 잘 자고 싶었다. 만성 요통에 대처할 수 있게 도움을 받고 싶었다. 계속 정상을 지키고 싶었다. 항상 화를 내고 싶지 않았다. 건강 문제로 벽에 부딪히고 인내심도 점점 바닥나면서 내게 도움이 필요하다는 것을 깨달았다. 나와 별개로, 내 아내는 과거에 자신과 결혼했던 남자 그리고 가족과 조금 더 많은 시간을 보낼 남편을 찾고 있었다.

당신이 혹시 가지고 있을지도 모르는 공포를 가라앉히기 위해 설명하자면, 마인드풀니스 훈련은 딱 붉은 포도주만큼 종교적이다. 포도주는 고대 이집트와 그리스, 로마부터 약 9천 년간 다양한 종교적 전통에서 사용되어 왔다. 그 유명한 '최후의 만찬'에도 등장한다. 어른이 되고 붉은 포도주 자체도 좋다는 것을 알게 되어 기뻤다. 실은 아주 훌륭하다. 스테이크와 함께 즐겨보라. 효과가 있다.

붉은 포도주와 마찬가지로 마인드풀니스 훈련도 5천 년 가까이 오랫동안 이어져 왔다. 그리고 분명히 묵상默想 전통에서 기도나 침묵 속에 앉아 있기, 또는 마음을 진정시키고 때로는 더 높은 소명이나 존재에 초점을 맞추기 위한 실제적인 명상적 실천으로 활용되어 왔다. 하지만 포도주와 마찬가지로 마인드풀니스 훈련 역시 종교를 떠나 그 자체로 훌륭하다. 스트레스가 쌓였을 때 시도해 보라. 효과가 있다.

지금의 나는 딱히 종교적인 사람이라 할 수 없다. 하지만 붉은 포도주는 좋아한다. 마인드풀니스도 좋아한다. 그리고 '마인드풀니스 포도주 마시기'도 나쁘지 않다. '마음껏 포도주 마시기'라 적을 뻔하긴 했다.

> 전문가의 팁: 스트레스를 다스리기 위해 정기적으로 와인을 마신다면 마인드풀니스가 아니다. 때에 따라 알코올 중독이라 할 수도 있다. 늘 '적당히'가 중요하다.

마인드풀니스는 삶을 향상시킨다

나는 마인드풀니스 훈련을 통해 수백만 명이 발견해 온 것을 얻었다. 행복이 커졌고, 삶이 평안해졌으며, 잠을 더 잘 자게 되었다. 꾸준히 8에서 10에 이르던 요통의 강도도 감당할 수 있는 3으로 낮아졌다. 안정 시 심박수는 20이 떨어졌다. 혈압도 내려갔다. 방황하는 마음을 길들이는 법을 배우고 있다. 사업가이자 작가인 짐 론Jim Rohn은 "당신이 누군가에게 줄 수 있는 가장 큰 선물은 그에게 집중하는 것이다"라고 했다. 집중하는 법 그리고 모든 일을 개인적으로 받아들이지 않는 법을 배우면서 나는 조금 더 친절하고, 차분하며, 나 자신을 포함해 내 삶에서 가장 중요한 이들에게 공감하는 사람이 되어가고 있다. 그리고 내 아내에게는 '극단적 스트레스에 사로잡히기 전 사랑하고 결혼했던 남자'로 돌아갔다.

현대적인 마인드풀니스 훈련은 묵상 전통에서 찾을 수 있는 다양한 공동체적 측면 역시 키워 준다. 나는 성공 그리고 조금 더 건강하고 행복한 삶을 이어가겠다는 개인적인 바람을 넘어 내 팀, 우리 공동체, 목적이 있는 삶을 더 생각하게 되는 피할 수 없는 부작용도 경험하고 있다. 더 나은 부모, 더 나은 동료, 더 나은 사람이 되는 것이 먼저다. 이 모든 것이 더욱 배려하고 공감하는 리더로서 더 나은 성과를 낼 수 있는 토대를 만든다.

제2장

무엇이 스트레스를 주는가?

이제 여러분도 마인드풀니스가 무엇인지 알게 되었다. 그리고 기이하거나 서구 문화를 배척하거나 영적인 것을 추구해야만 마인드풀니스가 아니라는 사실도 알게 되었다. 하지만 왜 지금 여러분에게 마인드풀니스가 필요한 걸까? 서로 알아가기 위해 조금 수준이 높은 질문으로 시작해 보자. 지금 요통 때문에 고통스러운가? 아니면 불면증 때문에? 스트레스 때문에? 짜증 나는 동료들 때문에? 하나라도 해당이 된다면 여러분은 비슷한 경험을 하며 살아가는 대다수 직장인에 속한다. 그리고 이런 경험은 점점 건강 악화와 실적 감소, 해로운 직장 문화로 이어진다. 곧 확인할 수 있을 것이다. 우선 무엇이 우리 모두에게 스트레스를 주는지 자세히 파헤쳐 보자. 그다음 해결책을 찾아 나설 것이다.

입사를 환영합니다: 희망 편

현재의 일자리를 제안받았던 날을 다시 떠올려 보자. 아마 당신의 합류를 원했던 이가 다음과 비슷한 이야기를 했을 것이다. "이곳을 사랑하게 될 거예요. 이 회사는 대단하죠. CEO가 훌륭해요. 회사 문화도 기가 막히게 좋고요. 벽에 우리 미션과 비전, 가치가 걸려 있어요. 당신과 잘 어울릴 거예요. 사무실이 얼마나 근사한지 보세요. 어떤 간식이 준비되는지 얘기한 적 있죠? 맙소사, 끝내줘요!" 유력한 지원자였던 당신은 새로운 일터가 될 곳을 거니는 동안 마치 아기 사슴 밤비Bambi처럼 새 소리를 듣고 주위를 날아다니는 나비를 볼 수 있었을 것이다. 지원자일 때는 무엇이든 가장 좋은 면을 보는 경향이 있다.

그림 2.1 당신은 기본적으로 산만한 상태인가?

입사를 환영합니다: 절망 편

일단 일을 시작하면 현실은 약간 다르다. 새로운 직장에서 보낸 첫 주에 나눈 대화는 어땠을까? "다시 만나게 되어 반가워요. 업계의 속도가 얼마나 가차 없이 빠른지 얘기하는 걸 깜빡했네요. 계속되는 변화와 혼란은 당연해요. 매일매일 세계화와 혁신, 변혁에 대처하게 될 겁니다. 실은 모든 현상에 대처하고 있어요. 기대와 과도함이 좌절감이나 억측, 짜증을 부를 수도 있어요. 하지만 그래도 당신이 놀라운 모습을 보여 줄 것이라고 기대합니다! 아주 큰 돈이 오고 가요. 그리고 로봇이나 인공지능으로 인한 혼란과 걱정도 많죠. 즐겨 봐요! 당신은 잘 해낼 거예요."

사실은 이렇다. 모든 일은 힘겹다. 때때로 산불이 일어나고 가끔 밤비의 엄마가 총에 맞기도 한다. 아, 그리고 간식도 떨어졌다. 당신은 이 모든 것에 대처할 능력이 있는가?

앞뒤가 다른 메시지를 보내고 있진 않은가?

비즈니스 세계에서는 엇갈리는 메시지를 보내지 않게 도와줄 리더가 필요하다. 대부분의 회사는 직원들에게 "당신들이 우리의 가장 중요한 자산이다!"라고 말한다. 하지만 그다음 어떤 일이 벌어질까? 「이코노미스트The Economist」에 따르면 90퍼센트의 기업이 성장과 비용 절감을 위해서는 업무의 해외 위탁offshoring 이 필요하다고 답했다.[1] 2013년 세계 IT 산업의 업무 43퍼센트가 외주로 수행되었다. 현재 이 비율은 72퍼센트로 증가했다.[2] "우리는 당신들을 사랑해요. 하지만 이왕이면 돈이 덜 드는 직원들을 더 사랑하죠." 세계 경제의 변동성은 해외 위탁을 "인근 국가 위탁nearshoring"으로, 때로는 "자국 복귀backshoring"로 바꾸기도 한다. 사랑한다. 사랑하지 않는다. 아이고, 다시 사랑한다.

점점 더 많은 회사가 실질적인 혁신 전략으로 다른 기업을 인수하고 있다. 더 나쁜 경우에는 변화의 속도를 따라잡지 못하고 제삼자에게 혁신을 위탁한다. 또다시 앞뒤가 다른 메시지다. 당신들을 사랑하지만 멋있는 일은 다른 사람들에게 많이 맡기고 있다. 내 잘못이다. 이해해 주리라 믿는다.

미래는 도착해 있다

로봇에 대한 매혹은 애니메이션 「젯슨 가족The Jetsons」(미래 시대에 로봇 가정부와 살아가는 젯슨 가족의 일상을 다룬 애니메이션—옮긴이)에서 현실로 이동하고 있다. 과거에는 로봇이라면 자동차 조립을 도와주는 거대한 기계 팔을 생각했다. 이제는 자율주행 자동차가 자율주행 트럭이 등장하기 위한 길을 닦고 있다. 이미 기계들이 "감자튀김도 드릴까요?"라고 묻는다. 아시아 전역의 호텔에서는 프런트 직원을 로봇으로 대체하고 있다(그림 2.2).[3] 살아 있는 듯한 여성형 로봇, 공룡 로봇, 말도 안 되게 귀여운 장난감 로봇 중 누구와 체크인을 진행할지 선택할 수 있다. 드론은 지금은 물건을 운반하지만, 미래에는 사람을 운반하게 될 것이다. 상업용 항공기에 익숙한 사람이라면 잘 알겠지만, 비행기는 이미 로봇이다. 조종사들은 이륙과 착륙만을 담당한다. 나머지 부분은 이미 수십 년 전에 자동화되었다. 세계경제포럼World Economic Forum은 2020년까지 5백만 개의 일자리가 기술로 대체될 것이라 추정했다.[4] 학자에 따라 그 규모를 세 배까지 예상하기도 한다.

그림 2.2 프런트를 지키는 일본의 로봇 직원들

출처: ⓒ Huiten Bosch

로봇에게 일자리를 뺏길지 모른다는 불안감

2017년 9월 포드 자동차와 도미노피자는 피자 배달에 자율주행 자동차를 활용하기 위해 협력한다고 발표했다. 피자 체인 브랜드 리틀시저스Little Caesars도 지지 않고 "피자포탈Pizza Portal"이라는 로봇을 공개했다. 고객이 문자 메시지로 주문을 하면 로봇이 피자를 만든다. 직장인이라면 누구나 로봇과 인공지능에 일자리를 빼앗길지도 모른다는 두려움을 어느 정도 가지고 있다. 미래는 눈앞에 도착해 있고 이러한 변화가 사람들을 겁먹게 한다. "무슨 일이 벌어지고 있는 거죠? 회사는 계획이 있나요? 왜 아무도 우리에게는 이야기해 주지 않죠? 다른 일자리를 찾아봐야 하나요?" 링크드인LinkedIn, 글래스도어Glassdoor 같은 사이트는 이러한 공포에 먹잇감을 주는 사업을 한다. 내 말을 믿을 수 없다면 사내 협업 채널에 접속해 보라. 이런 대화가 직원들의 시간을 삼키고 있다. 바로 지금.

협력형 경쟁coopetition은 일시적이다

당신 회사는 협력 관계를 맺고 있는 경쟁사가 있나? 대부분의 기업에서 "협력형 경쟁"이 일반화되었다. 협력과 경쟁을 동시에 해 온 사람이라면 상대방을 그림에서 완전히 지워 버릴 수 있을 때까지 대체로 동반자 관계를 유지해야 한다는 것을 알고 있다. 기업 내에서 통용되는 언어가 이러한 현실을 반영하며, 직원들은 회사가 사업을 어떻게 진행하겠다는 것인지 혼란스러운 메시지를 받게 된다. 당신 생각과 다르다면 같은 팀의 밀레니얼 세대(이 책에서는 1977년부터 1995년 사이에 출생한 이들을 지칭—옮긴이)에게 물어보라. 협력형 경쟁은 새로운 게임이다.

조달은 애들 장난이 아니다

20년 전 의붓자식처럼 천대받던 조달 업무의 위상은 이제 이 사회의 한 자리를 차지할 정도로 높아졌다. 조달 부서의 업무는 매해 10퍼센트에서 15퍼센트의 비용을 절감하면서 가장 신뢰해온 사업 동반자들을 가장 저렴한 공급 업체로 강등시키는 것이다. 이러한 전략은 공급 업체들이 당신 회사에 서비스를 제공하는 방식을 바꾸었고, 그들의 서비스에 의존하는 직원들의 스트레스를 키웠다. 내가 20억 달러의 매출을 올리는 대리점 네트워크의 글로벌 최고운영책임자였을 때 그 회사는 생산성을 극대화하고 비용을 절감하기 위한 조달 전략을 썼다. 그리고 고객들은 우리 회사에 똑같은 전략을 썼다. 잠깐만, 뭐라고? 이러면 혼란스러운 상황이 벌어졌을 때 이중의 타격이 온다.

"더 빠르게 그리고 더 싸게" 조달한다는 결정은 문화까지 바꿀 수 있다. CBS 텔레비전 방송국의 재무 계획 책임자로 일할 때는 도널드 트럼프와 손잡고 파산 위기에 처한 미인대회를 인수한 "저렴한" 계약이 저비용 방송 프로그램의 편성으로 이어졌다. 내가 보기에는 애석하게도 성희롱에 관한 논쟁이 이어지게 했고, 불필요한 법적 분쟁을 야기했으며, "티파니 네트워크Tiffany Net-work"라는 오명을 쓰게 했고, CBS 직원들에게 쓸데없는 스트레스와 사기 저하를 선사했다. 소규모 합작 투자에 1천만 달러를 내고 50퍼센트의 지분을 확보해 만들었던 저렴한 땜방용 프로그램이 점점 방송국의 다른 연 수입 45억 달러에 영향을 미치게 되었다.

기술 스파이가 판친다

미국 법무부는 이미 중국에 2백만 개 이상의 일자리와 수천억 달러의 기술 수입이 흘러간 것으로 추정한다.[5] 러시아는 2016년 미국 대통령 선거를 해킹했다. 미국의 지난 두 정권에서 해킹과 기술 스파이는 기술, 디자인, 상품, 데이터를 저렴한 가격에 훔쳐 온 나라에 되파는 수익성이 좋은 사업으로 변했다. 혼란과 분열을 심는 정치적 목적은 말할 것도 없다. 고용 안정과 국가 안보 모두를 둘러싼 불안이 높아지고 있다.

멋진 일들은 외주로 진행된다

이제 7백만 명에 가까운 이가 기술 조사 분야에 종사한다.[6] 근처 애플 스토어의 서비스 센터를 이야기하는 것이 아니다. 더 심층적인 기술 조사를 의미한다. 점점 더 많은 회사가 내부 역량으

로는 혁신의 속도를 따라가지 못하고 있다. 게리 해멀Gary Hamel
이 저서 『지금 중요한 것은 무엇인가』에 쓴 것처럼 "세계는 대부
분의 조직이 회복탄력성을 기르는 속도보다 더 빨리 격변하고
있다."[7]

그리고 살기가 어렵다

이 모든 것에 앞서, 직장인들은 일터에 도착하기 전부터 점점
커지는 혼란을 마주한다. 지금 우리는 지구 온난화와 자연재해로
인한 전례 없는 파괴에 직면하고 있다. 건강 문제와 의료 보험,
세금, 사생활이 끊임없이 밀어닥친다. 테러가 일상적인 일이 되
어 가고 있다. 선진국에서 정치는 극단으로 향하고 있다. 심지어
몇몇 나라에서는 무능하고 자존심밖에 모르는 지도자와 그의 미
친 가족들이 정권을 쥐고 있다. 미국에서는 그런 일이 절대 일어
날 수 없을 테니 정말 다행이다.

에퀴팩스Equifax 해킹(2017년 미국 개인신용정보업체 에퀴팩스가
해킹당해 역대 최대 규모의 개인정보가 유출되었던 사건—옮긴이)은
나를 비롯한 미국인 1억 4300만 명을 불안하게 만들었고, 피해자
들은 언제 신원을 도용당할지도 모른다는 심각한 두려움 속에
살아가고 있다. 이에 질세라 야후Yahoo는 이용자 30억 명의 정보
를 유출하고도 3년간 이 사실을 공개하지 않았다. 2006년 이후
16개 주요 기업이 50억 명에 이르는 소비자의 정보를 유출했지

만, 대부분은 밝혀질 때까지 침묵했다.

가정에서는 많은 부모가 스트레스에 짓눌린 아이들을 상대하고 있다. 그래서 자식보다 자식의 친구들과 가까워지는 일도 생긴다.

출근도 하기 전에 우리에게 일어나는 모든 일을 생각해 보면 회사 업무가 잘되지 않는 것도 놀랄 일이 아니다. 많은 직장인이 상황을 통제할 수 없거나, 신뢰가 부족하거나, 재난에 끊임없이 노출되고 있다고 느낀다. 고용 안정성이 떨어져서 낮은 수준이지만 만성적인 스트레스가 계속된다. 업무 때문에 생기는 스트레스까지 고려하면 직원들이 경영진을 신뢰하거나 모든 문제를 해결하리라는 기대는 더는 지속 가능한 전략이 될 수 없다.

리더들이 나서서 다양한 문제를 듣고, 돕고, 이끌어 갈 좋은 기회다.

불신을 공유하다

4차 산업 혁명의 부상은 몇 년 전만 해도 상상하기 어려웠던 방식으로 타인에게 마음을 열고 신뢰하게 한다. 우리는 낯선 이가 우리를 위해 차를 몰아주고(우버Uber), 음식을 배달해 주고(심리스Seamless), 우리 집을 빌려 쓰고(에어비앤비Airbnb), 아이들과 놀아 주고(케어닷컴care.com), 반려동물을 돌보아 줄 것이라고 믿는다. 심지어 고급 대형 승용차를 대여할 수도 있다(릴레이라이드 RelayRide). 아이나 강아지도 빌릴 수 있다. 맙소사! 이 새로운 모델은 사람들이 판단과 결정을 다른 사람에게 맡기게 한다.

여러 메시지가 엇갈리고 있지만 공유 경제 연구 결과에 따르면 직장인들은 외부 사이트(글래스도어)나 내부 협력 도구(슬랙 Slack, 야머 Yammer 등)로 서로 더 많은 것을 공유하게 되었다. 하지만 안타깝게도 경영진에 대한 불신 요인은 다른 이에게 맡기지 않는다.

2017년 에델먼 신뢰도 지표 조사 Edelman Trust Barometer에서는 모든 주요 대형 기관에 대한 신뢰가 사상 최대 폭으로 하락해 "신뢰의 위기"가 확인되었다. 구체적으로 소수의 사람만이 언론 (43%), 정부(41%), CEO(37%), 정치 지도자(29%)를 신뢰했다.[8] 3만3천 명이 응답한 이번 조사에서는 13퍼센트의 "여론 주도층" 과 87퍼센트의 "일반 대중"이 지금까지의 조사를 통틀어 가장 큰 의견 차이를 보였다. 여론 주도층 인구는 대졸 이상 학력에 상위 25퍼센트 이상의 소득을 올리고 미디어 소비 수준이 높은 응답자를 의미한다. 조사에 포함된 28개국 중 20개 나라에서 일반 대중 대부분이 주요 4대 기관을 모두 불신하고 있었다.

신뢰도 측면에서 직장인들은 고위 경영진이나 CEO보다 동료 직원들에게 듣는 정보를 압도적으로 선호한다. 응답자들은 동료들이 직원들의 문화나 처우에 대한 정보를 공유하면 경영진이 정보를 제공했을 때보다 신뢰도가 2.5배 더 높다고 밝혔다. 동료들이 공유한 정보는 재무 성과에 관해서는 1.7배, 위기 대처에 관해서는 1.6배, 낮은 수준의 혁신에 관해서는 1.3배, 산업의 동력에 관해서는 1.2배, 사회 문제를 다루는 프로그램에 관해서는 1.2배 더 신뢰도가 높았다. CEO들의 신뢰도는 이사회에도 훨씬 못 미쳤다.

올바른 접근 방식을 취하는 지도자들이라면 위 설문조사 결과를 통해 그들이 아래 네 가지 주제에서 커다란 영향을 미치고 있음을 알 수 있다.

1. 부당하다는 감각	3. 자신감 부족
2. 희망 부족	4. 변화에 대한 갈망

에델먼 보고서는 특히 기업에 다음과 같이 중요한 신뢰 문제가 있다고 밝혔다.

일반 대중의 변화	기업이 부추기고 있는 사회적 공포
확고한 권위를 거부한다	훈련 부족(60%)
동료들을 전문가만큼 신뢰한다	외국의 경쟁자들(60%)
전 세계에서 일자리를 잃을까 우려한다	저임금 외국인 노동자(58%)
기업들이 수익 창출뿐 아니라 선한 영향력을 주어야 한다고 생각한다	더 저렴한 노동시장으로의 해외 위탁(55%)
언론에 대한 신뢰도가 역사싱 가장 낮다	자동화(54%)
자국 보호주의가 부상한다	

　기업의 리더가 자신들에게 연설하는 대신 대화해 주길 바라는 직장인들의 변화도 뚜렷하다. 직장인들은 준비된 대화보다 즉흥적인 대화를 57퍼센트, 외교적인 말보다 직설적인 말을 54퍼센트, 데이터보다 개인적 경험을 51퍼센트 더 선호했다. 일반 대중 역시 소셜 미디어가 광고보다 62퍼센트 더 영향력이 있다고 답했다. 이제는 시대를 염두에 두고 사람들과 함께하는 운영 모델을 채택할 때다(그림 2.3).

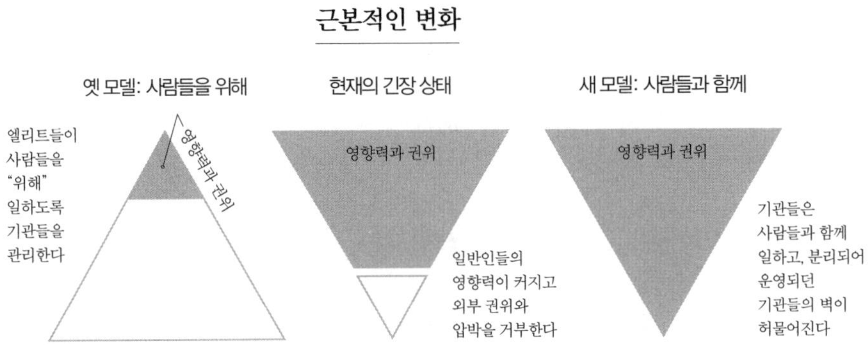

근본적인 변화

옛 모델: 사람들을 위해   현재의 긴장 상태   새 모델: 사람들과 함께

엘리트들이
사람들을
"위해"
일하도록
기관들을
관리한다

영향력과 권위

영향력과 권위

일반인들의
영향력이 커지고
외부 권위와
압박을 거부한다

기관들은
사람들과 함께
일하고, 분리되어
운영되던
기관들의 벽이
허물어진다

그림 2.3 우리는 충분히 빠르게 변화하고 있을까?

출처: 2017 에델먼 신뢰도 지표 조사

신뢰의 위기에 관한 대화는 당신의 회사에서 매일매일 벌어지며, 공개 협력 채널 또는 비공개 협력 채널이 그 무대가 된다. "사람들을 위해"에서 "사람들과 함께"로 바뀌어 가는 흐름이 두려울 수도 있지만, 미래 변화의 중심에 사람들을 두기 위해 마인드풀니스와 감성지능을 훈련해 온 리더들에게 딱 맞는 시기다(그림 2.4).

전문가의 팁: 공유 경제에서는 이기는 경기를 해야 한다. 정기적으로 팀이 함께 뭉치면 직원들의 관심사를 쉽게 확인할 수 있다. 에스에이피, 세일즈포스Salesforce, 구글, 맥킨지, 애트나와 같은 기업에서 팀을 위한 마인드풀니스 훈련이 직원들을 중심에 두고 "사람들과 함께" 일하는 훌륭한 출발점이라는 사실이 여러 기업에서 확인되고 있다.

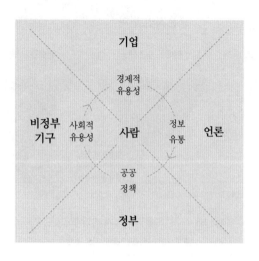

그림 2.4 "사람들과 함께With the People"는 직원들을 중심에 둔다

출처: 2017 에델먼 신뢰도 지표 조사

제3장

스트레스가 통장을 비우고 있다

머릿속 혼란한 여러 가지 생각 중 한 가지 생각을 선택하는 것이야말로 가
장 훌륭한 스트레스 대처법이다.

_윌리엄 제임스William James

미국은 스트레스 때문에 매년 5천억 달러 이상을 잃는다.[1] 불
과 몇 년 전만 해도 3천억 달러였다. 기업에서는 잦은 결근이나
이직, 생산성 손실, 의료 비용 증가의 형태로 돈이 새어 나갔다.
직장인들에게는 조금 더 개인적인 형태로 나타난다. 자신에게 귀
를 기울인다는 느낌을 받지 못한다. 세 명 중 한 명은 신뢰받는다
고 생각하지 않거나 경영진을 신뢰하지 않는다.[2] 회사가 외부에
내세우는 사명이나 가치를 따르지 않는다고 느낀다. 관리자들이
무례하게 굴거나 위압적인 문화라고 느낀다. 안전함이나 안정감
을 느끼지 못한다. 회사를 떠난다. 다른 길을 알아보자. 그리고 새

로 찾은 직장에서는 보통 무엇을 발견하게 될까? 다르게 생겼지만, 똑같이 끔찍한 명함이다.

직장인들이 그다지 잘 지내지 못한다는 사실을 알려 주는 통계를 들어 보자.

· 83퍼센트는 직장에서 가장 많은 스트레스를 받는다고 답했다.[3]
· 50퍼센트가 스트레스 수준이 "높다" 혹은 "압도적이다"고 평가했다.[4]
· 33퍼센트는 건강과 일에 영향을 미치는 불면증을 앓았다.[5]
· 2014년 의료 사례 중 83퍼센트가 직장인의 우울증, 스트레스, 불안 때문이었다. 2012년에는 55퍼센트였다.[6]
· 산업 재해의 91퍼센트가 사람의 문제human error로 발생했다.[7]

그리고 기업이나 기업 문화에 관한 좋지 않은 소식들도 있다.

· 미국 내 이직률이 2011년 이후 매년 줄곧 증가하고 있다.[8]
· 직장인의 42퍼센트가 그들의 직장을 떠나는 이유로 "스트레스"를 꼽았다.[9]
· 70퍼센트가 직장에서 일에 몰두하지 않는다고 답했다. 3분의 1 정도는 의도적으로 몰두하지 않는다고 밝혔는데, 일할 생각 없이 회사에 간다는 뜻이다.[10]

- 64퍼센트는 고용주가 스트레스 관리를 돕기 위한 자원을 충분히 제공하지 않는다고 느낀다.[11]
- "제대로 성장"하지 못하는 직원들은 이직 확률이 35퍼센트 더 높다.[12]

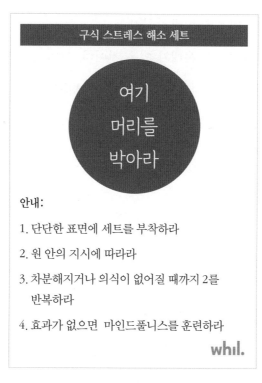

그림 3.1 스트레스에 대한 오늘날의 접근법

스트레스는 수명을 단축하고, 삶의 질을 떨어뜨리며, 직업인으로서의 잠재력을 깎아 먹는다. 유일하게 좋은 소식은 직장인 대부분이 위기에 처했을 때 나처럼 마인드풀니스 훈련을 찾는다는 것이다. 당신의 직원들은 새로운 해결책을 시도해 보겠다는 의지가 아주 강하다. 리더로서 당신의 일은 들을 준비를 하는 것 아닐까? 아니면 현재의 상태에 머무르고 싶은가?

세대 간 마찰이 만들어 낸 추가 비용

당신 사무실에도 꼰대가 있을 것이다. 그리고 그건 아마 당신일 것이다. 역사상 처음으로 우리는 네 세대가 함께 일한다. 그리고 다섯 번째인 센테니얼 세대Centennials가 노동시장 입성을 앞두고 있다.

- 센테니얼 세대, Z세대, 아이젠iGen 세대: 1996년 이후 출생, 2021년 현재 만 나이 25세 이하
- 밀레니얼 세대, Y세대: 1977년부터 1995년 출생, 만 나이 26세 이상 44세 이하
- X세대: 1965년부터 1976년 출생, 만 나이 45세 이상 56세 이하
- 베이비붐 세대: 1946년부터 1964년 출생, 만 나이 57세 이상 75세 이하
- 전통주의자, 침묵 세대: 1945년 이전 출생, 만 나이 76세 이상

그리고 알고 있는가? 각 세대는 서로를 몹시 싫어한다. 명절에

네 세대가 모이면 아수라장이 벌어진다. 기업에서의 상황은 더 나쁘다. 한쪽에는 "누가 이런 개판을 만들었지?"라고 생각하는 밀레니얼 세대가 있다. 그들은 속으로 "이 자식아, 업무 시간이 왜 이렇게 된 거야?"라고 묻는다. 다른 쪽에는 아직 직장을 떠날 수는 없지만, 쓸모가 덜한 존재가 되거나 밀려날까 걱정하는 "예비 은퇴자walking retired"가 있다. 그리고 그사이의 온갖 사람들도 있다. 버신 바이 딜로이트Bersin by Deloitte가 "조직 설계가 모든 면에서 도전을 겪고 있다"는 이유로 언급한, 더는 숨겨지지도 않는 마찰이다.[13] 당신 회사만의 일이 아니다.

좋은 소식이 있고 나쁜 소식도 있다

기업에 좋은 소식은 이렇게 경험의 수준이 다양한 직원들이 동시에 함께 일했던 적이 없었다는 것이다. 나쁜 소식은 많은 경우 이 네 세대는 함께 일하는 게 행복하거나 함께 일할 의지나 능력이 있기는커녕 서로를 받아들일 준비가 되어 있지 않다는 것이다. 각 세대는 소통하는 스타일이나 일에 대한 기대, 포부, 성장 방식과 시대에 기반한 신념 체계가 다르다. 그리고 밀레니얼 세대에게는 이모티콘이 있다.

밀레니얼 세대는 가장 혁신적이지만 회사라는 철창 경기장에서 벌어지는 싸움에서 제일 낮은 평판을 얻고 있다. 공정하게 말하면 세대마다 문제가 있다. 손바닥도 마주쳐야 소리가 난다. 어느 한 세대만의 책임이 아니다.

사고방식이 문제가 될 때 대부분의 기업은 직원들이 알아서 해결하길 바란다. 하지만 인간은 복잡하고 역동적인 존재다. 우리는 단순히 "답을 찾지" 않는다. 대신 다른 사람들을 포함해 우리가 이해할 수 없는 존재들을 판단하려 한다. 급속도로 발전하는 현대 기업의 속도에 뒤처지지 않으려면 각 세대가 서로 최선을 끌어낼 수 있게 세대 차이를 해결해야 한다. 그러지 못하면 각 세대는 다른 세대에게서 최악을 끌어낼 것이다. 우리의 기본적인 상태는 공동체를 이루는 것이다. 인간은 천성적으로 편을 짜고, 서로 신념 체계를 강화하며, 서로에게서 지지를 끌어낸다. 매슬로Maslow의 욕구 단계가 그렇다.[14] 덕분에 안전함과 소속감을 느낄 수 있지만 밀레니얼 세대와 베이비 붐 세대의 문화 전쟁도 벌어진다.

물리적-심리적-문화적 경계를 넘기 위한 노력과 인식, 신뢰가 필요하다. 이때 리더 본인과 직원들이 마인드풀니스를 훈련하면 탁월한 효과를 볼 수 있다. 많은 기업이 수용과 협력을 구축하고 공동체를 만들기 위한 해결책으로 마인드풀니스를 찾고 있다. 당신의 회사가 아직 시작하지 않았다면, 지금이 기회다.

문화 교차 훈련

당신을 폭발하게 하는 다른 세대의 직원을 떠올려 보라. 이번 주에는 당신과 완전히 다르거나 당신이 지금까지 평가해 온 사람과 어울려 보자. 작가 데이비드 데스테노David DeSteno는 다른 사람과의 공통점을 하나만 찾아도 유사성을 인식하면서 조금씩 신뢰 관계로 발전할 수 있다고 주장한다.[15] 그 한 가지 공통점을 찾기 위해 함께 커피를 마시러 가자고 제안하자. 서로의 차이와 우려에 관해 조금 더 솔직하게 대화할 수 있을 것이다. 당신이 속한 세대의 유형에 관해 피드백을 달라고 요청하자. 즐겁게 생각을 공유할 수 있는 동료를 찾게 될 것이다. 수용하는 습관을 만들면 일터에 친구가 늘어나고 적은 줄어들 것이다.

리더들이 개방적이고 받아들이기 쉽도록 마인드풀니스를 소개할 수 있는 세 가지 방법을 정리했다.

일방적인 판단을 피하라

암묵적 편견은 우리가 타인에게 가진 무의식적인 믿음과 판단을 말한다. 누구나 성장한 환경에 따라 암묵적 편견이 있다. 한 연구에 따르면 마인드풀니스 훈련을 10분만 해도 암묵적 태도 테스트implicit attitude test에서 나이와 인종에 대한 편견이 감소했다.[16] 다른 유형의 사람들과 일하는 법을 배우면 다양한 아이디어를 확보하는 동시에 당신의 스트레스가 줄어들 것이다. 그러면 어떤 팀이든 더 강해진다.

분노 대신 호기심을 가져라

나이 차별주의자처럼 누군가가 "너무 나이가 들어서" 혹은 "너무 어려서" 나보다 잘 알 리가 없다고 넘겨짚는 대신 대화에 참여해 그들의 시각을 들어보면 어떨까? 『가족을 고쳐드립니다』의 저자 브루스 파일러Bruce Feiler는 세대 간의 이야기를 공유하는 것이 가장 좋은 학습 방법임을 알게 되었다. 나와 닮은 사람들의 투쟁과 승리를 배우기 때문이다.[17] 기업에서도 마찬가지이지만 대부분의 리더는 성공과 실패의 이야기와 교훈을 공유하는 데 충분한 시간을 쓰지 않는다.

전문가의 팁: 누군가의 인생 이야기를 들으면 그에 관해 많은 것을 알 수 있다. 동료들에게 흥미로운 질문을 던지며 공통점을 찾아내자. 타라 쿠시노Tara Cousineau 박사는 "시간을 어떻게 보내고 싶어요?"나 "어떤 인생을 살아오셨는지 들려주세요", "살아오면서 어떤 장애물을 어떻게 극복했나요?", "스스로 가장 자랑스러워하는 게 무엇인가요?" 같은 질문으로 대화의 물꼬를 트라고 추천한다. 그 다음에는 듣고 배우자.

"나처럼"을 사용하라

당신을 괴롭히는 젊은이나 어르신이 있다면 "나처럼" 훈련을 시도해 보자. 상대방을 판단하려는 순간 자신을 멈춰 세워라. 숨을 들이마셔라. 상대방에게서 당신과 똑같은 점 다섯 가지를 찾아보자. 삶에서 원하거나 필요로 하는 것이 비슷할 수 있다. 두려움이나 후회가 비슷할 수도 있다. 사랑받고, 존경받고, 이해받고 싶은 욕구가 같을 수도 있다. 공통점을 찾으면 판단을 내려놓는 데 큰 도움이 된다. 그리고 다음 단계로 나아가 대화를 시작하자. "나처럼"은 불편한 가족 구성원을 더 잘 이해하고 잘 지내는 데도 도움이 되는 훌륭한 마인드풀니스 훈련이다.

스트레스와 문화를 구체적으로 파악하라

피터 드러커Peter Drucker는 "문화는 전략을 아침 식사로 먹어치운다"고 했다. 인재를 얻고 지키기 위한 싸움이 그 어느 때보다 치열해졌다. 기업들은 선택을 받기 위한 경쟁 중이다. 동시에, 189개국에서 직장인 2500만 명을 대상으로 진행된 갤럽 조사를 보면 겨우 13퍼센트의 직장인들만 일에 몰두하고 있다고 밝혔다. 63퍼센트는 일에 몰두하지 않고 게으름을 피우며 업무에 최소한의 노력만 들이는 것으로 나타났다.[18] 배리 슈워츠Barry Schwartz가 탁월한 테드TED 강연에서 밝혔듯 "성인의 90퍼센트는 깨어 있는 시간의 절반을 있고 싶지 않은 곳에서 하고 싶지 않은 일을 하며 보낸다."[19]

최고의 조직은 직원들이 장기간에 걸쳐 일에 몰두할 뿐 아니라 뛰어난 성과도 유지하는 환경을 조성한다. 여기에는 계속되는 변화와 그에 따른 압박감에 대처하기 위한 효과적인 도구들을 알려 주는 훈련도 포함된다.

스트레스는 어떤 대화에도 빠지지 않는 주제가 되었다. 우리 모두 "미칠 듯이 바쁘고" 대부분이 그런 상황에서 헤어나오지 못한다. 리더가 자신과 자신의 팀이 겪는 스트레스를 명확히 이해하면 도움이 된다. 그러면 직원들이 스트레스에 대처하는 동시에 성장하는 데도 도움이 되는 구체적인 계획과 훈련을 개발할 수 있다. 그 후에야 변화와 혼란을 두려워해야 하는 무언가가 아니라 기정 사실로 받아들이며 높은 성과를 내는 문화를 만들 수 있다.

우리는 대부분 종종 스트레스에 압도당하는 느낌을 받곤 한다. 하지만 구체적으로 무엇이 사람들에게 스트레스를 주는 걸까? 인사 조직 컨설팅 기업 에이온휴잇Aon Hewitt의 '소비자 건강 의식 조사Consumer Health Mindset Study'에 따르면 원인은 다양하다.[20]

정신적 · 감정적 안녕	사회적 안녕
68% - 스트레스 관리하기	70% - 가족이나 친구와 충분히 시간 보내기
65% - 휴가 내기, 휴식 취하기	63% - 일과 생활의 균형 잡기
돈, 삶의 질	**직업적 안녕**
70% - 수입에 맞게 살기	40% - 업무에서의 비현실적인 기대
67% - 정기적으로 저축하기	**신체적 안녕**
65% - 신용카드 대금 납부하기	65% - 건강하게 먹기
잠, 휴식	64% - 의사의 조언 따르기
70% - 충분히 자기	

모든 항목에서 공통적인 주제 하나를 뽑아 보면 오늘날 삶의 속도라 할 수 있을 것이다. 많은 사람이 목적을 가지고 삶을 계획하며 즐길 시간이 없다. 놀랄 일은 아니다. 오늘날 미국인들이 하루에 접하는 정보의 양은 신문 174장에 해당하며 이는 1986년의 다섯 배에 달한다.[21] 인터넷, 덕분이다! 직장인들은 하루 평균 75개의 문자 메시지와 업무 관련 메일을 126통 보낸다.[22] 한 시간마다 문자 9개와 메일 16통을 쓰는 셈이다. 국제적 조직의 리더들은 그보다 두세 배를 처리할 것이다. 평균적인 미국인은 하루에 5천 개에서 만 개의 광고를 보고, 대중 매체를 8.5시간 접하며, 스마트폰을 5시간 사용한다.[23-25]

여기에 문제가 있다. 과학은 인간의 뇌가 만 년 동안 그다지 바뀌지 않았다고 이야기한다.[26] 진화적 변화는 수천 년간의 더딘 적응을 필요로 한다. 반면 사회는 지난 20년 동안 우리 뇌가 적응할 수 없을 정도로 급격히 변했다. 올바른 훈련 없이는 현대 기술 사회에서 살아갈 능력을 갖출 수 없다.

다시 한번 말하자면, 리더들이 개입해야 할 필요성과 기회가 둘 다 그 어느 때보다 명백하다.

중요한 질문을 던져라

성과와 기업 문화에 초점을 맞춰 당신 자신에게 세 가지 질문을 던져 보자.

1. 오늘날 당신이 기업을 운영하면서 맞닥뜨리는 과제와 지장을 주는 요인disruptive force은 무엇인가?
2. 향후 5년에서 10년 동안 1의 문제들은 얼마나 더 나빠질까?
3. 당신과 당신 직원들은 다가오는 것들에 맞서 회복탄력성을 발휘할 준비가 되어 있는지?

당신 자신의 스트레스를 명확히 알자

측정할 수 있으면 완수할 수 있다. 당신 그리고 당신 기업의 문화에 존재하는 스트레스와 스트레스로 인한 영향을 생각할 때는 현재 상황을 평가하고 계획을 세울 수 있는 성적표가 필요하다.

그렇지 않으면 대부분은 "문제가 생기면 그때 처리한다"라는 비밀 계획으로 만족한다. 마인드풀니스 훈련은 당신의 마음과 몸에 일어나고 있는 일들을 더 잘 이해하게 해서 문제가 생기기 전에 당신과 당신 직원들을 다잡을 수 있게 한다.

우리가 훈련에서 자주 사용하는 도구 중 하나가 홈즈-라헤 생활 스트레스 검사Holmes-Rahe Scale Life Stress Test다(그림 3.2).[27] 오래됐지만 유용한 이 검사는 1967년 처음 만들어졌고 수년간 보완되었다. 최초의 연구자들은 사람들의 생활 방식을 이해하려 환자 5천 명을 인터뷰했다. 그리고 질병과 질환의 직접적 원인은 아니지만, 배경으로 작용한 동기 요인을 더 잘 이해할 수 있게 하는 43가지 생활 스트레스 요인을 정리했다. 12개월 동안 스트레스를 주는 사건을 더 많이 겪을수록 스트레스가 촉발한 질병에 걸릴 확률이 더 커진다. 시간이 흐르면서 축적된 스트레스 요인에 대한 당신의 반응이 수명에 영향을 미친다.

이 검사는 지난 한 해 동안 자신이 겪은 스트레스를 점검할 수 있는 손쉬운 도구다. 직접 해 보고(그림 3.2) 점수를 매겨 보자.

홈즈-라헤 생활 스트레스 검사

whil.

지난 12개월 동안 당신의 삶에 다음의 주요 사건 중 어떤 사건이 일어났나요? 올해 당신이 경험한 사건마다 점수를 써넣으세요. 마지막에는 모든 사건의 점수를 더하세요.

사건	영향 점수	내 점수	사건	영향 점수	내 점수
배우자의 죽음	100		직장 내 직책 변화	29	
이혼	73		배우자 가족과의 충돌	29	
배우자와의 별거	65		특별한 개인적 성취	28	
수감	63		배우자가 일을 시작하거나 그만둠	26	
가족의 죽음	63		입학 또는 졸업	26	
신체적 상해, 질병	53		생활 환경 변화	25	
결혼	50		습관 개선	24	
해고	47		상사와의 갈등	23	
배우자와의 재결합	45		업무 시간 또는 환경의 변화	20	
은퇴	45		이사	20	
가족의 건강 문제	44		전학	20	
임신	40		취미 변화	19	
성性 문제	39		교회 활동 변화	19	
가족 구성원 추가	39		사회 활동 변화	18	
업무 재조정	39		대여(예: 차, 냉동고 등)	17	
재정 상태 변화	38		수면 습관 변화	16	
친한 친구의 죽음	37		가족 모임 횟수 변화	15	
이직	36		식습관 변화	15	
배우자와의 다툼 증가	35		휴가	13	

담보 대출(예: 주택, 사업 등)	31		크리스마스 연휴	12	
담보 대출이나 융자로 인한 압류	30		가벼운 위법 행위	11	
			총 점수		

이 등급은 당신이 직면하고 있는 생활 스트레스의 종류를 알려 줍니다. 이에 대처하는 능력이 있는지 없는지에 따라 당신이 스트레스 관련 질환의 희생자가 될 가능성을 예측할 수 있습니다. 스트레스 관련 질환으로 약하지만 잦은 긴장성 두통, 위산과다, 수면 부족부터 궤양, 암, 편두통같이 심각한 질병까지 나타날 수 있습니다.

생활 스트레스 점수

0~149: 스트레스 관련 질환에 약간 취약

155~299: 스트레스 관련 질환에 어느 정도 취약

300 이상: 스트레스 관련 질환에 몹시 취약

그림 3.2 당신은 자신의 스트레스를 어떻게 측정하는가?

출처: "The Social Readjustment Rating Scale", Thomas H. Holmes and Richard H. Rahe, Journal of Psychosomatic Research, Volume 11, Issue 2, August 1967, Pages 213-218, Copyright © 1967 Published by Elsevier Science Inc. All rights reserved.

이 검사는 무엇을 가르쳐 줄까?

생활 스트레스 검사와 관련 연구에는 다음과 같은 생각이 숨어 있다. 점수가 높을수록 당신의 수명을 깎아 먹을 가능성이 더 크다. 스트레스는 신경계를 파고들어 우리를 망가뜨리고 더 빨리 나이 들게 한다. 기억하자. 뇌는 냉장고와 같다. 쉴 새 없이 돌아가면 더 자주 고장이 날 것이다.

매일 마주하는 작은 일들도 영향을 미친다

평범한 교통 체증, 통근, 소음, 돈 걱정, 아이들, 이웃들, 후회, 작은 통증, 기타 등등은 일상을 살아가며 낙관적인 태도를 유지하는 데 어려움을 준다. 오리건 주립대학교 건강한노화연구센터 Center for Healthy Aging Research에서 진행한 연구 결과 "연구 기간 내 일상에서 항상 지나칠 정도의 스트레스를 느끼는 사람들의 사망 확률은 힘든 상황에 적응해 일상에서 심한 스트레스를 받지 않는 사람들의 사망 확률의 세 배에 달했다." [28]

전문가들의 팁: 연구 결과에 따르면 일상적인 번거로움에 대한 우리의 태도가 천천히 움직이는 독인 스트레스 코르티솔의 범람을 부를지 아니면 신경계를 조절할지를 결정한다. 단명과 장수의 차이이기도 하다.[29]

다른 연구에서는 마인드풀니스 훈련이 세포 수준에서 노화를 30퍼센트 줄일 수 있는 것으로 나타났다.[30] 의심이 든다면 페이스북에서 친구를 맺고 있지만 몇십 년간 만나지는 않았던 고등학교 친구들을 생각해 보라. 어쩌다 사진을 보고 "세상에, 좋아 보인다!"라고 생각하기도 한다. 하지만 그냥 "이런, 맙소사"라는 생각이 들 때도 있다. 스트레스의 힘이다. 스트레스를 관리하는

방식은 나이를 먹는 방식에 큰 영향을 미친다.

공통적인 삶의 문제들은 사라지지 않는다

더 심각해질 뿐이다. 생활 스트레스 검사에 등장하는 항목들을 살펴보자. 이혼율은 높아지고, 질병과 질환 통계는 증가하며, 처방 약의 필요성이 커지고, 목록은 점점 길어진다. 모든 숫자가 나쁜 쪽으로만 간다.

스트레스 요인들은 연결되어 있고 파도처럼 몰려온다

나쁜 일들이 연이어 일어나는 것처럼 느낀다면 맞다. 일자리를 잃으면 돈이 궁해지고 관계가 틀어지며 온갖 문제가 생긴다. 행복할 때도 마찬가지다. 결혼을 했다! 집을 샀다! 아이가 생겼다! 이런, 이건 스트레스를 줄 수도 있다.

스트레스 수준이 높은 직원들은 성과와 기업 문화에 영향을 미친다.

미국 심리학회에 따르면 직장마다 평균 35퍼센트의 직원이 개인적인 삶의 사건들로 인해 스트레스 수준이 높은 상태인 것으로 추정된다.[31] 이들은 스트레스 수준이 "보통"인 직원들과 비교해 의료비와 잦은 결근 등으로 3배에서 4배의 비용을 쓰게 한다. '스트레스가 없는 직원'이라는 분류는 없다. 그런 직장인은 존재하지 않는다.

평범한 삶의 사건들에 대처할 준비가 되어 있는지가 모든 차이를 만든다. 사고방식과 스트레스를 인식하는 방식을 관리하는 올바른 도구가 없으면 어떤 직장인이든, 특히 스트레스 수준이 높은 직장인은 모든 조직에 분열을 초래하는 가장 큰 원인이 될 수 있다. 직원들이 생활 스트레스를 어떻게 경험하는지 그리고 매일 그 여파를 어떻게 사무실로 끌어오는지가 기업 문화를 구성한다. 모두의 하루하루가 중요하다. 통계는 너무 많은 직장인이 적절한 훈련 없이 지나친 스트레스에 짓눌리고, 잠을 자지 못하며, 통증에 시달리고, 집중하지 못한다고 말한다. 이게 당신 기업의 문화다. 더 나쁜 것은 팀들이 일촉즉발의 상태에서 운영되기 시작했다는 것이다. 세계적인 명상지도자이자 작가인 샤론 샐즈버그 Sharon Salzberg는 아무런 훈련 없이 "우리 개개인이 삶의 불안정성에 노출되어 있는 것은 사실이다. 누구든 스마트폰 메시지를 즉시 확인할 수 있다. 그리고 전화기를 껐을 때는 다른 삶을 살게 된다"고 지적했다.[32]

40대 초반 요통과 불면증, 천식, 두 누나의 연이은 죽음을 겪던 시절 내 스트레스 점수는 600점이 넘었다. 결혼을 했고, 직업을 바꾸었으며, 온 나라를 누볐고, 첫 아이를 얻었다. 연간 3억 6500만 달러의 수입을 안겨 주는 최대 고객이 국제적인 계약을 끝내겠다고 위협하고 있었다. 나중에야 회사가 그 문제를 해결하라고 나를 고용했다는 사실을 알았다. '우리 회사에 온 걸 환영해!' 건강 문제를 관리하고 사랑하는 사람들을 잃은 아픔을 달래는 사이 이 모든 일이 일어났다. 하루에 14시간씩 일하면 다 좋아질 거라고 생각했다. 하지만 그렇지 않았다.

내 이야기는 특별하지 않다. 직장인이라면 어떤 위치에 있든 거듭해서 삶과 일이 낭떠러지에 내몰리는 순간을 경험한다. 리더로서 나는 자신의 정서적 안녕을 생각하고 보살필 준비가 되어 있지 않았고, 전 세계의 직원들을 도와준다는 생각은 하지도 못했다. 이사회에서 직원들의 정서적 안녕은 이야깃거리가 되지 못했다. 안타깝게도 우리는 연례 회의를 열 이국적인 장소를 논의하는 데 더 많은 시간을 썼다.

좋다. 스트레스의 원인에 관해서는 충분히 이야기했다. 이제 해결책을 이야기하자.

마인드풀니스는 스트레스와 쓸모없는 루틴을 바꿀 수 있다

마인드풀니스는 당신의 몸이 무엇을 느끼는지 그리고 그 느낌이 당신의 감정과 생각 패턴, 성과에 어떤 영향을 미치는지 점검하는 루틴을 만든다. 이런 기술을 가다듬지 않으면 많은 이가 건강과 관계, 경력에서의 잠재력을 망가뜨리게 된다. 우리는 건강하고 행복하며 몰입하는 삶에서 병들고 우울하며 집중하지 못하는 삶으로 이동한다. 당신에게 좋지 않은 길이다. 그리고 기업에도 좋지 않다.

당신의 경영 방식과 건강, 리더로서의 성과를 완전히 바꿀 기회는 매일매일 있다.

제4장

받아도 좋은 스트레스가 있다?

똑바로 서서 당신을 마주하라.
지금 이 순간 우뚝 서 있는 자신을 보라.

_마야 안젤루Maya Angelou

스트레스 관리의 핵심은 바로 회복탄력성을 키우는 것이다. 항상 압박감에 짓눌리고 있다고 느낀다면 지시형 리더십 스타일에 빠지기 쉽다. 스트레스에 대한 일반적인 반응은 업무량을 늘리는 것이다. 일에 중독되면 자신이 생산적이거나 열심히 일하고 있다고 착각하게 된다. 더 긴 시간 업무에 매달리고 덜 자면서 내내 일만 하는 것은 상당히 흔한 자기 처방이다. 우리는 스트레스에서 회복할 적절한 시간을 확보하지 못한 채 그저 비효율적으로 일하면서 자신을 소모하고 수명을 단축하고 있다.

내 친구인 리즈 스탠리Liz Stanley 박사는 조지타운 대학교 외교학과와 정부학과에 동시에 재직하며 안보학을 연구한다. 사회생활 초기에는 아시아와 유럽에서 미 육군 정보장교로 일했고 발칸 지역에도 있었다. 그리고 대위로 제대했다. 지금은 회복탄력성과 스트레스 환경에서의 의사 결정, 민民-군軍 관계, 군대의 효과와 혁신, 국제 안보 등 다양한 주제에 관해 폭넓게 발언하고 가르치고 글을 쓴다.

스탠리 박사는 미군에서 네 건의 신경과학 연구 프로젝트를 통해 시험하고 있는 마인드풀니스 기반 마음건강훈련mindfulness-based mind fitness training(이하 MMFT)을 만들기도 했다.[1] 자신만의 영웅을 만나게 되는 사람은 흔하지 않다. 스탠리 박사는 나의 영웅이다. 2015년에 나는 7일간의 MMFT 훈련에 참석하는 행운을 누렸고 그 경험이 내 삶을 바꾸었다.

군인들의 스트레스

스트레스로 인한 자극을 얼마나 심하게 경험하고 있느냐에 따라 스트레스를 두 가지 유형으로 나누어 볼 수 있다. 유스트레스Eustress는 자신의 능력을 발휘할 각오가 서고 준비도 끝났을 때 경험하는 스트레스로, 가벼운 정도에서 중간 정도의 자극을 준다. 우리는 이처럼 적당한 자극 상태일 때 최상의 성과를 내고 몰입감을 경험한다. 긍정적인 유형의 스트레스다. 반면 디스트레스

distress는 스트레스로 인한 자극이 너무 커서 견딜 수 있는 수준을 넘어설 때를 말한다. 우리는 도전적인 상황에서 스스로 준비되어 있지 않다고 느낄 때 디스트레스를 경험한다. 디스트레스가 크면 클수록 성과가 떨어지고, 결국 압도당하거나 미루기만 하다 무력해지고 만다.[2]

하버드 대학교와 매사추세츠 공과대학교를 졸업했지만, 본인도 장교 시절 외상 후 스트레스 장애(이하 PTSD)를 겪었던 스탠리 박사는 스트레스와 PTSD를 관리하는 법을 어느 정도 알고 있다. 그는 스트레스가 심한 임무를 수행했던 군인들의 회복을 돕기 위해 마인드풀니스 훈련을 수년간 연구하고 있다. 중요한 작업이다. 9·11 테러 이후 미군 내 자살률이 급격히 증가하고 있으며, 전쟁을 수행했던 지난 몇 년 동안에도 전투 중 사망보다 자살로 더 많은 군인을 잃었다.[3] 자살 외에도 PTSD, 우울증, 알코올과 약물 중독 등 다양한 심리학적 부상으로 군인들은 괴로워하고 있다. 정신 건강의 위기가 점점 더 퍼지고 강력해지고 있다.

스탠리 박사는 널리 퍼진 문화적 믿음과 달리 스트레스가 나쁜 것만은 아니라 주장한다. 실제로 이 세상에서 움직이고 제 기능을 하려면 스트레스가 만들어 내는 에너지가 필요하다. 우리가 임무를 완수하도록 움직이게 하는 유스트레스가 완전한 회복과 짝을 이룬다면 회복탄력성이 높아진다.

스탠리 박사의 테드 강연을 일부 인용하면, 회복탄력성이란 자신을 무조건 다 받아주는 것이 아니다.[4] 그는 이 주제에 관해 연구한 내용을 『창을 넓혀라Widen the Window』라는 책으로 펴내기도 했다. 사실 우리는 규칙적으로 스스로를 안전한 영역 밖까지 밀어붙여야 하며, 그 후에는 스트레스에서 완전히 회복해야 한다. 이렇게 하면 스트레스와 혼란을 맞닥뜨려도 탄력 있게 회복하는 능력을 키울 수 있다. 아래의 단순한 공식을 포함하는 스탠리 박사의 회복탄력성 연구는 대단히 흥미롭고 직관적이다.

스트레스 + 효과적인 회복 = 회복탄력성 증가[5]

자신을 밀어붙인 후 충분한 회복을 거치면 시간이 흐르면서 감당할 수 있는 스트레스의 양이 늘어난다. 반대 조건 역시 성립한다. 신경계에 스트레스를 가한 후 완전히 회복하지 않으면 시간이 흐를수록 감당할 수 있는 스트레스의 양이 점점 줄어든다. 시간이 흐를수록 견딜 수 있는 스트레스의 총량이 줄고 회복탄력성은 떨어진다.

스탠리 박사는 여러 차례 배치가 변경된 군인들에게 이런 현상이 발생하는 것을 확인했다. 첫 번째 배치 후에는 모든 것이 괜찮아 보였다. 하지만 배치가 변경된 후에는 음주 문제가 생기거나 배우자와의 관계가 나빠지기도 했다. 두 번째로 배치가 변경된 후에는 가정 폭력이나 음주 운전, 약물이나 알코올 남용, 자살 등이 발생하기도 했다.

우리 중 대부분은 실제로 전장에 나가진 않지만, 종종 최전선에 서 있는 듯한 느낌을 받는다. 그리고 군인들과 마찬가지로 직장인 대부분은 회복 과정을 거치지 못한다. 우리의 노동 문화는 회복의 가치를 인정하지 않는 경향이 있다. 그래서 우리는 벽에 부딪힐 때까지 스스로를 밀어붙이고, 잠시 치유의 시간을 가진 뒤 바로 업무에 복귀한다. 그리고 고통이 점점 커지거나 감정적 퓨즈가 점점 짧아질 수 있다는 사실을 모른 채 카페인이나 알코올, 다른 자가 처방에 의존한다. 너무 많은 직장인이 내가 "불행한 삼총사"라 칭하는 것들에 영향을 받고 있다. 관리되지 않는 스트레스와 기분장애, 그리고 약물 남용이다. 통계에 따르면 우리 동료 중 너무 많은 이들이 자가 치료로 술이나 진통 마취제 계열의 약물을 택한다.[6] 그 결과 신경계가 점점 약해지고 더 자주 그리고 더 쉽게 아프게 된다.

나는 바로 나 자신의 삶에서 이런 경험을 했다. 처음으로 척추 디스크가 파열됐을 때는 업무를 계속했고 하루에 12시간씩 일하며 계속 출장을 다녔다. 하지만 5년 뒤 다시 디스크 두 개가 파열됐을 때는 아예 꼼짝도 할 수 없었다. 절반 정도 회복되자 내가 일을 할 수 있다는 것을 증명하기 위해 절뚝거리며 사무실로 돌아갔다. 그때 나는 상태가 좋지 않았다. 지금 생각해 보면 동료들도 분명히 알아챘을 것이다. 요통은 내 건강에 영향을 미치는 동시에 효과적인 리더가 되는 데 필요한 나의 능력에도 영향을 미쳤다. 그 몇 년간 내가 스스로 자랑스러워할 만한 리더가 아니었다는 사실을 지금은 안다. 나는 늘 자신이 자랑스럽지 않았다. 여러분은 어떠한가?

교육이 가장 중요하다

당시 나는 마인드풀니스나 감성지능을 접하지 못했었다. 광고 회사에서 일할 때는 경영진끼리 고객사들의 슬로건이 우리 직원들을 죽이고 있다고 반농담조로 이야기하기도 했다. 온 세계가 "항시 대기", "연중무휴", "365일 24시간"과 같은 기업의 약속에 감동하던 시절에는 특히 더 그랬다. 부상, 스트레스, 적절한 회복 기간을 피하는 경향에 관해 알게 된 것들을 생각하면 이렇게 오래된 슬로건들이 현대 직장 생활을 홍보하는 광고처럼 느껴진다. 우리는 스트레스와 함께 잠이 들고, 스트레스와 함께 일어나고, 중간중간 스마트폰을 확인한다. 365일 24시간 동안.

일의 속도가 점점 빨라지면서 일부 회사에서는 직원들을 "회사의 선수들"로 여긴다. "극한까지 밀어붙여 금메달을 손에 넣어라. 더 오래, 더 열심히, 더 빠르게! 그냥 해라!" 하지만 이러한 비유는 스탠리 박사의 연구가 말하는 것을 놓치고 있다.

스포츠 스타들과 반대로 회사의 선수들은 보통 과거의 나와 같은 접근 방식을 따른다. 이러한 접근 방식이 탈진, 스트레스, 우울증, 만성 요통, 부상, 약 복용, 관련 의료 비용의 대가를 치르게 한다는 증거가 존재한다. 나는 나 자신을 20년간 밀어붙였다. 회복 기간의 중요성을 이해하지 못한 채 벽에 부딪혔다. 금전적 보상과 외부의 평가 등 모든 것이 내가 이기고 있다고 말하고 있었기 때문에 회복 따위는 신경 쓰지 않았다. 하지만 이제는 다르다.

전문가들의 팁: 존슨앤존슨Johnson & Johnson 인간성과연구소Human Performance Institute의 짐 로허Jim Loehr 박사 같은 스포츠 심리학자들은 오랫동안 가장 뛰어난 육체적-정신적 성과를 내기 위해서는 자신을 밀어붙인 후 회복하는 훈련이 중요하다고 주장해 왔다.[7] '밀어붙이기-회복하기' 접근법은 인간 능력과 인내심의 한계를 확장하는 동시에 부상도 피해야 하는 프로 선수들이 속도와 힘, 참을성을 기를 수 있도록 도와준다. 최근 발표된 캘리포니아 주립대학교 샌디에이고 캠퍼스와 미 해군의 공동연구에 따르면 호흡에 기반을 둔 마인드풀니스 훈련을 하면 직장인들이 "훌륭한 성과"를 낼 수 있는 뇌 패턴을 만드는 데 도움이 되었다.[8]

그림 4.1 운동선수로서의 직장인

우리는 리더로서 팀의 다른 구성원들, 더 크게는 회사의 다른 구성원들을 이끌며 달려야 한다. 또한 당신 내면에 있는 회사의 전사 또는 회사의 선수를 보살펴야 한다. 온종일 마인드풀니스를 활용하며 '밀어붙이기'와 '회복하기'를 반복할 수 있게 도와줄 여섯 가지 팁을 정리했다.

운동 선수처럼 훈련하자

회복을 위한 초단기 휴식 시간을 마련하라. 하루에 몇 번씩 짧게 명상을 해 보고, 특히 힘든 상황이 있을 때는 앞뒤로 명상을 하라. 조용한 장소를 찾아 평소 자세대로 앉아서 이어폰을 껴도 좋다. 1분에서 5분간 뇌를 쉬게 하며 집중해서 신경계를 안정시키고, 다가올 것들을 위해 머리를 비워 보자.

마음을 돌보는 회의를 하자

너무 많은 회의가 계획보다 늦게 시작해 계획보다 늦게 끝나고 정작 목적은 달성하지 못한다. 그런 사실도 스트레스가 된다. 정해진 시간에 시작해 정해진 시간에 끝내자. 자리를 잠시 치우고 회의실에 들고 온 것은 모두 내려놓은 채 1분간 중앙에 모이자. 이번 회의에서 내려야 할 결정을 포함해 회의의 목적을 한 가지에서 세 가지 정도 나열한다. 모두 제대로 듣게 하자. 필요하다면 타이머를 써도 좋다.

팀원들에게 회복할 시간을 주자

주말에 이메일 초안을 작성했더라도 월요일이 되기 전에는 발송 버튼 누르기를 미루자. 당장 일을 털어 내면 마음이 조금 편해질지 몰라도 주말에 보내는 이메일은 그저 스트레스를 넘기는 배턴일 뿐이다.

매일 저녁 같은 시간에 휴대전화를 끄자

당신은 전 세계적인 사업에 종사하고 있을지도 모른다. 하지만 저녁 7시 이후에 오는 업무 메일보다 중요한 건 가족들과 함께하는 시간이다. 당신의 수면도 마찬가지다. 가족과의 회복을 위한 시간을 즐기고 보호하자.

귀를 기울여 팀원들을 소중히 여기고 있음을 보여 주자

동료들과 얘기할 때 "마인드풀니스 듣기"를 실천하자. 2~3분간 상대방의 말을 중단하지 말고 듣자. 그리고 당신에게도 같은 기회를 달라고 요청하자. 그렇게 들으면 팀 동료를 평가하거나 능가하려 하지 않고 회복할 수 있는 시간이 생긴다. 우리 모두가 평소에 하는 것과 반대된다. 의사소통 방식을 조금만 바꾸면 서로의 에너지를 아껴 주고, 연대를 강화하고, 관계의 긴장감을 줄일 수 있다.

망가질 때까지 밀어붙이지 말자

훈련에는 옳은 방식과 잘못된 방식이 있다. 솔트앤페파Salt-N-Pepa(1980년대부터 활동한 미국의 힙합 그룹—옮긴이)는 "적당히 밀어"(세계적으로 히트한 솔트앤페파의 노래 'Push It'의 가사—옮긴이)라고 노래할 때 최고였다.

스트레스를 원동력으로 삼자

2017년 나는 건강증진연구기구Health Enhancement Research Organization 포럼에서 스탠퍼드 대학교 심신心身 연구실의 교수 겸 연구원인 에일리아 크럼Alia Crum 박사를 만났다.[9] 크럼 박사는 주로 스트레스 회복탄력성 그리고 그가 잘못되었다고 생각하는 두 가지 주장을 연구한다. 첫 번째는 스트레스의 영향은 무조건 부정적이라는 주장이다. 두 번째는 스트레스의 부정적인 효과를 피하고, 관리하고, 그에 대응하는 것이 목표가 되어야 한다는 주장이다.

리더들이 이 두 가지 함정을 피하려면 스트레스에 동전의 양면이 모두 존재한다는 사실을 깨달아야 한다. 맞다, 스트레스는 성과, 신체적-정신적 안녕을 약화시키는 것으로 확인되었다.[10-16] 하지만 동시에 뇌의 처리를 늘리고, 기억력과 집중력을 향상시키며, 회복을 빠르게 하고, 면역력을 강화하며, 생리적-정신적으로 강인하게 만들고, 더 깊은 관계를 만들게 하며, 삶에 더 감사하게 해서 성과, 건강을 강화하는 것도 확인되었다.[17-21]

크럼 박사는 노화와 업무, 운동, 다이어트, 기타 공통 스트레스 영역을 넘나드는 연구를 수행하고 검토했다. 그리고 무엇보다 사고방식이 가장 중요하다는 사실을 발견했다.

스트레스가 당신을 약하게 만들고 있다고 믿으면 실제로 그런 효과를 경험할 가능성이 크다. 스트레스가 당신을 강하게 만들고 있다고 믿으면 실제로 그런 효과를 경험할 가능성이 크다. 생리적으로나 정신적으로나 모두 유효한 사실이다.[22-23] 여러 연구에서 스트레스를 긍정적으로 생각하는 사람들은 부정적인 건강 중상이 덜 나타났으며, 업무 성과가 더 좋았고, 삶의 질도 더 높았다.[24] 스트레스를 긍정적으로 바라보라는 크럼 박사의 조언은 마인드풀니스 훈련과 정확히 같은 선상에 있다. 당신은 생각하는 대로 변할 수 있다.

바라보아라
(지금 일어나고 있는 일에 머물러라)

받아들여라
(당신은 중심을 잃지 않았다. 스트레스는 스스로 뿌리를 굳건히 내릴 기회이다)

활용하라
(스트레스의 긍정적인 면을 활용하여 원하는 결과와 가능성을 만들어 내라)

우리는 뒤에서 숙고와 계획, 상상의 기술을 통해 목적을 가지고 사는 법을 살펴볼 것이다. 그리고 마인드풀니스는 이러한 노력을 포함하는 긍정적인 접근법을 훈련할 수 있도록 도와줄 것이다.

제5장

진짜 성과란 무엇일까

명상은 나를 성공으로 이끌었다.

_레이 달리오Ray Dalio

우리 모두는 무언가에서 더 나아지길 바란다. 대부분의 리더는 탁월한 상사가 되기보다 그저 더 행복하고 풍요로운 삶을 원한다.

무엇에서 더 나아질 것인가?

기업들은 직원들이 여러 면에서 더 나아지길 바란다. 이 중 대부분은 일과 관련된 영역이다. 직장인들 역시 삶의 많은 면이 더 나아지길 바라는데, 이 중 대부분은 일과 관련 없는 영역이다. 많은 직장인이 '일과 삶의 균형'을 헛소리로 느낀다는 사실은 아주 오랫동안 계속되어 온 불협화음을 보여 준다.

좋은 기업들은 자신들이 정의하는 성과는 무엇인지, 그리고 어느 정도를 기대하는지 알려 주는 경향이 있다. 하지만 이런 정보를 앞세우려면 먼저 대부분의 직원이 발전하기를 원하며, 연봉 인상이나 보너스, 인정 등의 형태로 제공되는 보상을 받고자 하고, 회사의 규범을 따르며 계속 일할 수 있을 정도로 기업 문화가 만족스럽다고 가정해야 한다.

지난 몇 년간 우리는 3,500명이 넘는 리더들을 대상으로 조사를 벌였다. 그리고 스트레스와 혼란, 성과에 관해 다음과 같은 사실을 알게 되었다.

회사는 직원들을 돕고 싶어 한다

직원들이 더 행복하고 더 건강해지길 바라질 않는 회사는 찾지 못했다. 또한 대부분의 회사가 점점 더 커지는 스트레스가 기업 문화에 영향을 미치고 이직률을 높인다고 보고 있었다. 회사와 직원 모두의 이익을 위해 도움을 필요로 했다. 문화는 개개인의 성과에 큰 영향을 미치기 때문이다.

어떤 규모의 조직이든 직원들의 대처를 도울 수 있는 해결책을 찾고 있다. 그래야 가장 뛰어난 성과를 낼 수 있기 때문이다. 앞으로 10년에서 15년간 개인의 평균적인 스트레스가 점점 심해지리라는 것은 모두가 알고 있다.[1]

"더 적은 자원으로
더 많은 일을 하기"는 기업의 언어다

좋든 싫든 모든 기업은 세계 시장에서 경쟁해야 한다. 더 적은
자원으로 더 많은 일을 하는 것은 최소한의 생존법이다. 손익계
산서를 성적표라 생각하면 너무 많은 기업이 비용 증가와 생산
성 감소로 고전하고 있다. 그리고 커지는 의료비 부담과 잦아지
는 직원들의 결근, 증가하는 이직률이 큰 몫을 한다. 직원으로서
"더 빨리, 더 싸게"가 이 세계가 돌아가는 방식이라는 것을 이해
한다면, 내가 다니는 회사가 "더 적은 자원으로 더 많은 일을 하
기" 게임을 만들어내지는 않았다는 사실을 받아들일 수 있을지
도 모른다. 하지만 그래도 그 게임에 참여해야만 한다. 좋든 나쁘
든, 옳든 틀리든, 의미가 없다. 그냥 그런 것이다.

혁신과 생산성에 대한 기대는 계속된다

기업들은 현대 산업의 속도에 뒤처지지 않고 달려야 한다. 지
난 2년간 기업들이 모인 자리는 항상 혼란, 변혁, 혁신이라는 단
어로 지칭되었다. "성과"는 영리조직과 비영리조직 모두에 새로
운 의미를 가지게 되었다. 세계경제포럼은 2020년까지 로봇이
500만 개의 일자리를 대체할 거로 추산했다.[2] 로봇만 고려한 수

치다. 혁신과 생산성의 유행은 계속될 것이다. 소통을 계속하지 않으면 이런 통계는 당연히 직원들을 불안하게 만든다. 그리고 성과에 영향을 미친다.

그림 5.1 우리는 얼마나 곡예 하듯 잘 해낼 수 있을까?

전문가들의 팁: 버신 바이 딜로이트는 너무 많은 기업이 일의 본질이 바뀌고 있다는 사실을 깨닫지 못했다고 지적한다. 대부분의 직장인은 변함없는 직무기술서와 달리 한 해 동안 여러 프로젝트를 수행한다.[3] 이런 업무 방식이 일반적이라는 사실을 깨닫지 못한 직원들은 "나는 프로젝트를 기반으로 일해" 대신 "나는 20가지 일을 해"라고 잘못 생각한다. 후자는 불만에서 나온 인식이다. 전자는 현실에서 나온 인식이다.

개개인을 돕는 것이 가장 중요하다

사람들이 마인드풀니스를 실천하는 이유는 다양하다. 거의 모든 사람이 무엇에서든 더 나아지기를 바란다. 우리와 만난 직장인 대다수는 삶에서 더 많은 것을 얻는 데 관심이 있었다. 스트레스는 덜 받고, 관계는 깊어지고, 수면이 향상되고, 더 좋은 부모가 되고, 취미와 휴식을 즐기길 바란다. 그리고 대부분은 일도 더 잘 해내고 싶어 한다. 잘 살아가고 업무를 잘하는 것 모두 성과이다. 핵심은 각자 자신을 알고 자신이 원하는 삶을 살아가는 것이다. 당신에게 성과는 어떤 의미인가?

가장 훌륭한 기업들은 회사의 성과가 직원 개개인을 돌보는 데서 시작된다는 사실을 이해하고 있다. 다음의 글은 윌의 디지털 훈련에 참여하는 회원들이 가장 많이 선택하는 목표, 내가 지금까지 써 온 표현으로는 성과이다.

- **휴식을 취하고 스트레스 덜 받기:** 많은 경우 스트레스는 삶의 모든 측면에 영향을 미친다. 과학적 연구 결과에 따르면, 실제로 우리 뇌는 좋은 일보다 나쁜 일을 더 잘 기억하도록 연결되어 있다.[4] 게다가 우리 뇌의 선천적인 부정 편향은 나쁜 정도를 더 강화하는 경향이 있다. 하지만 우리는 지금 이 순간에 더 집중하고 과거와 다가올 미래를 덜 걱정할 때 더 나아진다.

- **잘 자고 피로가 풀린 느낌 받기:** 우리의 모든 걱정은 침대까지 따라온다. 주위가 조용해지면 머릿속에 나쁜 일들이 떠오를 수 있다. 우리는 걱정하고, 자신과 타인을 판단하기 시작한다. 앞서 배운 것처럼 뇌는 우리가 가장 많이 처리하는 일에 가장 효율적이다. 베개에 머리를 눕히는 것은 마음에 걱정을 시작할 시간이 되었다는 것을 알려 주는 완벽한 신호다. 그런 패턴을 연습해 왔을 때는 특히 더 그렇다.
- **더 행복한 삶 즐기기:** 동료의 마음 역시 당신과 같다. 그들 역시 더 깊은 성취감을 느낄 수 있는 경험과 웃음, 목적에 굶주려 있다.

리더로서 우리는 기업이 원하는 성과와 직원들의 마음 사이에서 균형을 잡아야 한다. 제대로 해낸다면 사람들이 온 힘을 다해 업무에서 성취감을 찾고 싶어 하는 난공불락의 기업을 만들 수 있다.

당신이 원하는 모습이 더 나은 선수든 예술가든, 부모든 배우자든, 경영자든 직원이든 마인드풀니스가 도움이 될 수 있다. 홀로 자신의 "성과"를 높이려 훈련해 온 사람이라도 삶에 대해 더 열리고, 즐거우며, 호기심이 넘치고, 공감하는 방식을 발견할 수 있다. 매우 훌륭한 부작용이다.

전문가의 팁: "부숴버리고" "죽이"면서 "흥분하지 않"으려 한다면 당신은 자신을 위해 옳은 일을 할 때 기분이 좋아져야 한다. 아무도 해치지 마라. 당신은 1987년 작 영화 「월스트리트」(월 가를 배경으로 탐욕과 성공을 좇는 이들을 그린 영화—옮긴이)의 주인공들을 닮았을 수도 있다. 아마 그들의 슬로건을 좋아할 것 같다.

리더가 기대할 수 있는 이점은 무엇인가?

나는 리더들에게 마인드풀니스와 감성지능 기술을 알려 주기 위해 전 세계를 돌아다닌다. 'CML 워크숍'에 참여한 직장인들에게 "당신에게 마인드풀니스란 무엇인가요?"라는 질문을 던지면 영감을 주는 답이 돌아오곤 했다. 자주 나오는 대답을 다음 목록에 정리했다.

평온한	차분한	리더십
연결된	열린	진짜인
감성지능	강인한	실용적인
문화	직접적인	기민한
현재	통찰력 있는	안정적인
인식하는	편견 없는	용납하는
포괄적인	친절한	현실에 기반을 둔
수용하는	공감하는	취약한

몰입하는	자기 알아차림	이해하는
의도적인	통제하에 있는	관리
평화로운	사려 깊은	분명한
절제된	궁금한	회복탄력성이 있는
균형 잡힌	몰두한	적응할 수 있는
판단하지 않는	사색적인	긍정적인
중심이 있는	회상하는	행복한
목적의식이 있는	사람	돈이 들지 않는
마음이 편안한	반응하지 않는	조화로운
구할 수 있는	어수선하지 않은	감사하는
배려하는	진심 어린	신체적-정신적 안녕
명백한	확신하는	내면의 평화
자립적인	사회적 기술	변화
동기가 부여된	성과	지표
회복탄력성	더 낮은 스트레스	깨어 있는
창조성	듣기	삶을 구하기

　　최근 뉴욕시에 위치한 광고회사 제이월터톰슨J. Walter Thompson's 본사 사무실에서 75명의 리더를 훈련했을 때였다. 같은 질문에 40~50개의 답이 나왔고, 마지막에는 프로그램에 참여했던 한 여자 의사가 "저의 삶을 구했어요"라고 외쳤다. 그에게는 마인드풀니스가 그런 의미였다. 그는 청중들에게 이렇게 말했다. "하루 14시간씩 교대 근무를 하곤 했어요. 이런 환경에서 의료계

노동자들은 제조업 노동자보다 질병과 부상을 겪을 확률이 30퍼센트 더 높습니다.[5] 저희는 심각한 건강 문제를 다루기 위해 너무 오랫동안 기다려 온 환자들을 상대하고 있습니다. 저희에게 올 때쯤이면 이미 회복하겠다는 의지와 그럴 능력을 잃은 상태에요. 적절한 훈련을 하지 못한 채 쌓이는 엄청난 피로가 의료 노동자의 수명을 몇 년씩 단축하고 있어요." 그의 눈에선 눈물이 흘렀고 목소리는 떨리고 있었다. 모두 숨을 죽일 수밖에 없는 순간이었다. 감동적이었고, 진실했으며, 목록의 다른 답들은 그저 귀엽게만 느껴졌다. 나는 전적으로 동의했다. 우리는 모두 삶의 부담을 덜어 줄 무언가가 필요하다. 그리고 마인드풀니스가 바로 삶을 구하는 것이다. 당신의 삶을 구하기 시작하라. 나는 이후 진행하는 모든 실시간 훈련에서 그때 느꼈던 감동을 되새기곤 한다.

앞의 목록은 아주 강력한 힘을 발휘하기 때문에 많은 리더와 기업들이 마인드풀니스와 감성지능 기술을 자신들의 문화에 들여오려고 한다. 당신의 무기고에 새로운 무기들을 더하고 자신이 어떤 리더가 될 수 있는지 그리고 어떤 삶을 즐길 수 있는지 상상해 보라. 잠시 숨을 멈췄다가 들이마시고 목표를 설정하라. 상상은 곧 현실이 될 것이다.

제6장

당신 vs. 기술

인터넷 신호가 잡히지 않을 때 진짜 삶이 시작된다.

_랜덤 밀레니얼Random Millennial

스마트폰은 지금까지 발명된 기기 중 가장 뛰어난 스트레스 배달원이다. 그리고 1년마다 두 배씩 성능이 향상된다. 사람들은 더 저렴한 가격과 더 빠른 속도로 배송된 스트레스라는 택배 상자에 짓눌리고 있다. 나도 새 아이폰 15를 손꼽아 기다리고 있다. 새 아이폰은 나의 뇌로 곧장 스트레스를 전달할 것이다.

딜로이트에 따르면 미국인들은 하루에 휴대전화를 80억 번 확인한다.[1] 평균적으로 한 사람이 하루에 46번 휴대전화를 들여다보는 셈이다. 하루 33번에서 1년 만에 증가한 수치다. 밀레니얼 세대는 하루에 보통 150번 확인한다.[2] 미국 성인의 81퍼센트가 스마트폰을 가지고 있다.[3] 스마트폰 덕분에 생산성이 향상되기는커녕 많은 시간 동안 친구나 동료, 주위 사람과 함께 지금 이 순간을 공유할 수 없게 되었다.

우리는 점점 더 자신을 산만하게 만들고 있다. 심지어 중독되기도 한다. 중독성장애네트워크Network of Addictive Disorders의 연구자들은 휴대전화 중독을 이번 세기에 가장 널리 퍼진 중독으로 본다. 그들은 다음 여섯 가지의 행동 유형을 강조한다.

---

1. 습관적(거의 의식하지 않고 사용)

2. 의무적(공식적으로 요구되거나 부모님이 지시)

3. 자발적

4. 의존적(사회 규범 때문에)

5. 강박적

6. 중독적(점차 다른 활동이 줄어듦)

그림 6.1 승자는 누구일까?

우리는 급기야 잠시라도 정신적 휴식을 취하면 불편해지는 지경에 이르렀다. 심지어 한 연구에서는 일반적인 성인 남성이 홀로 생각하며 남겨지는 쪽보다 전기 충격 요법을 경험하는 쪽을 택했다.[4] 맞다, 전기 충격 요법이다. 이봐요, 친구들! 전기 충격이라니까요?

우리는 뇌에 회복할 시간을 주지 않을 뿐 아니라, 휴대전화에 과도하게 신경을 쓰고 무절제하게 몰두하면서 우리의 신체적–정신적–사회적–업무적 안녕을 해치고 있다. 여기 당신의 뇌가 회복할 수 있도록 산만함을 줄일 방법이 두 가지 있다.

1. 하루에 세 번 휴대전화를 사용하는 시간을 설정하라. 그러면 자동적으로 끊임없이 휴대전화를 확인하는 행동을 멈출 수 있다.
2. 매일 저녁 차에서 내리기 전 마지막으로 이메일을 확인하라. 이후에는 이메일 알람을 끄고 가족에게 집중하라.

팀원들에게 저녁에는 특정 시간 전까지만 연락이 될 거라고 알리자. 이후 벌어지는 문제의 99퍼센트는 다음 날까지 기다릴 수 있는 것들이다. 이러한 태도는 팀원들이 각자의 원칙을 정하는 데도 영향을 미칠 것이다.

전문가들의 팁: 월의 수면 전문가 제프리 더머 박사는 침실에 휴대전화를 가져가지 말라고 조언한다. 밤에 들여다보고 싶은 유혹을 피하고 당신의 잠을 지키기 위해 휴대전화는 다른 방에서 충전하자.

제7장

삶을 구하기 위한 하루 5분

시간이 남아도나?

_멍청한 리더

　종종 경영자들에게 "우리 직원들은 둘째치고, 내가 어떻게 마인드풀니스를 훈련하겠다고 하루에 5분에서 10분씩 짬을 낼 수 있겠어요?"라는 질문을 받는다. 내면의 평화를 위한 건데, 그건 아니지. 온종일 하라는 것도 아니잖아요!

　이런 사람들은 일반적인 직장인들이 하루에 얼마나 많은 시간을 낭비하는지 잘 모른다. 그래서 "습관 교체 요법Habit Replacement Therapy"이라는 가짜 의학 분야를 새로 만들어 냈다. 이런 식이다. 당신의 삶 혹은 기업 문화에서 가장 쓰레기 같은 시간을 골라 매일 5분을 자르자. 당신이 중독된 것, 아니다, 습관처럼 쓰는 5분에서 10분을 주의력 훈련으로 대체하자. 그 시간이면 충분히 이 책에서 설명해 온 건강과 일에서의 이점을 만들 수 있다.

어디서 시간을 가져올 수 있을까?

스트레스는 받지 마라. 어디서 5분을 얻을지 조금 연구해 두었다. 누구든 그 시간을 찾아낼 수 있을 것이다.

게임

시장조사기관 엔피디그룹NPD Group은 미국에만 중독적으로 게임을 하는 "코어" 게이머가 3400만 명에 달하며, 일반적인 이용자들은 일주일에 평균 22시간을 게임에 쓴다고 추정했다.[1] 제인 맥고니걸Jane McGonigal 박사는 『대단하고 더 좋은SuperBetter』에서 이 문제를 폭넓게 다루었다. 이용자들이 "직원들"이라 가정하고 이들이 게임을 한 시간을 환산하면, 캔디크러쉬사가Candy Crush Saga는 370만 일의 전일제 노동을 얻었다. 콜오브듀티Call of Duty는 830만 일이다.[2]

텔레비전

미국인은 평균적으로 하루에 4.3시간 텔레비전을 시청한다.[3] 미친 짓이다. 최소한의 노력으로, 가장 좋아하는 프로그램을 녹화하고 광고는 빨리 돌리자. 그럼 1시간마다 15분 정도를 아낀다.[4]

소셜 미디어

미국의 페이스북 이용자와 트위터 이용자는 평균적으로 하루에 각각 42분과 17분을 쓴다. 대부분은 직장에서 접속한다.[5] 작은 비밀을 하나 알려 주려고 한다. 소셜 미디어를 계속해서 들여다볼 필요는 없다. 습관적으로 쓰는 시간에서 5분을 줄이더라도 각종 불평불만과 정치 이야기, 고등학교를 졸업한 후 대화를 나누어 본 적 없는 사람들이 전시한 "생애 최고의" 순간들은 여전히 그곳에 남아 있을 것이다.

통근

미국인들이 출퇴근에 쓰는 시간은 평균 25분이다.[6] 대중교통을 이용한다면 뉴스를 듣거나 앱을 들여다보는 시간에서 5분을 빼자. 헤드폰을 쓰고 하루치 훈련을 하자. 내가 뉴욕시에 사는 동안 이렇게 했다면 매일 지하철에서 20년간 세상의 종말을 고하며 목청을 돋워온 남자에게 시달리는 대신 내면의 평화를 즐길 수 있었을 것이다.

불면증

동료 올빼미들이여, 나도 한때 그대들의 일원이었다. 잠들 수 있을까 걱정하기 전에 한 시간씩 침대에 누워 있는 것을 그만두라. 뭐든 얻겠다고 미친 듯이 움직이는 대신 5분간 스스로 휴식에 빠져들게 하라. 속을 끓이는 것보다는 자는 것이 훨씬 낫다.

투덜거리기

좀비들은 자꾸 신음을 낸다. 스트레스에 짓눌린 이들은 자꾸 투덜거린다. 마인드풀니스는 이런 증상에도 도움이 된다. 불평하는 이들에 대한 불평은 물론이고 회사, 동료, 배우자, 아이들, 배우자의 가족, 자신의 몸무게에 관한 불평에서 5분만 물러난다고 상상해 보라.

멍 때리는 시간

사람들은 보통 47퍼센트의 시간을 심리적으로 방황하면서 보낸다. 관계와 자라나는 아이들, 일, 목표 달성에 모두 좋지 않다. 누구든 매일 멍하니 보내는 676분 중 5분을 찾아낼 수 있을 것이다.

가짜 운동

당신은 "어디 보자. 뭐라고? 하지만 나한테 좋을 거야"고 생각했을 것이다. 헬스장 체인 플래닛피트니스Planet Fitness는 체육관마다 평균 6,500명의 회원을 보유하고 있다.[7] 하지만 대부분의 시설은 300명까지만 수용할 수 있다. 영리한 사업 모델이다.

가 본 적도 없는 헬스장에 당신의 시간을 할애하고 있다면 아마 매일 운동하러 갈까 말까 고민하는 5분을 사용할 수도 있을 것이다. 쿵. 바로 5분이 생겼다. 크로스핏에 열광하는 사람이라면 매일 크로스핏 이야기를 하는 30분에서 5분을 빼자.

시간 확보는 문제가 안 된다

마인드풀니스의 핵심은 마인드풀니스를 추가적인 과제가 아니라 일상의 일부로 만드는 것이다. 이 책에서 공유하는 훈련은 1분, 5분, 10분 단위로 실행할 수 있다. 이를 닦거나, 직장까지 운전하거나, 운동 기구를 들거나, 그저 동료의 말에 귀를 기울이는 것처럼 일상적인 활동에 집중할 때도 마인드풀니스를 실천할 수 있다.

작가이자 신경정신과학자인 댄 시걸 박사는 "누구든 새로운 방식으로 주의를 집중하는 법을 배울 수 있다"고 마인드풀니스를 설명했다. "누구나 배울 수 있는 기술입니다. 새로운 방식으로 주의를 집중하는 법을 배우고 나면 뇌를 새로운 방식으로 활성화하게 됩니다. …… 당신의 면역 체계가 더 적합한 방식으로 작동할 것입니다. 콜레스테롤 수준, 혈압, 심박수 등 심혈관 관련 수치가 모두 향상될 것입니다. 마인드풀니스가 우리 삶에 이런 이점을 더해 주는 것으로 입증되었습니다."[8]

> 전문가들의 팁: 화장실에 왔다 갔다 할 때마다 걷기 명상을 하자. 그저 당신의 호흡과 매 발걸음을 주의 깊게 인식한다. 볼일을 보기 전 마음을 가라앉히는 것을 연습으로 삼자.

시간을 내라. 시간을 주어라.

리더로서 우리는 팀원들에게 배우고 연습할 시간을 주어야 한다. 팀원들이 각자의 일상에서 시간을 찾아낼 거라 믿자. 시작하는 것이 가장 중요하다. 그리고 당신이 자신의 삶이나 일, 정치, 지구 온난화, 은하계의 일에 주목하고 있다면 아마 스트레스와 불안 문제가 앞으로도 계속되리라는 느낌을 받을 것이다. 직장인들은 이미 불평하고 험담을 하는 데 시간을 쓰고 있다. 그게 인간이다. 좀 더 건강한 문화를 만들어 낼 수 있는 것들을 이야기하도록 공동체의 관행에 마인드풀니스를 더하자.

CEO 아일린 피셔는 오랫동안 마인드풀니스를 지지해 온 사업가로 "직장에서는 사람과 관계, 사람 간의 에너지가 어떻게 작동하는지가 가장 중요하다"고 주장했다. "두 사람이 함께 어려운 업무를 해야 한다고 생각해 봅시다. 둘이 잘 어울리지 못하면 그 프로젝트는 제대로 돌아가지 않을 것입니다. 그래서 마인드풀니스 훈련을 하면 할수록 우리가 회사에서 하는 일들이 더 발전하는 것을 목격했습니다. 그리고 "우리는 기업이 선한 영향력을 끼칠 수 있도록 돕습니다."라고도 덧붙였다.[8]

마인드풀니스 훈련은 5분에서 10분간의 훈련 자체가 아니다. 좀 더 일상적으로 당신 자신의 스트레스와 불안을 줄이고 정말 중요한 일들에 의도적으로 대처할 수 있도록 삶의 도구를 다듬는 것이다. 당신의 또 다른 24시간 동안, 특히 일터에서 그 도구와 기술들을 활용함으로써 나를 위한 긍정을 처방하는 것이다.

우리가 습관으로 삼고, 중독되고, 너무 좋아하는 많은 것들이 정확히 그 반대의 영향을 미친다. 당신에겐 열이 오르게 하고, 걱정하게 하고, 화나게 하고, 시간을 빼앗으며 그저 삶에도 도망치게 하는 습관이 얼마나 많은가? 오늘 당장 덜 중요한 습관 중 하나를 골라 습관 교체 요법을 시도해 보자.

> 전문가들의 팁: 바버라 프레드릭슨Barbara Fredrickson 박사는 저서 『내 안의 긍정을 춤추게 하라』에서 긍정적 감정과 부정적 감정을 3대1의 비율로 경험하면 더 행복하고 건강하게 살면서 더 많은 것을 성취할 수 있다고 설명했다. 요즘 당신의 비율은 어떤지 주시해 보자.[9]

제8장

일상에서 실천하는 마인드풀니스

인생을 사는 방법은 딱 두 가지다. 그 무엇도 기적이 아닌 것처럼 살아가
거나, 모든 것이 기적인 것처럼 살아가거나.

_알베르트 아인슈타인Albert Einstein

마음이 방황해서 마인드풀니스를 할 수 없다는 말은 몸이 좋지
않아서 운동할 수 없다는 말과 비슷하다. 그냥 시작하라. 마음을
챙기는 생활 방식을 만들어 가면서 일상의 모든 측면에 마인드
풀니스를 적용하라. 경영자들에게 마인드풀니스를 생활 방식으
로 만드는 법을 강의할 때 자주 받는 질문들을 정리했다.

마인드풀니스를 시도하기에 적당한 때는 언제인가?

간단히 대답하면 '바로 지금'이다. 마인드풀니스 수련에 입문하는 것은 체육관에 가는 것과 비슷하다. 사람들은 보통 이별하거나, 살이 찌거나, 끔찍한 상사를 만나거나, 사랑하는 누군가를 잃거나, 수면 문제가 생기는 등 뭔가 특별하게 힘겨운 일이 벌어지고 있을 때 마인드풀니스를 시작하고 기분이 나아지기를 바란다. 당신의 정신적-감정적 안녕을 위해서라면 위기가 찾아오기 전에 시작해야 한다.

마인드풀니스는 평범한 사람들을 위한 것이다

마인드풀니스 훈련은 더 행복해지고, 스트레스를 줄이고, 회복탄력성을 키우고, 어떤 의미에서든 "성과"를 발전시키고 싶어 하는 모든 이를 위한 것이다. 놀이기구를 탈 때처럼 체격 제한은 없지만, 인생의 가장 중요한 지점에서 스트레스를 관리하고자 하는 마음과 동기가 가장 중요하게 작용한다.

사회초년생

우리 목표는 가장 나이가 어린 직장인들에게 이 기술을 알리는 것이다. 혼란과 혁신, 변혁의 시대를 살아가는 것은 신입 직원 혹은 처음으로 보호 난간 없이 경쟁을 경험하고 있는 누군가에게 고통일 수 있다. 이제는 주위에 그들이 최고임을 확인해 주던 선생님들, 가족들, 친구들도 없다. 반대로 회사 생활은 막연하기만 하다.

컨설팅 회사 프라이스워터하우스에서 일하던 26살에 내 고객사 중 한 곳에서 오래 이어져 온 의심스러운 금융 활동을 폭로했던 일이 기억난다. 그 사건은 위협과 협박이 길게 이어진 끝에 고객사의 회장과 재무최고책임자가 물러나는 것으로 마무리되었다. 프라이스워터하우스의 내 직속 상사도 회사를 떠나야 했다. 스트레스를 관리하고 신경계를 조절하는 방법을 모르는 젊은 직장인이었던 나는 치열한 드라마가 펼쳐지는 6개월 내내 어깨에 온 세상이 얹혀 있는 듯한 기분을 느꼈다.

오늘날 밀레니얼 세대는 어떤 세대보다도 "극단적인" 스트레스를 심하게 경험한다고 알려졌으며, 상황은 점점 더 나빠지고 있다.[1] 특히 2015년을 기점으로 밀레니얼 세대가 X세대를 제치고 노동시장에서 가장 큰 비중을 차지하면서 우려가 더욱 커지고 있다(그림 8.1).[2] 요약하자면, 직장에 가장 많은 세대가 가장 심하게 스트레스를 받고 있으며 곧 이들이 우리 회사와 나라를 운영하게 된다. 바로 뒤에 센테니얼 세대, 즉 Z세대가 기다리고 있다는 것도 잊지 말자.

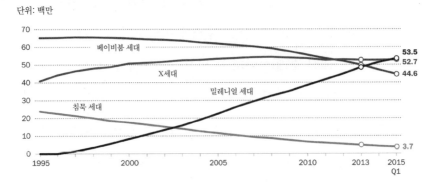

주: 1995~2014년은 한 해 평균, 2015년은 1/4분기 평균을 표시했다. 데이터의 한계로 2008년부터 2015년까지 침묵 세대가 과대 반영되었다.

그림 8.1 밀레니얼 세대가 가장 큰 비중을 차지하고 있지만, 센테니얼 세대도 경주에 뛰어들 준비를 마쳤다

출처: Pew Research Center에서 1995~2015년 인구조사와 인구센서스 마이크로자료 제공프로그램 Integrated Public Use Microdata Series(IPUMS) 데이터를 종합해 작성

마인드풀니스는 수면 문제, 처음 관리자가 되었을 때 자신감 쌓기, 마흔이 넘은 꼰대들을 덜 비판하기 등 다양한 일에 도움을 준다. 또한 밀레니얼 세대가 "어른이 되어가는" 동안 침착함을 유지하기 위해 기댈 수 있는 전략이 되어가고 있다.

전문가의 팁: 밀레니얼 세대들이 경영진에 합류할수록 많은 직원이 하루에 몇 분씩 책상에 앉아 헤드폰을 쓴 채 눈을 감고 있는 풍경에 익숙해져야 한다. 윌도 추천하는 초단기 명상 휴식은 향후 몇 년간 일반적인 관행이 될 것이다.

인생의 반려자를 만났을 때

삶에서 이 단계에 접어들면 많은 이가 자기 집을 사거나 첫 아이를 가진다. 두 가지가 동시에 일어날 수도 있다. 아주 경이로운 일들이지만 동시에 스트레스의 중요한 원인이기도 하다. 두 사건은 각종 스트레스 검사에서도 상위를 차지하며 연달아 일어나는 경향이 있다.[3] 이렇게 새로운 책임이 생기면 월급 명세서의 의미가 달라지며, 많은 직장인이 "상사에게 당신이 직접 해 보라고 하면 안 되겠다"라고 현실을 깨닫는다. 많은 이가 에너지를 소진하기 시작하는 시점이기도 하다. 일 때문에 받는 스트레스에 더해 가족 때문에 받는 스트레스까지 관리할 수 있는 적절한 사고방식을 기르지 못했기 때문이다. 주의력 훈련은 우리에게 인내심과 호기심, 감정을 조절하는 법을 가르쳐 준다.

오십이 넘거나 은퇴가 가까워졌을 때

샌드위치처럼 낀 세대는 아이들을 기르며 나이 든 부모도 보살펴야 한다. 이 나이가 되면 신체적 건강이나 괴로운 삶의 경험과 관련된 슬픔, 후회, 죄책감처럼 젊은 시절에는 생각하지 않았던 문제가 발목을 잡기 시작한다. 또한 오십이 넘은 이들은 불면증 그리고 과거에 대한 후회와 미래에 대한 걱정을 멈추지 않는 마음 때문에 고통받기 시작한다.

쉰이 되면 인생이 연극의 마지막 연습이 아니란 것을 알게 된다. 연습이 아닌 진짜 삶이 삼 분의 일밖에 남지 않았다는 깨달음이 우리를 힘들게 할 수 있다. 직업적으로는 50세를 분기점으로 많은 리더가 정체를 겪는다. 변함없는 사고방식을 고수하거나 자신이 모든 걸 알고 있다고 믿는 실수를 저지르면서 스스로 친 덫에 걸리고 만다. 리더로서의 자신감에 영향을 미치는 동시에 걱정하는 성향을 점점 강화할 수 있다. 일부 마인드풀니스 훈련은 성장하겠다는 마음가짐을 유지하면서 후회와 슬픔, 불안 등의 감정을 처리할 수 있게 도와주며, 제대로 쉬지 못하는 정신이 잠들 수 있도록 수면 습관을 바꾸는 데도 효과가 있다.

전문가의 팁: 나는 장례식을 좋아하지 않는다. 가족 중 아픈 사람이 있으면 돌아가시기 전에 찾아가는 습관이 있다. 지난 몇 년 사이 암 투병 중이던 빌 삼촌, 팻 아줌마와 작별 인사를 나누었다. 직접 찾아가기도 하지만 손편지도 쓴다. 상대방에게 당신이 어떤 의미인지 직접 말해 주는 것도 좋지만 손으로 쓴 편지로 마음을 전하는 것은 언제나 특별한 일이며, 죽음이라는 미지의 세계를 맞닥뜨리고 있을 때는 더욱더 그렇다. 말로든 글로든 마음을 전하지 못한 아쉬움은 남기지 말자.

스트레스를 받았을 때 시작하라

사람들은 삶에 중요한 변화가 생겼을 때 가장 큰 스트레스를 경험한다. 보통 대학을 졸업하고 취업했을 때, 혼자 살다 가족을 이뤘을 때, 부지런히 권력을 휘두르다 훨씬 느릿하게 움직이며 자신을 귀찮게 하는 모든 것에 고개를 젓게 되었을 때 이런 일이 일어난다. 당신의 나이나 스트레스의 원인은 중요하지 않다. 중요한 것은 바로 지금 시작하고 계속하는 것이다. 마인드풀니스 근육을 기르고 정신적 훈련을 하는 데는 시간이 걸린다. 조금만 실천해도 뇌가 다시 훈련되기 시작한다. 핵심은 꾸준함이다. 현대의 스트레스 원인들과 싸우려면 이 기술이 꼭 필요하다. 적절한 기술 없이는 어떤 세대든 삶의 결정적인 단계에서 압도당하고 만다.

RAIN을 기억하라

삶의 어느 순간 벅차다는 느낌을 받았다면? 네 단계의 앞머리 글자를 딴 RAIN 기술을 시도해 보라.

· 어떤 일이 벌어지고 있는지 인식하라(Recognize what is going on)
· 지금의 경험을 있는 그대로 바라보아라(Allow the experience to be there, just as it is)
· 다정하게 감정이나 상황을 살펴라(Investigate the feelings or situation with kindness)

> · 제삼자처럼 당신의 감정을 판단하지 말고 지켜만 보라.
> 그리고 맑은 정신으로 앞으로 나아갈 방향을 계획하라
> (Non-identify, witness your emotions as though you are a
> third party. Then plan your way forward with a clear mind)

좋아 보이려는 노력을 멈추라

미국 26대 대통령이었던 시어도어 루스벨트Theodore Roosevelt
는 언젠가 "비교는 기쁨을 훔치는 도둑이다"고 말했다. 가장 큰
스트레스를 경험하고 싶다면 자신을 타인과 비교하거나 좋아 보
이려 노력하면 된다. 우리 장모님의 말처럼 "다른 사람들이 어떻
게 생각하는지 신경 쓰면 진이 빠진다".

나는 지난해 사우스 바이 사우스웨스트South by Southwest(이하
SXSW) 음악 페스티벌을 찾았고 하버드 경영대학원 동창생들을
위한 바비큐 모임에 참석했다. 나는 이 학교의 동창생인 척하며
오랫동안 경영자들을 위한 훌륭한 프로그램에 여러 번 참가했다.
하지만 동창생들과 똑같은 대접을 받는다. 그리고 나도 그들을
무척 좋아한다.

나는 행사장에 들어서자마자 바로 이 모임을 "SXSW에서 와이

셔츠를 입은 사람이 가장 많은 파티"로 부르기로 했다. 대부분 금색 단추가 달린 파란색 캐주얼 재킷을 입고 있었고, 대부분 리바이스도커스Levi's Dockers 제품이었다. 알아볼 수 있었다. 죄다 똑같았다.

모든 동창 모임이 그렇듯 즐거움과 가식이 절반씩 섞여 있었다. 성공을 과대 포장하고 실수라 생각될 만한 것은 덮는 기술이 필요했다. 나는 인식 훈련 덕분에 우리 대부분이 좋아 보이려고 너무 열심히 노력한다는 것을 알고 있다. 인간의 기본적인 성향 중 하나이지만 삶의 즐거움을 빼앗아 가기도 한다. 나는 사회생활을 하면서 성공한 것처럼 보이려 노력하면서, 그리고 내가 모든 답을 갖고 있다고 사람들을 설득하면서 대부분의 시간을 보냈다. 하지만 불완전함을 드러내는 것이 더 나은 답이라는 것을 알게 되었다.

테라스에서 일하고 있는데, 함께 졸업한 '진짜' 동창생 세 명이 옆에 자리를 잡았다. 그리고 회사를 주식시장에 상장한 남자가 대화를 독점했다. 그는 정말 잘하고 있었다. 직접 말해 준 덕분에 알았다. 그의 허세가 바비큐 향기마저 삼켰다. 그는 이미 자신의 성공담을 여러 차례 반복한 듯했다. 하지만 이제는 상장 이후 "진짜 회사"를 이끄는 괴로움을 한탄하고 있었다. 업무는 힘들었고, 고통스러웠으며, 부당한 일 투성이었다.

호기심을 품되 무시하지 마라

나까지 넷이 대화를 이어갈수록 성공한 것처럼 보이려는 그의 시도가 과격해졌다. 그는 월가에서 일하는 일행을 무시했다. "친구야, 네 돈을 벌어야지. 거길 떠나서 멋있는 일을 해." 그는 출판사에서 일하는 일행을 무시했다. "사람들이 아직도 책을 사긴 하냐?" 그리고 내가 디지털 웰빙 훈련 기업을 소유하고 있다고 설명하자 그는 나 역시 무시했다. "온 세상이 황당하게 마인드풀니스에 열광하는 게 지겨워요." 뭐든 그냥 넘어가지 않았다.

약점을 드러내라

우리는 전에 만난 적이 없었다. 하지만 그가 자신감을 다지기 위해 의견과 감정, 공격성을 내세우고 있다는 것을 알 수 있었다. 이해한다. 나도 그랬었다. 나는 똑같이 반응하는 대신 마인드풀니스의 두 가지 기본적인 요소인 솔직함과 취약성을 보여 주려 했다. 내 약점을 드러내는 법을 연습하면서 보통 상대도 같은 반응을 보인다는 것을 알게 되었다. 경계를 풀고 그냥 자기 자신이 되자. 나는 그의 관점을 이해하기 위해 몇 가지 질문을 던졌다.

그는 바쁘게 돌아가는 기술 기업에서는 직원들에게 해결책으로 뇌 훈련을 권하기는커녕 스트레스 자체에 관해 이야기할 여유도 없다고 주장했다. 그런 이야기를 했다가는 "약한" 회사처럼 보일 터였다. "스트레스에 관해 이야기하는 것이 사람들에게 스트레스를 줘요. 그리고 지금의 마인드풀니스 어쩌고는 짧은 유행에 불과해요. 곧 끝날걸요. 겨우 5년 전에 발명된 것 같은데요."

다른 일행들은 점점 불편해하며 "미안해요, 얘가 늘 이래요"라는 표정을 지어 보였다. 그들은 전통적인 "빨리 잔을 비우고 한 잔 더 가지러 가는 척 도망가기" 기술을 쓰려 했다. 바로 이 기술의 명수였던 나는 그들을 보내 주고 자신감이 넘치는 우리 친구에게 몇 가지 더 질문해도 되느냐고 물었다. 그가 고개를 끄덕였다.

진심에 흔들리다

대화가 이어지면서 그는 전반적으로 스트레스가 점점 심해지는 추세라는 데는 동의했다. 자신도 회사를 상장한 이후 스트레스가 10점 척도로 8점에서 10점으로 증가했다고 했다. 사실 그는 "자기" 회사의 창립자가 아니었다. 불과 2년 전 지금의 회사에 합류해 사업 개발 부서에 있었고 부하 직원도 없었다. 앞서 나왔던 얘기들은 그냥 잊어버리자. 그리고 그는 회사의 관리팀이 자기 의견이나 직원들의 웰빙에는 관심이 없다고 느꼈다. 마침내 그는 자신이 행복하지 않으며 "다음에 할 일"을 결정할 완전한 권한을 갖게 되면 지금의 회사를 떠날 생각이라고 털어놓았다.

우리는 드디어 돌아온 친구들과 함께 더 솔직하고 진실한 대화를 나누기 시작했다. 스트레스가 사람들을 괴롭히고 있지만, 대형 기업 대부분은 스트레스 문제를 해결하기보다는 무시하려 한다는 데 모두 동의했다. 사람들이 마음을 열고, 약점을 드러내고, 진실해졌을 때 벌어지는 일은 놀랍다. 이제는 직장인으로서 삶의 어떤 부분은 좋지만 어떤 부분은 도전적인, 평균 이상도 이하도 아닌 좋은 남자만 남아 있었다. 우리 모두 마찬가지였다.

마인드풀니스는 한때의 흐름일 수 있다. 마찬가지로 스트레스도 흐름일 수 있다. 동창들끼리의 바비큐 모임에서 성공한 것처럼 보이려 노력하는 사람들이 사라질 때까지 오랫동안 계속될 흐름이다.

진실해지자

나는 살아오면서 대부분의 시간 동안 가난하게 자랐다는 사실에 쓸데없는 부끄러움과 안타까움을 품고 있었다. 40살부터 복지 혜택을 받았던 아버지가 62살에 사회보장연금을 받기 시작했다는 사실에 당혹감을 느꼈다.

40대 초반에야 수치심을 내려놓았다. 내 이야기를 있는 그대로 공유하는 것이 타인과 연결되는 훌륭한 방법이고 나 자신에게는 안도감을 준다는 것을 알았다. 솔직해지는 것과 약한 부분을 드러내는 것은 보통 통한다.

다음에 동료와 어울리게 되면 시도해 보라. 내 경우에는 관계가 깊어졌고 내가 가장 아끼는 사람들에 관해 더 많은 것을 알게 됐다. 덕분에 다른 사람들도 나에 관한 짐작을 멈추게 되었다. 이상적인 출발점은 아니었지만 내가 성취한 것을 자랑스러워할 줄 아는 법도 배웠다. 그 모든 것이 지금의 나라는 사람을 만들었다.

가장 중요하게는 마인드풀니스 훈련 덕분에 좋아 보이려는 노력을 멈추고 그냥 나 자신일 수 있게 되었다. 나 그대로 진실할 때 훨씬 더 흥미롭다는 것을 배웠다. 누가 알았겠는가?

이른 판단은 미루어 두자

자신을 바보라 생각했다는 이유로 당신의 삶을 깎아내렸던 사람이 얼마나 많은가? 경영진으로 일하던 시절 나는 바보를 걸러내는 기술을 갈고 닦았다. 거의 모든 관계에서 아주 일찍부터 상대할 만한 가치가 있는 사람인지 판단하곤 했다. 내 팀원이든 아니든 마찬가지였다. 그리고 보통은 얼마 안 되는 교류를 바탕으로 판단했다. 자랑스러운 경험은 아니지만 사실이다.

판사님, 판사복을 벗으세요

당신은 살면서 만나는 사람들을 얼마나 빨리 판단하는가? 당신의 뚜껑이 열리게 하려면 무엇이 필요한가? 나와 비슷하다면 많은 조건이 필요하지 않을 것이다. 연구에 따르면 대부분이 0.5초 안에 첫인상을 결정한다.[5] 가장 정도가 심한 A 유형의 지시형 성격이라도 최소한 몇 번의 회의를 처음부터 끝까지 함께한 뒤 누군가를 포기했으면 좋겠다. 하지만 내 경험에 비추어 볼 때 너무 많은 리더가 빠르게 영원히 이어질 판단을 내린다. 우리는 제한적인 교류를 바탕으로 누군가를 충분히 잘 알고 있다고 생각하며 상대방을 영구적으로 상자 하나에 집어넣는다. 흔한 일이다.

바로 그 상자가 남은 시간 동안 우리가 그를 어떻게 대할지 결정한다. 당신에게는 다양한 상자가 있을 것이다. 바보, 뭐든 아는 사람, 이기적인 인간, 오만한 녀석, 거슬리는 자식, 얼간이, 바람둥이 등 끝이 없다. 우리는 타인을 판단하는 목록을 만드는 일에 능하다. 리더에게는 이런 유혹을 피하기 위해 조금 더 마음을 챙기는 접근 방식을 취할 의무가 있다.

전문가의 팁: 인생 전체는 말할 것도 없고, 사실 일상의 여러 지점에도 다양한 방식이 존재한다. 누군가가 한순간은 바보처럼 느껴져도 다른 순간에는 똑똑하거나, 재미있거나, 영리하거나, 매력적일 수 있다는 사실을 받아들이면 실제로 그런 순간이 나타날 기회이다. 타인의 가능성을 인정하면 나 자신에게도 다양한 측면을 즐길 기회를 주게 된다.

용서 훈련

잠시 사회생활을 하며 만난 최악의 인간을 떠올려 보자. 그 관계를 바꾸기 위한 2분간의 훈련을 소개한다. 종이 한 장을 준비하자. 맨 위에 "바보 그리고 ……"라고 쓴다. 그 아래 당신이 이 사람에 관해 아는 것을 모두 적는다. 부모님, 형제자매, 기술에 열광하는 사람, 걱정투성이, 외로운 사람, 슬픈 사람, 재미있는 사람, 똑똑한 사람, 영리한 사람 등 뭐든 좋다. 2분간 멈추지 말고 써라.

관계를 바로잡기 위해 당신의 생각을 공유하는 시간을 가져 보아라. "이봐요, 밥 씨, 일할 때 우리의 관계가 어떤지 생각해 봤어요. 처음에는 제가 바라는 만큼 잘 통하지 않았죠. 사과하고 싶어요. 당신과 당신이 해 준 일에 감사할 게 많아요. 나처럼 업무가 산더미인 건 알고 있어요. 우리 관계를 산뜻하게 새로 시작하고 싶어요. 당신도 마음을 열어 줄래요?"라고 말하는 것처럼 쉬울 수도 있다.

용서와 공감도 연습이다

평가는 쌍방향이다

사람들은 당신이 그들을 판단하는 대로 당신을 판단한다. 당신이 좋은 모습을 보여 주지 못한 순간이나 회의가 있다면 그들도 당신을 상자에 넣어 버릴 것이다. 당신은 그들에게 하나의 모습으로만 남아 있다. 그 모습은 항상 그대로다. 한 가지 이미지로만 생각되는 것은 그다지 유쾌하지 않다.

판단을 벗어던지자

누군가를 상자에 넣을 때 우리는 그 사람을 좀 더 진실되고 깊이 알 기회를 잃는다. 상대방에게 좋지 않은 순간이나 좋지 않은 하루를 보낼 자유를 주지 않을 때, 사실 우리는 우리 자신의 경험을 빼앗아가는 것이다. 그리고 이런 결정을 할 때는 현실적으로 타인이 우리를 똑같이 대해 줄 거라 기대할 수 없다.

일단 판단을 시작하면 이 판단에 동참하며 우리가 옳다는 것을 증명하고 자존심을 지켜줄 지지자들을 찾게 된다. "우리 vs. 너희"의 사고방식을 만들기는 쉽다. 다음에 또 누군가를 상자에 넣고 싶어지면 다음의 두 조언을 떠올려라.

자신을 해치지 마라

현대 기업은 역동적 관계를 요구한다. 많은 면에서 달라 보이는 사람들을 포용할 수 있는 용서, 용인, 유연성의 미덕을 발휘한다면 타인과의 관계 속에서 성장할 수 있다. 당신과 다른 사람들을 상자에 집어넣는 대신 당신을 괴롭히는 것은 무엇인지, 관계에서 무엇을 중요하게 생각하는지 대화하기 시작하자. 이런 대화를 통해 당신의 인간적인 면도 보여 줄 수 있을 것이다.

공통점을 찾자

우리 각자의 인생에는 모두 다른 면이 있다. 그리고 모두 다양하고 복잡한 존재로 타인에게 각인될 기회를 누릴 자격이 있다. 당신 자신과 타인이 "부족한 점은 있지만 멋지고", 대단하고, 매력적이고, 독선적이고, 짜증 나는 면을 드러내도록 허락하자. 그것만으로도 신뢰를 쌓을 유사점을 찾을 수 있다. 인간이란 존재가 발휘할 수 있는 미덕이며, 리더의 의무다.

난감한 대화에 귀 기울이기

당신 인생에 바보들을 위한 자리를 남겨두어야 하지만 당신이 바보가 되지 않는 것도 중요하다. 모든 리더의 직무기술서에는 "당신이 합리적이지 않다고 믿는 사람들과의 난감한 대화에 귀 기울이기"라는 항목이 들어가야 한다. 너무 많은 리더가 직원들이나 공급업체, 협력사와의 난감한 대화에서 오는 마찰을 피하려고 건강하지 않은 역학 관계를 용인한다. 도움을 얻을 수 있는 자료를 소개한다.

- 더글러스 스톤Douglas Stone, 브루스 패튼Bruce Patton, 쉴라 한 Sheila Heen은 공저한 책『우주인들이 인간관계로 스트레스받을 때 우주정거장에서 가장 많이 읽은 대화책』에서 상호작용마다 이루어지는 대화를 세 가지 수준으로 구분했다.

  1. 내용(무슨 일이 일어났는가?)
  2. 느낌(어떤 감정이 개입되어 있는가?)
  3. 정체성(나에 대해 무엇을 말해 주는가?)

  세 가지 수준을 모두 거쳐야 상대방이 만족할 만한 방식으로 제대로 교류했다고 할 수 있다.[6]

- 작가 브레네 브라운Brene Brown은 당신이 건강하게 피드백할 준비가 되었는지 확인하기 위한 10단계 점검표를 제공한다.[7]

  1. 상대방의 맞은편이 아니라 옆에 앉을 준비가 되었다.
  2. 문제를 나와 상대방 사이에 두거나 상대방에게 밀어내는 대신 둘 앞에 두려고 한다.
  3. 상대방의 말을 듣고, 질문하고, 내가 이 문제를 완전히 이해하지 못하고 있을 수도 있다는 사실을 받아들일 준비가 되었다.

4. 상대방의 실수를 집어내는 대신 잘한 부분을 인정하려고
   한다.

5. 상대방의 강점들을 알고, 도전에 맞서 어떻게 활용할 수 있
   는지도 안다.

6. 상대방에게 망신을 주거나 비난하지 않고도 책임을 물을
   수 있다.

7. 내 몫은 기꺼이 받아들이겠다.

8. 상대방의 실패를 비난하는 대신 상대방의 노력에 진심으로
   감사할 수 있다.

9. 지금의 도전을 해결하는 것이 어떻게 상대방의 성장과 기
   회로 이어지는지 말할 수 있다.

10. 상대방에게 기대하듯 내가 먼저 솔직하게 나를 드러낼 수
    있다.

전문가의 팁: 작가 마이클 랜더스Michael Landers는 『문화 가로지르기Culture Crossing』에서 "남에게 대접을 받고자 하는 대로 남을 대접하라"는 황금률이 더는 유효하지 않다고 주장한다. 서구 문화가 "우리"에서 "나"로 이동하면서 리더들도 더는 직원들을 자신들이 대우받길 바라는 대로 대우할 수 없게 되었다. 우리에겐 그들이 대우받길 바라는 대로 개인적 성취와 성과를 끌어내는 리더들이 필요하다. 특히 까다로운 관계에서는 이런 점을 이해해야 한다.[8]

마인드풀니스 접근법을 취하면 숨을 가다듬은 뒤 의도적으로 중요한 상호작용에 임할 수 있게 된다. 리더라면 당신에게 아주 중요한 관계가 아니더라도 직원들과 함께할 때 한결같이 행동해야 한다.

마인드풀니스 식사 훈련

연구 결과를 보면 마인드풀니스 식사 전략은 체중을 감량하고 식이 장애를 치료하는 데 도움을 줄 수 있다. 인식 훈련 또한 식사를 통제하는 데 덜 집중하고 음식 자체를 더 즐기도록 도와준다. 그뿐만 아니라 명상을 더 많이 한 사람일수록 더 좋은 결과를 보였다.[9] 이 사실은 당신이 오랜 시간 일하거나, 출장이 잦거나, 술을 너무 많이 마신다면 중요하다. 수면 부족과 스트레스가 건강하지 못한 식사로 이어진다는 연구 결과도 있다. 사실 우리 몸은 균형이 무너졌을 때 기름진 음식과 설탕을 갈망한다. 그 결과 비만과 당뇨병이 생기고 수명이 단축된다. 자동 장치가 주도권을 쥐면 살이 찌기 쉽고 자신감마저 잃을 수 있다.

마인드풀니스 식사는 시간이 흐를수록 "5가지 백색음식five white poisons", 즉 설탕, 소금, 밀가루, 우유, 쌀을 지나치게 소비하는 성향을 포함해 우리의 좋지 못한 선택을 방해하도록 '사고思考의 뇌'를 깨어 있게 할 것이다.

마인드풀니스 식사

오늘 밤 가족과 짧은 훈련을 시도해 보자. 현재에 머무르기 위해 속도를 늦추는 것은 식사에도 적용될 수 있다. 당신이 음식을 먹는 습관과 지금 먹고 있는 것을 시시각각 인식하자. 베어 물 때마다 무엇을 얼마나 선택했는지 알아차리자. 맛과 질감을 느끼자.

그림 8.2 마음을 챙기면 더 나은 음식을 선택하게 된다

충분히 현재에 머무르지 않고 인식하지 않으면 TV를 보거나 일을 계속하며 건강하지 못한 음식을 게걸스레 먹어 치우기 쉽다. 속도를 늦추고 음식을 즐기며 당신 자신과 연결되고, 의도적으로 정신에 휴식을 주는 기회로 식사 시간을 활용하자. 속도를 늦추면 몸이 배가 부르다는 사실을 알아차리는 데도 도움이 된다.

전문가의 팁: 좋은 일을 하는 것은 당신에게도 좋다. 연구에 따르면 자선 목적으로 봉사활동을 하는 사람들은 낙관과 유대감이 더 커졌고 궁극적으로 건강이 향상되었다.[10]

마인드풀니스 걷기 훈련

종일 바쁘게 뛰어다니다 하루가 끝날 즈음 당신이 오늘 무얼 했는지, 누구를 만났는지, 심지어 점심은 먹었는지도 기억나지 않는가? 요즘 우리는 눈앞에서 일어나는 일에 실제로 머무르지 못한 채 그냥 움직이기만 한다. 흐트러진 정신으로 인생을 헤쳐나가는 것이 생활 방식이 되었다.

날마다 마인드풀니스 걷기를 훈련하면 모두 좀비가 되어가는 흐름에 저항할 수 있다. 걱정은 마라. 천천히 걷거나 이상하게 보일 필요는 없다. 어디를 걷고 있든 깊게 또는 가볍게 실천할 수 있다.

마인드풀니스 걷기

스마트폰은 치워라. 매 걸음과 움직임에 주목하라. 몸, 호흡, 생각, 감정, 지금 이곳에서 걷고 있다는 체험 자체에 의식을 가져가라. 모든 향기와 풍경, 소리를 받아들여라.

땅에 닿는 모든 발걸음을 느껴라. 당신이 움직일 때 신체의 다른 부분이 어떤 느낌을 받는지 주목하라. 정신을 산만하게 하는 생각들이 떠오르면 각 생각에 한 단어로 이름을 붙여 떠나보내라. 매일 한 번이나 두 번 마인드풀니스 걷기를 하는 것을 목표로 삼자. 출퇴근할 때나 욕실에 갈 때처럼 원래 존재하는 루틴 속에 심자. 발걸음을 디디며 동시에 집중하는 능력을 훈련하자. 당신의 생활 방식에서 의도한 부분을 마음이 쉴 수 있는 시간으로 만들자.

전문가의 팁: 앉아 있기가 제2의 흡연으로 주목받고 있다. 건강이 망가지고 등은 구부러지길 기다리는 대신 최소한 한 시간에 한 번은 일어나 움직이도록 스마트 시계나 타이머를 설정해 두자. 생물학자 존 메디나John Medina는 『브레인 룰스』에서 우리 조상들이 하루에 보통 19킬로미터씩 걸었다고 설명했다. 19킬로미터! 그때는 심혈관 상태가 아주 좋았을 것이다! 운동은 경각심을 잃지 않게 해 준다. 오래 걸리지 않는다. 일주일에 몇 번 적당한 속도로 걷자. 30분씩 걸으면 효과가 있을 것이다.[11]

일기 쓰기가 10대 소녀들에게나 어울리는 일이라 생각한다면, 내게 머리핀이라도 사 달라

40대 초반, 한 친구가 번아웃에 시달리던 내게 일기를 써 보라고 조언했다. 내 대답을 그대로 옮기면 "내가 10대 소녀처럼 보여?"였다. 웃자고 한 소리였다. 그때 나는 10대가 된 딸이 있는 아버지처럼 보였다.

일기 쓰기가 연구의 대상이 될 거라는 생각도 못 했지만, 그 뒤에 "과학"이 있다는 사실을 알고 상당히 놀랐다.

- 쓰기는 불치병이나 생명을 위협하는 질병과 싸우고 있는 이들의 면역력을 높인다.[12]
- 정신적 외상을 초래하거나, 스트레스가 심하거나, 감정적인 사건에 관해 쓴 사람들은 질병을 앓거나 정신적 외상에 영향을 받을 확률이 상당히 낮았다.[13]
- 감사 일기를 쓰면 수면의 질이 향상될 수 있다.[14]
- 실업 상태에서 일기를 쓰기 시작한 사람들은 일자리를 68퍼센트 더 빨리 찾았다.[15]

회의론자에서 글 쓰는 사람으로

시작은 회의적이었지만 나는 일기 쓰기가 삶을 돌아보고 계획하게 하는 엄청나게 강력한 도구라는 것을 알게 되었다. 다른 생각들을 엮어 낼 수 있고 까다로운 대화를 준비할 수도 있다. 일기는 내가 삶에서 가장 중요한 것에 다시 기반을 둘 수 있게 해 주었다. 미래 계획을 글로 담아 내는 것도 좋아한다. 계획을 글로 써 두면 현실로 만들기 위해 더 노력하게 된다. 전념하면 온 세계가 당신을 위해 움직일 것이다. 목적을 갖는 것이 중요하다.

일기의 가장 큰 혜택은 역사를 글로 남기는 것이 아니다. 항상 바쁘고 가끔은 스트레스가 심한 삶을 좀 더 의도적으로 관리하도록 돕는 능동적인 훈련 도구다.

이 책을 준비하면서 일기장을 훑어보다 오래된 글을 하나 찾았다. 내 아내를 처음 만난 날 쓴 일기였다. 당시 나는 뉴욕시에서 10년째 혼자 살고 있었다. 데이트를 즐기면서도 종종 외로웠고 만족스럽지 못한 느낌을 받곤 했다. 홀로인 게 익숙해져서 자신만의 방식에 갇힌 중년의 남자가 될 위기에 처해 있었다. 그전에는 일기에 어떠한 관계에 관해서도 적은 적이 없었다.

오늘 밤 사라 스완슨이라는 여자를 만났다. 아름다운 남아프리카인이고 내 마음을 훔쳐 갈 것 같다.

우리는 케빈의 생일 파티에서 이야기를 나누었고, 웃었고,

춤췄다. 만난 지 5분 만에 같이 저녁을 먹자고 했다. 사라는 똑똑하고 세상에서 가장 아름다운 미소를 지으며 믿을 수 없을 정도로 정직한 눈을 가졌고 아주 우아하다. 의자에서 미끄러져 내 무릎 위로 넘어지긴 했지만!

사라가 만나던 사람과 헤어졌다는 것을 알게 됐다. 나는 안타까운 일이지만 기쁘기도 하다고 말했다. 내 저녁 초대를 승낙하리라고 생각했기 때문이다.

음, 사라는 정말 승낙했다. 누군가를 다시 만나게 되어 이렇게 흥분한 적이 없었던 것 같다. 맹세할 수 있다. 겨우 몇 시간을 어울렸지만 다른 누군가에게 이런 감정을 느낀 적이 한 번도 없다는 것을 알 수 있었다. 바로 내 아내를 만났을지도 모르겠다. 운명의 신이여, 감사합니다. 나를 좋게 말해 준 크리스틴도 고맙다.

사라와 데이트를 이어가는 동안 왜 과거에 만났던 사람과는 잘 풀리지 않았는지 알아보기 위해 종종 일기를 썼다. 심지어 우리가 주고받은 이메일과 손편지를 책 한 권으로 묶기도 했다. 우리 관계의 일기였다. 그리고 우리는 2년 반 뒤 결혼했다. 지금 뒤돌아보면 글을 쓰며 내 의도를 포착하고, 오랫동안 혼자였던 내 한계를 들추어 보고, 다른 사람을 탐험하며 카타르시스를 느꼈던 것 같다. 의도적으로 살아가는 것이 내 생활 방식의 일부가 되었다. 그리고 일기 쓰기는 능동적인 심사숙고와 계획을 가능하게 하면서 이런 태도를 연습시킨다. 계획은 성장과 성과를 만들어 낸다.

> 전문가의 팁: 다양한 삶의 도전과 기회를 헤쳐가기 위해 일기를 써 보자. A 유형 성격이라면 (1) 더 의도적으로 생활을 관리하고, (2) 일주일에 몇 번씩 굉장히 구체적인 주제에 집중하는 커다란 이점을 얻을 수 있을 것이다. 아침마다 5분씩 그날의 목표를 적어 보자. 긴장을 풀면서 뇌가 회복할 수 있게 도와주는 훌륭한 방법이다. 과학적 연구 결과에 따르면 뉴스나 텔레비전, 소셜미디어를 보는 것은 그와 반대되는 효과를 낳는다.

뇌의 기능을 외주화할 때 발생할 큰 비용을 조정하라

뇌의 인지 기능 중 일부를 외주로 돌리고 싶다면 스마트폰 애플리케이션(이하 앱)을 이용할 수 있다!

이 놀라운 기술 세계에서는 생각의 부담에서 우리를 자유롭게 해 줄 앱들이 많다. 우리는 운전하면서 길 찾기나 주소, 전화번호, 식당 기억하기와 관련된 인지적 기능을 외주로 대체해 왔다. 뉴스는 포털 사이트 피드에서 취사선택한다. 제목만 훑어보아도 박식해진다. 병원 진료를 받을 때도 의사들이 내 질문을 컴퓨터에 입력하는 시간이 절반이다. 고마운 일이다. 집에서도 검색엔진으로 충분히 내 증상을 검색해 볼 수 있다. "의사 양반들, 바이." 새로운 것을 배우려면 시간이 많이 든다. 더는 단기 기억과 장기 기억이 필요하지 않으며, 이해력과 상호작용 기술의 상당 부분이 열외로 취급당하게 되었다.

그 시간을 무엇으로 대체해 왔나?

비즈니스 업계에 좋은 소식은 이런 앱들이 우리가 생각하는 시간 중 상당한 부분을 해방시켜 준다는 것이다. 이제는 고차원적인 목표를 위해 노력할 수 있는 시간이 더 생겼다. 나쁜 소식은 우리 대부분이 새롭게 얻은 인지적 여유를 전혀 가치 있게 활용하지 못한다는 것이다. 사실 우리는 뉴스 피드를 확인하거나, 비디오 게임을 하거나, 과거를 걱정하거나, 성인물을 검색하거나, 미래를 걱정하거나, 피드를 확인하거나, 후회하거나, 불안해하거나, 피드를 확인하거나, 건강에 해가 되는 온갖 종류의 것들로 정신을 흐트러트리며 여유 용량을 채우고 있다. 잠깐 내 피드 좀 확인하고 오겠다. 오, 고양이 동영상이다. 내 친구 막 아크타르가 고양이 동영상은 실제로 에너지와 긍정적인 감정을 북돋울 수 있다고 알려 주었다.[16]

우리는 점점 삶을 움직이는 기본적인 정보를 기억하고, 떠올리고, 거기서 결론을 도출하는 능력을 외주로 돌리고 있다. 더는 이런 일을 하는 데 뇌를 쓰지 않는다. 인간의 주의가 지속되는 시간이 금붕어 수준으로 짧아졌다고 한 마이크로소프트의 연구를 기억하는가?

앱을 주의 깊게 사용하기 위해 지혜를 발휘하자. 지나치게 의존하지 마라. 더 중요하게는, 당신의 뇌를 예리하게 유지할 새로운 방법을 찾아라. 주의력 훈련은 새로운 신경 연결 통로를 만들고 가장 필요한 영역에 근육 기억을 발달시켜서 뇌가 게을러지지 않게 한다. 또한 뇌가 기억, 회상, 자기 조절 등의 일에서 가장 뛰어난 성능을 유지하도록 해 준다.

우리가 더 많은 인지적 능력을 외주로 돌릴수록 뇌 훈련이 인지적 능력이 손상되지 않도록 도와줄 것이다. 알츠하이머병이나 치매, 다양한 정신 장애를 피하기 위해서라도 뇌를 활발히 움직여야 한다.

외주화는 편한 것이다. 당신을 도와줄 앱이 있다는 것도 알고 있다. 하지만 마음을 챙기는 생활 방식을 유지하려면 당신과 직원들의 인지적 능력이 계속 활용되도록 다른 경험을 가져와야 한다. 정신을 낭비하는 것은 끔찍한 일이다.

사무실 정치에 어떤 역할을 하고 있나?

정치는 우리에게서 최악을 끌어낸다. 특히 조종하거나 해를 끼치기 위해 꼬리표를 붙일 때가 그렇다. 영국의 유럽연합 탈퇴 국민투표와 2016년 미국 대통령 선거는 기업의 세계까지 스며든 정치가 최악으로 치달은 두 순간이었다. 후보들은 현실을 마주하는 대신 자신들의 놀라운 기록을 내세우기 바쁘다. 꼬리표를 활용해 자신들을 향한 가짜 찬사를 끌어내면서 동시에 경쟁자들의 명성을 훼손한다.

꼬리표는 화물을 위해 아껴 두자

회사라는 세계에서도 마찬가지로 항상 이런 식의 정치나 조작, 꼬리표 붙이기 같은 일들이 일어난다. 당신 팀원 중에 누군가에게 해를 끼치기 위한 목적으로 자꾸 꼬리표를 붙이는 사람이 있다면 잘 살펴보자. 이런 유형의 인신공격은 미묘하지만 회사 생활에 치명적이다. 나는 평판이라는 꼬리표가 사람 자체를 넘어섰던 동료들을 떠올릴 수 있다. 신경 쓰지 않는 사람도 있었지만, 그들은 집안에 돈이 많아서 그럴 수 있었다. 모함을 일삼는 사람은 신뢰할 수 없다. 일은 전혀 하지 않으면서 모든 찬사를 차지하는 사람도 있다. 잠만 잤는데 눈을 떠 보니 정상에 오른 사람도 있다. 깊게 생각할 필요는 없지만 엄청난 해를 끼칠 수 있는 꼬리표들이다.

회사 내 정치와 소문, 빈정거리는 말들은 누군가를 좋아 보이게 하거나 누군가를 나빠 보이게 하는 데 활용된다. 그리고 시간이 흐를수록 개인들과 부서들, 팀들이 서로 적대하게 만든다. 기업 문화의 일부가 된다. 팀을 분열시키고, 사각지대를 만들어 내며, 불안정한 관리자들의 손에 놀아나게 한다.

　나는 이런 나쁜 장난질을 놀랄 정도로 많이 목격했다. 그리고 나 역시 게임에 참여했다는 데 죄의식을 느낀다. 사람을 고립시키고 스트레스를 주며 협동 작업에서 느낄 수 있는 기쁨을 빼앗아가는 게임이다.

　조금 더 친절하고 개방적이며 정직한 업무 환경을 만들기 위한 다섯 가지 조언을 준비했다.

1. **마음을 챙기는 개인적인 꼬리표를 사용하라.** 동료들에게 헤프거나 게으르거나 신뢰할 수 없다는 꼬리표를 붙이는 대신 당신 자신의 감정에 꼬리표를 붙이는 것을 연습하라. 분노, 억울함, 두려움 등의 감정을 알아챌 수 있게 자신을 훈련하라. 과학적 연구 결과에 따르면 감정에 이름을 붙이는 단순한 행위가 사고의 뇌를 활성화한다. 어떤 일이 일어났는지 알아채기도 전에 감정의 뇌가 주도권을 쥐고 누군가에게 창피를 주려 하는 사이, 사고의 뇌는 당신의 생각과 말, 행동을 여과할 것이다. 생각도 없이 격한 행동을 하는 일을 피하려면 자기 자비를 연습하라.

2. **자신의 말을 걸러라.** 모든 말을 뱉기 전 세 단계의 여과 장치를 거치면 어떨까? "사실인가? 친절한 말인가? 필요한 말인가?" 나와 비슷한 사람이라면 아마 말수가 훨씬 줄어들 것이

다. 대신 당신이 하는 말들이 훨씬 흔쾌히 받아들여지고 더 나은 결과를 만들 것이다.

3. **자신의 행동을 관찰하라.** 직장인들은 문제를 찾아내고 해결하며, 강해 보이고, 재빨리 반응하도록 훈련받는다. 멈추고, 숨을 들이마시고, 주목하고, 심사숙고하고, 그다음 반응하도록 자신을 훈련한다면 어떨까? 곧장 안으로 뛰어 들어가는 대신 잠시 멈추고 왜 화가 났는지, 나와 관련 있는 일인지, 반응할 필요가 있는지 알아보자. 반응하는 방식과 타인을 대하는 방식이 달라질 것이다.

4. **팀원들에게도 같은 태도를 기대하라.** 전문성과 예절의 문턱을 낮춘다고 해서 바로 파멸로 치닫지는 않는다. 대신 삐쭉삐쭉한 절벽이 만들어진다. 정치, 불안정, 심한 편견, 특정 팀원에 대한 꼬리표 붙이기를 용인하면 그런 풍조가 만들어진다. 최고의 팀이라면 서로에 대한 존중과 안전한 환경을 유지하면서도 강력한 의견을 가질 수 있다.

5. **함께하라.** 윌에서는 매일 오후 3시에 모여 10분간 마인드풀니스 훈련을 한다(그림 8.3). 원형으로 모여 매주 다른 팀원이 진행하는 훈련 프로그램을 함께한다. 배우고, 신뢰를 구축하고, 서로를 제대로 알 기회다. 이 시간은 우리 문화의 근본적인 부분이 되어가고 있다. 그래서 이제는 전 세계 고객들을 상대로 디지털 팀 프로그램을 제공하기에 이르렀다.

그림 8.3 월 팀원들이 참여하는 매일 오후 3시의 마인드풀니스 훈련

전문가의 팁: 세계적인 정치 지형 때문에 직원들이 건강하지 못한 토론이나 소셜미디어에서의 전쟁에 매달릴 수 있다. 약간의 인내심과 자비를 발휘하면 팀 내에 인류애를 끌어내는 교육적인 순간이 될 수도 있다. '우리 vs. 너희'의 문화에 갇히기는 너무나 쉽다. 진정한 대화에는 인내심과 개방성, 호기심이 필요하다. 당신의 기업은 사회에 영향을 미치고 있는가 아니면 그저 사회의 영향을 받고 있는가?

조금 더 친절하고 개방적이며 연결된 문화를 위해 서로를 치유하는 관계를 만들어야 한다. 마인드풀니스를 활용할 수 있는 세 가지 팁을 정리했다.

오늘이 지나기 전 사과하자

우리는 모두 해결되지 않은 문제들을 안고 있다. 시간이 흐를수록 이런 억울함은 억울함의 대상이 된 사람뿐 아니라 억울함을 품고 있는 사람에게도 해를 끼친다. 작가 크리스틴 카터Christin Carter는 다음과 같은 3단계 과정을 추천한다. "(1) 상대에게 당신이 어떤 느낌을 받았는지 이야기하고, (2) 그 일에서 당신이 실수한 것과 부정적인 영향을 미친 것을 인정하라. (3) 그리고 상황을 바로잡아라."[17] 미국 메이요클리닉Mayo Clinic의 아밋 수드Amit Sood 박사 역시 당신의 건강을 위해 계속 용서를 연습하라고 조언한다. 당신의 삶에서 사과하고 용서해야 할 문제를 하나 꼽을 수 있다면 얼마나 가치가 있을까? 매일 더 평온해지고 행복해지는 당신을 상상해 보라.

투명함을 기대하고 제공하라

다른 사람들이 지금 당장 당신을 속상하게 하는 것이 무엇인지 알 수 있게 하라. 당신이 조용히 속을 끓이는 동안 다른 사람들은 추측만 해야 한다면 고통과 분열이 연장된다. 차이가 존재할 수는 있다. 사실 차이를 인정하면 세상이 더 흥미로워진다. 각자의 의견이나 정치적 성향에 상관없이 가족과 친구를 사랑할 수 있다.

적의 행복을 빌어라

가짜 적을 만드는 대신 페이스북이나 트위터에서 정치적 취향이 맞지 않아 관계를 끊으려 한 친구를 하나 고르자. 상대방을 차단하는 대신 1분간 조용히 행복을 빌어 주자. 그냥 혼잣말로 "행복하길 빈다. 다른 사람에게 마음을 여는 사람이 되었으면 좋겠어. 재미있게 지내고. 그리고 우리가 친구가 될 수 있었으면 좋겠다"라고 하면 된다. 연구 결과를 보면 자애 명상은 인식 확대, 목적, 사회적 지원, 신체적 증상 감소 등 긍정적 감정과 다양한 범위의 개인적 자원을 만들어 냈다. 결과적으로 삶에 대한 만족도가 상승하고 우울증 증상이 줄어들 것으로 예측한다.[18] 수용과 연민을 연습한 보람이 있다.

지난 몇 년간 세계 정치는 공포와 분열을 퍼트리는 것이 어렵지 않음을 확인시켜 주었다. 리더로서 우리가 지속 가능하고 건강한 문화를 구축하고자 한다면 수용과 친절, 연민을 퍼트려야 한다. 연습하면 생활 방식의 일부가 될 수도 있다.

2부

회사를 돌보는
마인드풀니스

제9장

지시형 리더의 그늘

좋은 관리자가 되고 싶다면 이미 나를 미워하는 사람들이 나를 미워할지
결정하지 못한 사람들 가까이 가지 못 하게 하라.

_케이시 스탱걸Casey Stengel

「하버드 비즈니스 리뷰」에서 정의한 바에 따르면 문화란 "조직
내에서 일관되고 관찰 가능한 행동 패턴"이다.[1] 문화는 우리가
일하는 방식이고 서로에게 말하는 방식, 서로를 대우하는 방식이
다. 어떻게 결정을 내리는지, 무엇을 감내하는지, 매일 어떤 기분
을 느끼는지도 문화다. 간식이나 사내 무료 점심 식사, 아무 때나
떠날 수 있는 휴가는 그저 고단함을 견디기 위한 장치일 뿐이다.

  회사 차원에서는 계속되는 혼란과 변혁, 디지털화, 혁신을 뚫
고 나아간다는 소리가 멋있게 들릴 수도 있다. 하지만 평범한 직
원들이 이런 도전을 맞닥뜨릴 능력이 없다면 상황이 달라진다.

전 세계의 기업들이 우리에게 자신들의 문화를 잃어버리고 있는 것 같다고 했다. 스트레스가 커지면서 일터의 문화는 점점 「헝거 게임」과 「파리대왕」, 「뛰는 백수, 나는 건달Office Space」(반복되는 업무와 스트레스에 찌든 주인공이 최면 상태로 생활하게 되면서 일어나는 소동을 그린 1999년 영화 - 옮긴이) 등이 뒤섞여 더 나쁜 무언가로 바뀌고 있다.

나는 최근 버신 바이 딜로이트가 연 '충격impact' 콘퍼런스에 참석했다. 전 세계에서 1,000명이 넘는 인사 책임자들이 모였다. 문화에 관한 패널에서 나는 "대부분의 회사가 해로운 문화를 경험하고 있다는 데 동의하십니까?"라고 물었다. 전문가들은 약 10분 정도 토론을 벌였다. 결국 세계 최고의 전략가 네 명이 내 질문에 동의했을 뿐 아니라 자신이 자문했던 회사 중 80퍼센트에서 90퍼센트가 해로운 문화 때문에 괴로워하고 있다고 설명했다.

청중은 놀라지 않았다. 우리는 이미 스트레스의 원인과 신뢰 문제를 살펴보았다. 당신 회사 직원들에게 회사 문화를 한두 단어로 묘사해 달라고 요청하면 어떤 답이 나올 것 같은가? 적지 않은 숫자가 '스트레스가 심한'이나 '사기 저하', '과부하', '불안정한', '통제가 안 되는', '애사심이 없는', '공동체 의식이 없는'을 답으로 내놓을 것이다. 업무 속도를 이야기하다 참지 못하고 욕설을 내뱉는 사람이 있을지도 모른다. 리더들은 고된 업무에 시달린 나머지 자동 조종 장치, 즉 사회심리학자 존 바그John Bargh가 말하는 '자동성automaticity'에 빠지기 쉽다.[2] 인식하지도 못하는 사이 뇌가 도움이 되지 않은 루틴에 갇혀버리는 것이다. 나는 "언제나 그 자리" 증후군이라 부른다. 당신이 몸담은 회사의 문화를 만들어 가는 것은 무엇인가?

감정 문화가 중요하다

펜실베이니아 대학교 경영대학원 와튼 스쿨의 시걸 바세이드 Sigal Barsade 교수와 조지메이슨 대학교의 올리비아 오닐Olivia A. O'Neill 교수 두 사람은 각자 10여 년의 연구 끝에 같은 결과를 내놓았다. 감정 문화가 직원들의 만족과 번아웃, 팀워크부터 재정적 성과와 잦은 결근처럼 눈으로 확인할 수 있는 지표까지 모든 것에 영향을 미친다는 것이다. "수없이 많은 연구 결과, 사람들이 업무에서 능력을 발휘하는 정도, 몰입하고 창조적인 정도, 조직에 헌신하는 정도, 그리고 결정을 내리는 방식에 감정이 큰 영향을 미친다는 것을 보여 주고 있다."[3] 긍정적인 감정 문화는 일관되게 더 나은 성과와 질, 고객 서비스와 연관성이 있었다. 이와 비슷한 이유로 부정적인 감정 문화는 집단 분노와 슬픔, 두려움, 형편없는 성과, 높은 이직률과 관계가 있었다. 나 역시 사회생활 초기 6년간 CEO를 다섯 번이나 갈아치운 기업에서 한 사업 부문의 재무책임자를 맡아 비슷한 경험을 했다. 스트레스가 어마어마했다. 모래 위에 빌딩을 짓는 것 같았다. 감정 문화는 중요하다.

스트레스와 지시형 리더

스트레스와 부정적인 감정이 계속 이어지면 회사 내 사람들은 서로를 잘 대하기 어렵다. 대니얼 골먼Daniel Goleman은 『EQ 감성지능』에서 여섯 가지 유형의 리더십 스타일을 설명했다. 각자 되고 싶은 리더상이 있다. 코치형일 수도 있고 전망제시형, 관계중시형, 선도형, 민주형일 수도 있다.[4] 각 유형에 관한 설명을 그림 9.1에 정리했다. 리더들이 스트레스를 받으면 6번째 리더십 스타일인 "지시형"으로 쏠리는 경향이 있는 것은 놀랄 일이 아니다. 이런 식이다. "변명은 하지 마세요. 숫자를 맞춰요. 끝내세요. 물건을 실어요. 고객을 행복하게 만들란 말입니다."

기업 문화가 일관되고 관찰 가능한 행동 패턴으로 구성된다면 스트레스에 필요 이상으로 짓눌린 관리자들은 대단히 지시적인 문화를 만들 것이다. 이런 지시적 관리 스타일을 요약하는 말 중 가장 잘 알려진 문구는 "더 빠르게, 더 싸게"일 것이다. 내 경험에 비추어 볼 때 대부분의 회사가 내세우는 생존 전략이다. 속도를 유지하려면 더 적은 자원으로 더 많은 일을 해내는 전략에 따라 회사를 운영해야 한다. 그게 재미있다는 뜻은 아니다. 하지만 올바른 소통과 훈련이 이루어지고 같은 목적을 공유하는 문화를 발전시키면서 이런 요구와의 균형을 잡는 것이 중요하다.

6가지 리더십 스타일

	지시형	전망제시형	관계중시형
리더의 방식	자신의 지시를 따를 것을 요구	사람들을 비전으로 이끔	조화를 만들고 감정적 유대 형성
한 문장으로 보는 스타일	"내가 말한 대로 하세요."	"나와 같이 갑시다."	"사람이 먼저죠."
근본적인 감성지능 역량	성취하고자 하는 의욕, 결단력, 자제력	자신감, 공감, 변화의 촉진제	공감, 관계 형성, 소통
가장 큰 효과를 발휘할 때	위기일 때, 전환점을 만들어야 할 때, 직원들과 문제가 있을 때	변화하기 위해 새로운 비전이 필요할 때, 명료한 지시가 필요할 때	팀 내의 균열을 치유할 때, 스트레스가 많은 환경에서 사람들의 의욕을 북돋울 때
회사 문화에 미치는 전반적인 영향	부정적	가장 긍정적	긍정적

	민주형	선도형	코치형
리더의 방식	참여를 통해 합의를 구축	성과를 내기 위한 높은 기준을 설정	미래를 위해 사람들을 성장시킴
한 문장으로 보는 스타일	"당신 생각은 어때요?"	"이제 내가 하는 대로 하세요."	"이렇게 해 보죠."

근본적인 감성지능 역량	협력, 팀 리더십, 소통	성실성, 성취하고자 하는 의욕, 결단력	타인을 발전시키기, 공감, 자기 알아차림
가장 큰 효과를 발휘할 때	구성원 모두의 승인이나 합의를 끌어낼 때, 소중한 직원들에게 조언을 얻을 때	의욕이 아주 강하고 능력도 뛰어난 팀에서 빠르게 결과를 얻어낼 때	직원들의 성과가 향상되도록 도울 때, 장기적인 힘을 기를 때
회사 문화에 미치는 전반적인 영향	긍정적	부정적	긍정적

조사 결과 리더십에는 여섯 가지 유형이 있었고 각각 감성지능의 다른 요소를 바탕으로 했다. 각 스타일의 근원과 가장 효과적일 때, 조직 문화 즉 성과에 미치는 영향을 요약했다.

그림 9.1 당신의 기본적인 리더십 스타일은 무엇인가?

출처: 승인을 받고 수정하여 수록. Goleman, Daniel, "Leadership that Gets Results" Harvard Business Review. March–April 2000 p. 82–83.

전문가의 팁: 스탠퍼드 경영대학원의 연구에서는 매년 12만 명이 스트레스로 사망한다고 추정했다. 장시간 노동이 누적된 데다 고용 보장, 안정성, 통제가 부족하다는 인식 때문이다.[5] "지시형" 관리자들이 만들어 낸 이런 스트레스를 상쇄하려면 직원들의 신체적–정서적 안녕을 기업 문화의 중요한 구성요소로 포용해야 한다.

함정에 빠지기는 쉽다

나 역시 일일이 셀 수 없을 정도로 여러 번 지시형 스타일의 피해자로 전락했다. 20대 후반 나는 광고대행사 영앤루비컴Young & Rubicam 역사상 가장 젊은 나이에 한 사업 부문의 재무 담당 최고 책임자가 되었다. 그리고 약간 자만하기도 했다. 아직 해킹이라는 단어가 낯설던 때였는데 미국 연방수사국(이하 FBI)이 회사로 연락해 우리 회사가 해킹을 당했다고 알렸다. 직원들의 급여 기록이 유출되어 범죄자들에게 팔렸다. 그 결과 특정 직원들의 은행 계좌가 위험해졌다. 경영진이 FBI와 피해를 본 직원들을 만났다. FBI는 수사의 돌파구를 찾아냈으니 그 자리에 있는 사람들 외에는 이 사건을 알리지 말아 달라고 부탁했다. 수사에 영향을 미칠까 우려해서였다. 경영진은 동의했다. 회의가 끝난 직후 한 직원이 회사의 모든 구성원에게 맹렬한 분노를 쏟아내는 메일을 보냈다. 덕분에 수사가 위태로워졌다. 내 사무실에서 마주 앉은 그는 수사가 어떻게 되든 자신은 상관없다고 선언했다. 나는 좌절했다. 내가 대단한 사람이라고 생각했다. 재무 담당 최고 책임자였다. 개인 사무실에 작은 소파와 온갖 집기도 있었다. 내 감정이 나를 이겼다. 지시형 스타일의 나락으로 떨어진 나는 일어서서 문을 가리키며 "내 사무실에서 나가요"라고 말했다. 그는 "싫어요"라고 대답했다. 더는 할 말이 없었다. 그래서 내가 사무실을 떠났다. 내 감성지능 기술이 바닥을 친 슬픈 날이었다. 하지만 크게 배운 날이기도 했다.

인터넷에서 즐겨 봐요

리더들이 자존심과 지시형 리더십에 간혔을 때 어떤 일이 벌어지는지 보고 싶다면 구글에서 "Eddie Izzard and Death Star Canteen sketch"를 검색해 보라.[6] 감성지능과 완전히 반대로 구는, 그래서 말도 안 되게 웃기는 다스베이더 연기를 볼 수 있을 것이다. 그런 일은 대부분의 리더가 기꺼이 인정하는 것보다 자주 일어난다. 별말씀을!

문화에 주목하라

힘겨운 문화를 맞닥뜨린 리더라면 누구든 자신에게 도움이 되지 않는 스타일에 빠져버리기 쉽다. 이 문제를 수면 위로 끌어낼 수 있도록 5분간 상황을 돌이켜보고 글로 쓰면서 계획하는 훈련을 소개한다. 타이머를 맞추자. 5분 중 절반이 지나면 두 번째 지시문으로 넘어간다.

- 첫 번째 지시문: 내가 우리 회사 문화에서 좋아하지 않는 것은…
- 두 번째 지시문: 더 나은 문화를 만들기 위해 나는…

월이 제공하는 훈련은 모두 문제뿐 아니라 해결책도 탐색하도록 권장한다. 거기에는 개인이 의무와 책임을 다하는 것도 포함된다. 우리 개개인이 바로 지금 우리가 경험하는 문화를 만들었다. 불평과 부정적인 성향은 재빠르게 문화가 된다. 그리고 신경가소성 때문에 뿌리 깊이 밴 개인의 습관이 된다. 특히 리더들에게 중요한 사실이다. 갤럽의 연구에 따르면 직원들의 업무 몰입도와 신체적·정서적 안녕 사이에는 분명한 연관성이 있었다. 리더들이 이를 지지하면 업무 몰입도가 크게 향상되었다.[7] 반대의 현상도 관찰되었다.

휴게 공간의 의자를 다시 배치하자

당신이 직원들의 스트레스 원인 중 가장 중요한 문제에 능동적으로 대처하지 않고 있다면 당신 회사의 문화는 "우리의 슬로건은 '더 빠르게, 더 싸게' 입니다. 우리 회사엔 맛있는 간식이 잔뜩 쌓여 있어요. 하지만 직원들이 이곳을 좋아하지 않는다는 증거도 쌓여 있어요. "라고 요약할 수 있을 것이다.

당신 회사의 문화가 혼란과 추측, 좌절을 그냥 당연하게 받아들인다면 홍보부서도 도와줄 수 없는 문화적인 문제를 가진 것이다. 부정적 감정이 회사 내 감정 문화의 일부가 되었다. 이런 문제를 효과적으로 관리할 방법이 몇 가지 있다.

· 잭디시 세스Jag ShethRaj, 라젠드라 시소디어Raj Sisodia, 데이비드 울프David Wolfe의 책『위대한 기업을 넘어 사랑받는 기업으로』에서 예로 든 회사를 모방할 방법을 찾자. 이 책에서 저자들은 인도주의적 기업을 다음과 같이 묘사한다. "주주뿐 아니라 사회 전체에 제공하는 가치를 극대화하고자 한다. 궁극적으로 가치 창조자다. 감정적이고, 영적이고, 사회적이고, 문화적이고, 지적이고, 생태학적이고, 물론 경제적이기도 한 가치를 만들어 낸다. 이런 기업과 교류하는 사람들은 안전함과 안정감을 느끼고 거래에 만족한다."[8] 직원들은 이런 회사를 위해 일하는 것을 즐거워한다. 소비자들은 이런 회사의 제품을 사는 것을 즐거워한다. 그리고 공동체는 그들을 이웃으로 둔 것을 즐거워한다. 책에 소개된 76개 기업 모두 마인드풀니스 훈련 프로그램을 기업 문화에 접목했다. 어도비, 코스트코,

디즈니, 사우스웨스트항공, 홀푸드Whole Foods, 알이아이REI, Recreational Equipment Inc, 트레이더조Trader Joe's, 유에스에이에이USAA, 베엠베BMW, 이케아, 유니레버, 혼다 등이다. 이 기업들을 하나로 묶어서 비교해 보면 스탠더드앤드푸어스S&P 500대 기업보다 주가 수익률이 8배나 높았다. 인본주의적이고 마음을 챙기며 감성지능에 기반한 기업 관행이 경쟁 우위를 만들어 낸다는 증거다.

· '우리'라는 유대감을 만들기 위해 함께 모이는 자리를 갖자. 월마다 식사를 같이하는 자리를 만들어도 좋고, 축하할 일이 있을 때 노래방이나 회사 밖에서 모여도 좋다. 팀이 하나로 뭉치면 지속 가능한 성과를 내는 데 꼭 필요한 건강한 기업 문화가 만들어진다.

· 매 분기 직원들을 대상으로 실시하는 조사에 정신적 안녕에 관한 항목을 추가하자. 불확실할 때는 물어보아야 한다. 개방적이고 투명한 방식으로 직원들의 스트레스 수준을 점검하되, 결과에 귀 기울이며 마음을 열고 대화하는 계기로 삼자.

· 통계를 인정하자. 미국인 다섯 명 중 한 명은 우울증이나 불안으로 괴로워하고 있다.[9] 이사회에 10명이 있다면 적어도 둘은 해당할 것이다. 직원이 50명인 영업부서에는 10명이 해당할 수 있다. 하지만 그 10명이 누구인지 확실하게 모르더라도 정신적 안녕을 지원하는 문화를 만들 수 있다.

일이 바빠질 때 우리는 제일 먼저 자신을 돌보는 일을 잊어버린다. 신체적-정서적 안녕이 사라지면 성과도 없다. 먼저 가장 큰 문제가 무엇인지 알아보고 3개월은 그 문제에 집중하자. 그 후에 다음 문제로 넘어가자. "빨리 가고 싶으면 혼자 가라. 멀리 가고 싶으면 함께 가라"는 오래된 아프리카 속담을 기억하자.

전문가의 팁: 사람들은 직업을 떠나지 않는다. 특정 상사를 떠난다. 기업 문화가 문제일 때는 리더인 당신의 안녕을 먼저 출발점으로 삼자. 그러면 당신이 속한 팀, 조직의 안에서의 작용과 감정 문화를 발전시킬 좋은 기회를 찾아낼 수 있을 것이다.

제10장

잠들지 못하는 밤과 좀비들

사람들은 내게 이 모든 경쟁을 치르면서도 밤에 잘 자느냐고 묻는다. 나는
아기처럼 잔다고 대답한다. 그러니까 두 시간마다 깨서 운다.

_로베르토 C. 고이주에타Roberto C. Goizueta

좀비들이 서서히 당신 회사를 물어뜯고 있다. 혹시 당신도 그
좀비 중 하나인가? 미국 질병통제예방센터(이하 CDC)에 따르면
직장인 중 삼 분의 일이 불면증에 시달린다.[1] 수면 부족이 죽음을
부른다는 증거가 늘고 있다. 사실 CDC에서 작성한 수면 문제 지
도를 같은 기관에서 만든 심장병 지도, 정신 건강 문제 지도와 겹
쳐 보면 미국 전역에서 거의 완벽한 상관관계를 찾을 수 있다.[2-4]
불면증을 앓는 사람은 우울증을 앓을 확률이 10배이고, 비만해
질 확률이 60퍼센트 높으며, 결근과 야근 때문에 한 해 근무 일수
가 11일 적다.[5]

불면증은 개인의 수명을 단축할 뿐 아니라 문화에도 해를 입힌다. 우리가 문화를 어떻게 정의했는지 기억해 보라. 일관되게 관찰되는 행동 패턴이다. 관리자들을 포함해 직원 중 삼 분의 일이 수면에 문제가 있다면 집중력과 생산성에 영향을 미칠 것이고 보통 동료들에게 친절하게 대하기도 어렵다. 불면증은 우리를 괴로운 소리를 내며 주변의 기쁨은 살을 발라내는 좀비로 만든다. 제대로 자지 못하면 "나 좀 가만히 놔둬. 오늘 완전히 머저리라고"라 쓰인 티셔츠를 입고 있는 것과 마찬가지다. 당신 회사 직원의 삼 분의 일이 이런 상황에 빠지는 것을 애써 상상할 필요는 없다. 이미 일어나고 있는 일이다. #좀비들

특히 건설 현장이나 제조 현장, 석유나 가스를 다루는 현장의 노동자들은 잠이 부족하면 숙취에 시달리는 것과 마찬가지다. 하룻밤만 잠을 설쳐도 운동 반사 능력이 상당히 떨어진다.[6] 당신이 견인 트레일러 바퀴 뒤에 있거나 위험한 환경에서 기계를 조작하고 있다고 상상해 보자. 술에 취한 채 일하는 셈이다. 20시간에서 25시간 동안 눈을 붙이지 못하면 미국의 법정 음주운전 기준인 알코올 농도 0.1퍼센트를 가볍게 넘긴 상태가 된다.[7] 이런 경우 수면 부족이 행인들을 위험에 처하게 할 수도 있다. 2014년 월마트의 트럭 한 대가 코미디언 트레이시 모건Tracy Morgan의 리무진을 들이받아 승객 중 한 명이 사망했다. 14시간 교대 근무 중이던 운전자가 핸들을 쥔 채 졸았고 28시간째 깨어 있는 상태였다.[8]

천만 달러에 합의가 이뤄지며 신문 1면을 장식했지만 지금도 비슷한 사건이 매일 일어나고 주목받지 못한다. 실제로 미국 자동차서비스협회American Automobile Association는 미국에서 졸음운전으로 인한 사고가 매년 32만 8천 건에 달한다고 추정한다.[9]

우리가 불면증을 키우는 이유는 무엇일까?

우리는 항상 뇌를 훈련하고 있다. 가장 많이 하는 일을 점점 더 잘하게 된다. 당신의 수면 패턴을 생각해 보라. 무엇을 꾸준히 연습하고 있나? 좋은 수면 습관? 아니면 스스로 좀비가 되는 훈련?

리더로서 우리는 가장 뛰어난 능력을 발휘할 수 있도록 우리 자신에게 잠을 처방해야 한다. 하지만 대부분이 그러지 못한다. 그래서 월은 작업장 안전 및 건강 서비스 기업 퓨전헬스Fusion-Health와 함께 제프리 더머Jeffrey Durmer 박사가 "더 나은 수면을 위해 마음과 몸을 동기화하기"라 부르는 4주짜리 디지털 수면 훈련 프로그램을 만들었다. 이 장에는 더머 박사가 연구해 온 내용이 많이 들어있다. 그의 허락을 받고 포함했다. 더머 박사는 시스템 신경과학자이자 신경과 전문의, 수면의학 전문의다. 내가 아는 친구 중 가장 멋진 사람이기도 하다. 포춘 500대 기업, 미국 프로미식축구팀 애틀랜타 팰컨스, 미국 연방항공국에서 일한 것을 포함해 말도 안 되는 경력을 쌓아왔지만, 여전히 짜증 날 정도로 뛰어난 외모를 자랑한다. 우리 팀에서는 그를 "끝내주게 잘 자는 박사님"이라 부른다. 나는 "조"라 불린다.

더머 박사는 수면이 신체적-정신적-감정적 안녕 그리고 전반적인 삶의 질에 미치는 영향을 연구하며 수천 명의 직장인과 함께 작업해 왔다. 트럭 운전사부터 CEO까지 다양한 직업인들을 만나온 그는 "'잠을 즐기기보다는 잠 때문에 고통받는' 사람들은 이유를 제대로 모릅니다. 실은 오해나 엉성한 수면 행동, 쉽게 치료할 수 있는 수면장애 때문입니다"라고 설명했다.

더머 박사는 수면 문제로 고통받는 직장인들의 삶의 질을 높이기 위해 수면 과학과 신경생물학을 활용한다. 그는 리더들이 "푹 자는 사람"이 되도록 훈련한다. 중요한 일이다. 실제로 너무 많은 사람이 형편없이 자는 사람이 되는 훈련을 한다. 밤에 자려고 누우면 이미 낮에 했던 활동들이 끔찍한 밤의 수면을 위한 무대를 마련하고 있다. 다음에는 우리가 불면증이라는 괴물에게 먹이를 준다. 큰 걱정거리로 이어질 수 있는 실마리에서 시작해 후회를 한 움큼 더하고 디저트로 음모론을 추가한다. 다음날 해야 하는 일의 목록을 따라간다. 이런 일이 잦을수록 뇌는 쓸데없는 생각들을 다시 불러들인다. 루틴이 된다. 습관이 된다. 우리는 점점 자신을 미치게 하는 데 뛰어난 사람이 된다. 자신을 불면증의 전문가가 되도록 훈련할수록 효과적인 리더가 되기 위한 능력은 점점 제한된다.

렘수면과 비렘수면 모두 중요하다

잠을 자는 것은 인간에게 아주 자연스러운 일이어서 허기나 갈증처럼 작용한다. 너무 오래 깨어 있으면 뇌의 수면 "허기"가 점점 강력해진다. 에너지를 쏟아내면 졸음을 느낀다. 방아쇠가 당겨지면 몸과 마음이 깨어 있는 상태에서 잠이 든 상태로의 잘 조율된 "상태 변화"를 일으키기 시작한다. 이렇게 진행되는 "수면의 단계"는 두 가지 유형을 포함한다. 빠른 안구 운동이 일어나는 렘수면rapid eye movement sleep과 비렘수면non-REM sleep이다.

우리 대부분의 수면은 밤새 90분 또는 120분 간격으로 렘수면과 비렘수면을 오간다. 초반 절반은 비렘수면이 주를 이루어 신체와 뇌가 기능을 회복하고 병이나 염증과 싸우기 위해 필요한 것들을 공급한다. 몇 시간만 자도 푹 쉰 기분이 드는 것은 이 때문이다. 기본적으로 당신의 뇌는 밤에 필요하지 않은 것들을 청소해서 깨어났을 때 "상쾌한" 기분이 들게 한다. 더머 박사는 이런 작용을 "쓰레기 치우기"라 부른다.

잠을 자는 것은 신체가 혈압과 심장 박동 수, 체온, 혈당, 인슐린 수치를 낮춰서 스스로 치유하는 시간이기도 하다. 비렘수면이 없으면 뇌와 신체는 계속 살아가기 위한 준비를 할 수 없다.

렘수면은 자유롭게 오간다는 점에서 비렘수면과 확연히 다르다. 렘수면은 꿈꾸기, 기억, 감정과 관련이 있다. 비렘수면이 뇌의 살림을 돌본다면 렘수면은 마음의 살림을 돌본다.

마음으로 혹은 몸의 긴장으로 스트레스가 느껴지면 자연스러운 수면 과정을 따라가지 못하고 튕겨 나온다. 그런 이유로 잠을 잘 자지 못하면 보통 이전만큼 효과적인 리더가 되지 못할 수도 있다는 상관관계가 있다. 더머 박사는 "수면 장애를 겪는 비율이 아주 높다. 그리고 어떤 효과를 기대할 수 있는지 몰라서 대부분이 치료를 받지 않고 넘어간다. 하지만 좋은 소식이 있다. 마인드풀니스로 감정을 통제하는 법을 배울 수 있는 것처럼 수면으로 이어지는 마음과 몸의 동반 상승효과를 통제하는 법도 배울 수 있다"고 지적했다.

"일어나라"를 꺼라

뇌가 어떻게 각성 상태가 되는지 이해하는 것이 중요하다. 그래야 침대에 누울 때 그 스위치를 끌 수 있기 때문이다. 우리는 낮 동안 에너지를 태우면서 "수면 허기"를 축적한다. 잠을 자야 이 허기가 사라진다. 한편 뇌에는 각성을 일으키는 시스템도 있으며, 빛에 반응하는 독특한 성질을 가진다.

이 각성 시스템은 "허기"가 축적되지 않는다는 점에서 수면과 약간 다르게 작동한다. 대신 뇌 깊숙이 자리한 시상하부라는 부위에 세포 스위치가 있어서 각성이 일어난다. 24시간 각성 상태를 조절하는 장치라고 할 수 있다. 시교차상핵suprachiasmatic nucleus이라 알려진 이 신경 조절 장치는 우리가 깨어날 때 각성을 유도하는 호르몬과 신경 화학물질을 동시에 분비하고 "수면 허기"를 정지시킨다.

눈에서 빛을 감지하면 시교차상핵으로 바로 전달하기 때문에 빛을 보면 시교차상핵이 활성화된다. 아침에 그리고 낮 동안 빛에 노출되어 있으면 깨어 있기 쉬운 것도 그 때문이다. 따라서 빛을 받으면 졸음을 차단하는 데 도움이 된다. 카페인보다 훨씬 효과적이며 부정적인 효과도 없다.

그림 10.1 성공을 위한 수면

마인드풀니스는 잠이 부족할 때도 도움이 된다. 연구 결과 명상을 하는 사람들은 잠을 덜 자도 명상을 하지 않는 사람보다 인지 기능이 덜 약화되었다.[10] 다른 연구에서는 마인드풀니스가 과학자들이 "이완반응"이라 부르는 상태를 유발했다. 명상이나 요가와 같은 수련을 통해 생리학적으로 깊이 잠든 상태에 이른 것이다. 따라서 잠을 충분히 자지 못해도 명상이 깊은 수면에 들도록 도와 몸이 에너지대사나 면역 반응 같은 과정을 수행할 수 있다.

당신이 잠드는 환경을 이해하자

수면에 관한 지식이 늘어나면 스스로 침실을 살펴보면서 빛 같은 문제를 찾아낼 수 있게 된다. 빛은 잠을 위해 통제해야 하는 가장 중요한 요소다.

더머 박사는 빛을 통제하는 것 외에 건강한 수면 습관을 만들기 위한 10가지 기본 원칙을 제시했다.

1. 온도: 연구에 따르면 섭씨 20도 아래의 시원한 온도에서 잠이 온다.

2. 소음: 계속 이어지는 단조로운 소리가 얕게 잠든 사람을 깨울 수도 있는 잡음을 "가려"줄 수 있다. 천장 선풍기나 백색소음 발생기, 아니면 물, 바람, 파도 같은 자연의 소리를 시험해 보자.

3. 음식: 무언가를 먹으면 뇌와 신체에 더 사용해야 할 에너지가 있어서 깨어 있어야 한다는 신호를 보내게 된다. 잠

들기 몇 시간 전부터 부담스러운 식사는 피해야 한다. 말 그대로 잠에 "굶주려" 있어야 한다.

4. 술: 벤자민 프랭클린Benjamin Franklin은 "맥주는 신이 존재한다는 증거"라는 말을 남겼다. 하지만 그는 알코올이 렘수면을 강력히 억제한다는 사실은 이야기하지 않았다. 가능하면 모두 피하자.

5. 니코틴: 앉아 있기가 제2의 흡연으로 주목받는다고 하지만 담배는 여전히 암을 유발하고 인생을 바꾸는 물건이다. 또한 뇌의 니코틴 수용체를 통해 각성 시스템을 과열 상태로 만든다.

6. 약물: 처방전 없이 살 수 있는 수면 보조제부터 처방 약품, 불법이거나 재미를 위한 약물, 비타민까지 다양한 제품이 포함되는 범주다. 수면 보조제는 기본적으로 모두 항히스타민제다. 잠을 더 자기 위해 특정 물질을 꾸준히 복용한다면 어느 정도 도움을 받을 수도 있다. 하지만 허기와 비슷한 수면의 본질을 생각할 때 다른 무언가로 보완할 수 없다는 점만 기억하자.

7. 운동: 에너지를 소비하면 "잘 시간이 됐다"는 신호를 강하게 만들 수 있다. 규칙적인 운동은 당신에게 "수면 허기"

를 더해 줄 열쇠지만 운동 직후 바로 침대에 뛰어들지는 말자. 운동을 하고 몇 시간은 신경계가 계속 "신이 나" 있을 것이기 때문이다.

8. 건강하지 않은 패턴: 당신은 자려고 누울 때 어떤 행동을 하는가? 전문가들은 텔레비전을 끄고 독서처럼 마음을 가라앉히는 일들을 하라고 조언한다. 너무 많은 사람이 침대에 누워 TV를 보거나 스마트폰의 환한 빛에 의지해 인터넷을 돌아다닌다. 두 행동 모두 우리를 깨어 있게 하며 신경 연결 통로가 휴식하기는커녕 흥분하게 한다.

9. 침실을 신성한 장소로 만들어라: 침실은 주로 잠 그리고 가끔 성생활을 위한 장소다. 결혼했다면 성생활의 비중이 더 커질 수 있다. 의도대로 사용하라. 침실에 책상을 두지 마라.

10. 호흡에 집중하라: 마인드풀니스 훈련은 긴장을 풀게 하고 진정시켜서 잠이 들도록 도와준다. 한 연구에서는 불면증 환자들이 마인드풀니스 훈련 덕분에 30분 더 빨리 잠이 들고 22분 더 오래 잤다.[11] 호흡에 집중하면 잡생각이 사라진다. 당신의 머릿속에 사는 부정적인 이사회 멤버들에게 밤에는 쉬라고 말하는 것이다.

전문가의 팁: 더머 박사는 마음과 몸을 "저속 기어로 바꿀" 활동을 하면서 잠들 준비를 하는 데 최소 30분을 쓰라고 추천한다. 휴대전화는 집어넣자. 리모컨은 내려놓자. 책을 들자.

얼마나 많은 잠을 놓쳤을까?

당신이 불면증의 기술을 얼마나 쌓았는지 간단히 확인해 보자. 지난 5년간 불안 때문에 얼마나 많은 잠을 놓쳤을까? 1년에는 365일이 있다. 평균적으로 사람들은 10분에서 20분이면 잠이 든다.[12] 불면증에 걸리면 1시간에서 2시간이 걸린다. 당신이 후자에 해당한다면 몇백 시간 동안 깨어 있는 "연습"을 한 셈이다. 5년이면 3,500시간에 달한다. 대부분은 몇 년이나 불면증을 앓는다. 1만 시간을 들여 말콤 글래드웰Malcolm Gladwell의 책『아웃라이어』에서 말하는 최고 전문가가 되는 것도 그다지 어렵지 않다.

나는 30년간 기업의 세계를 떠돌았다. 오랫동안 계속된 불면증이 내 기분과 집중력, 판단력에 영향을 미치는 지경에 이르렀다. 나이가 들수록 잠은 신체적 건강과 정신적 안녕 모두에 점점 더 중요해진다. 리더들에게는 훌륭한 수면이 심술과 신랄함을 줄여주고 바보가 될 가능성을 낮춰주는 강한 부작용(?)을 발휘한다. 불면증 환자들이 마인드풀니스 훈련을 하면 수면의 질과 지속 기간 모두 향상되었다.[13]

아이들이 포켓몬 카드를 다루듯 잠을 대하자. 어린이들은 재빨리 전문 지식을 익히고 각 카드의 가치를 이해한다. 처음에는 값진 카드를 "얼간이" 카드와 바꾸는 속임수에 넘어가기도 한다. 하지만 빠르게 더 배운다. 우리 모두 잠을 와인 한 잔이나 커피 한 잔, 케이크 한 조각 따위와 바꿀 수 없는 귀중한 대상으로 대했다면 어땠을까? 우리는 가장 소중한 것을 보호하는 새로운 방식으로 자신을 대해야 한다. 나이가 들수록 잠은 내 목록에서 점점 더 위로 올라가고 있다.

이 소중한 교훈을 배우기 위해 더 기다리지는 말자. 당신의 잠을 마치 생명과 같이 대하자. 실제로 그렇기 때문이다.

전문가의 팁: 미국 메이요클리닉의 연구를 보면 감사의 힘이 건강을 개선한다.[14] 수면 루틴에 감사 훈련을 더하자. 매일 밤 자려고 누웠을 때 당신이 감사해야 할 한두 가지를 명확히 떠올리고 매일 아침 일어났을 때도 똑같이 해 보자.

경고의 말

당신의 수면이 개선되지 않거나 코골이, 들썩거림, 악몽처럼 특정한 증상이 걱정된다면 의사를 만나 정확한 진단을 받자. 더머 박사는 수면 장애를 겪는 성인의 80퍼센트 가까이가 치료가 필요한 질병을 갖고 있다는 사실을 모른 채 묵묵히 괴로움을 감내하고 있다고 설명했다. 그중 한 명이 되지 말자.

성공을 위한 수면

월이 제공하는 훈련 중 하나인 이 수면 명상 연습은 바디스 캔body scan과 호흡 훈련을 이용해 몸의 긴장을 느끼고 이완하도록 도와줄 것이다. 그럼 더 쉽게 잠들 수 있을 것이다.

- 편안한 자세로 눕자. 눈을 감고 온몸과 침구의 무게를 느끼자.
- 부드럽게 들이마시고 내뱉는 호흡을 느끼자. 생각이 떠오르면 그대로 바라보자. 이내 배경 속으로 사라지게 두자.
- 천천히 한 부분씩 온몸을 순회하자. 비어 있고 편안한 부분뿐 아니라 긴장되거나 팽팽한 부분에도 주목하자.
- 얼굴과 턱, 목에 주의를 가져가는 것으로 시작하자. 긴장된 부위가 있는지 주목하자. 눈 뒤, 목구멍 안 등도 살피자. 긴장한 곳을 찾아내면 긴장을 느끼고 주목한 덕분에 긴장이 풀리는지 지켜보자.
- 다음에는 머리와 목의 뒤쪽, 그 뒤에는 위쪽 어깨로 옮겨가자. 다시 긴장한 부위에 주목하고 경험을 부드럽게 인식하면서 긴장이 녹아 풀려나가게 하자.
- 아래로 내려가 양팔과 손을 느끼자. 주먹을 쥐었다 펴자.

긴장을 풀면서 몸의 무게와 편안함을 느끼자. 몸을 계속 살피면서 호흡을 잊지 말자. 호흡은 가볍고 편안하게 흐르도록 하자.

· 이제 몸통 전체를 느끼면서 가슴과 배, 등에 긴장된 부분이나 수축된 부분이 없는지 살피자. 모든 긴장을 침대로 흘려보내자. 가슴 한가운데 주의를 가져왔다가 배로 옮기자. 매번 시간을 들여 몸이 느끼는 바를 탐색하고 경험한 긴장을 모두 풀어 주자.

· 다리 위쪽, 다리 아래쪽, 발까지 내려오자. 몸이 더 무거워지고 편안해진 것을 인식하자.

· 다시 몸 전체에 주의를 가져오는 것으로 마무리하자. 긴장이 남아 있다면 모두 풀어 주자. 편안하고 안락한 감각을 느끼자. 힘을 들이지 않아도 호흡이 흐르게 하자. 깊고 편안한 잠에 빠져드는 동안 모든 생각이 희미해지게 두면서 계속 호흡에 집중하자.

제11장

산업현장에서의 마인드풀니스

한 번 죽는 것보다 백 번 조심하는 게 낫다.

_마크 트웨인Mark Twain

미국에서는 매일 아침에 출근했던 사람 중 13명이 영원히 집에 돌아오지 않는다. 매년 330만 명이 일터에서 다치며 끝내 회복하지 못하기도 한다.[1]

안전은 제조업이나 건설업, 전기-수도-석유-가스 등을 다루는 현장에서만 중요한 문제가 아니다. 모든 분야에서 부상률이 증가하는 추세다. 사무직 기업에서도 업무 중 다치는 사람들이 눈에 띄게 증가하고 있다. 왜 그런 걸까?

우리는 마음이 방황하는 상태로 많은 시간을 보낸다. 연구자들은 일터에서 일어나는 모든 사고 중 90퍼센트가 인적 오류human error 때문에 발생한다고 추정한다.[2] 이 두 가지 사실에서 연관성을 찾기는 어렵지 않다. 집중하지 않으면 안 좋은 일이 일어날 수 있다. 그리고 관련 통계는 거의 모든 산업에서 점점 악화되고 있다. 위기로 변하고 있다. 위험 신호를 무시하면 문제도 해결되지 않는다.

더 많은 스트레스 + 집중력 약화 = 더 많은 부상

나에게 '주류mainstream', '석유와 가스업계의 모범 사례best practices for oil & gas', 'SAP 유틸리티SAP for utilities'를 비롯해 세계 전역에서 열린 회의에서 안전이라는 주제에 관해 이야기할 기회가 있었다. 'SAP 유틸리티'에는 전 세계 석유-가스-전력 산업에서 활약하는 정비와 신뢰도, 안전 분야의 선도자들이 모인다. 나는 좋은 친구인 루디 울프Rudy Wolf와 함께 1,500여 명의 청중 앞에 섰다. 울프는 매년 150억 달러의 매출을 올리는 에너지 기업 퍼시픽가스앤드일렉트릭컴퍼니Pacific Gas and Electric Company에서 안전 부서를 이끌고 있다.

우리는 "리더십과 스트레스, 안전"에 관해 이야기해 달라는 요청을 받았다. 늘 의욕이 넘치는 완벽주의자인 내가 잘 아는 주제였다. 여러 기업의 최고운영책임자를 맡으며 스트레스라면 부족하지 않게 경험했다.

나는 두 가지 이유로 주최 측의 제안을 받아들였다. 첫째, 울프와 함께 작업할 기회였다. 그는 영감을 주는 탁월한 리더다. 둘째, 가스업계, 석유업계, 그리고 전력, 가스, 수도 등을 공급하는 유틸리티 업계의 청중에게 일터에서의 마인드풀니스의 역할을 알릴 수 있다는 사실이 일찌감치 다른 생각을 할 수 없게 만들었다. 이 회의에 참석하는 사람들은 분명히 "마인드풀니스 훈련은 히피들이나 하는 짓이야"라고 생각하고 있을 터였다.

정답. 청중은 회의적이었다. 하지만 울프와 내가 말을 시작하자 분위기가 좀 누그러졌다. 둘 다 듣는 이들과 공통점이 많았다. 노동자 계급 출신이었다. 스트레스는 무시하고, 고통을 참으며 일하고, 성공하기 위해 필요하다면 뭐든 하라고 배웠다. 유머와 오랜 노동시간, 강인함이 공통적인 무기였다.

이 회의적인 집단과 연결고리를 만들기 위해 나는 과거의 내가 어땠는지 설명했다. 나는 마인드풀니스 훈련을 시도하기까지 세 가지 장애물을 뛰어넘어야 했다. 첫 번째는 데이터였다. 나는 과학을 원했다. 두 번째로, 종교를 찾으려는 게 아니었다. 세 번째로, 또 누가 이걸 하고 있지? 마흔을 넘기고서도 나는 여전히 근사한 친구들과 함께이고 싶었다.

과학적 증거는 확인했다. 실용적이고 현실적인 접근 방식이 가능하다는 것도 확인했다. 프로 스포츠팀, 대학교, 포춘 500대 기업을 포함해 가장 뛰어난 성과를 내야 하는 문화에서 이미 마인드풀니스를 수용하고 있다는 사실도 알게 됐다. 나는 네 번의 짧은 명상 훈련만으로도 피로와 불안이 줄어들고 공간 시각 처리 능력, 작업 기억, 의사 결정이 상당히 향상된다는 연구 결과도 설명했다.[3] 안전을 위해 중요한 것들이다. 이야기가 순조롭게 진행되고 있었다.

울프는 입을 열자마자 청중을 사로잡았다. 커다란 키에 근육질 체형으로 당당한 풍채를 자랑하는 그는 지하에 박힌 하수관도 뽑아서 길 건너로 던져 버릴 수 있을 것 같았다. 그는 압도적인 존재감을 자랑했고 소매를 제대로 걷어 올리는 법도 알았다. 청중이 동질감을 느낄 만한 사람이었다.

다칠 수 있다고 생각하면 다치지 않는다

울프는 뛰어난 이야기꾼이었고 다양한 산업 분야의 통계를 인용했다. 유틸리티 기업이라면 번개와 천둥이 칠 때 부상자가 더 많을 거로 예상할 것이다. 울프는 잘못된 짐작이라고 지적했다. "사실 위험천만한 날씨에 다칠 확률은 일반적인 작업 조건에서 다칠 확률과 비슷합니다. 노동자들은 다칠 위험이 있다는 걸 알면 사고가 일어나지 않도록 더 집중하는 경향이 있죠. 놀랍게도 노동자들이 특별히 조심하지 않는 눈부시게 화창한 날에 많은 부상자가 생깁니다. 다른 날과 다를 게 없다고 생각하면 마음이

산만해져서 방황하기 쉬워요. 그때 다치는 겁니다." 그는 이런 현
상을 "파란 하늘 효과"라 칭했다.

　노동자의 부주의는 안전에 영향을 미치는 요인 중 하나일 뿐이
다. 대부분의 산업이 치열해지는 경쟁과 가격 압박, 늘어나는 규
제, 노후한 자산을 교체해야 할 필요성에 직면해 있다. 게다가 기
존 인력은 나이가 들어가고, 젊고 기술이 뛰어난 노동자를 채용
하기는 어려우며, 소비자들의 요구는 커져만 간다. 스트레스가
쌓일 수밖에 없다. 이 모든 것이 더 적은 자원으로 더 많은 일을
더 빨리 더 싸게 해야 하는 루틴에 힘을 싣고, 역시 직원들의 스
트레스와 안전에 영향을 미친다.

전통적인 해결책으로는 충분치 않다

　산업계에서는 사고가 터지면 문제를 분석하고 부상을 예방하
려 한다. 대부분의 기업이 쉬운 해결책을 택한다. 노동자를 위한
훈련 프로그램을 마련하고, 장비에 맞는 유지 정책을 수립하며,
프로세스를 개선할 수 있는 기계와 도구, 기술을 도입한다. 컨설
턴트에게 엄청난 돈을 쓰고, 사고 원인 모델 이론을 살펴보며 미
래의 부상을 피할 수 있는 계획을 준비하는 데도 투자한다. 그리
고 헬멧과 장갑, 특수 의상을 사들이는 데 더 많은 돈을 쏟아붓는
다. 심지어 노동자들에게 다쳐서는 안 된다고 알려 주는 표지판
관련 산업도 몇십억 달러 규모로 성장했다. "오늘도 무사히!",

"동료를 조심하자!", "주의! 어떤 일이든 일어날 수 있다!"처럼 함축적인 표지판이 일터 곳곳에 자리하고 있다. 이런 전통적인 접근법은 중요하다. 하지만 이 모든 대책과 밝은 색상의 금속판에 적힌 느낌표는 핵심적인 문제를 다루지 않는다. 모든 사고 중 90퍼센트가 인적 오류 때문에 발생하기 때문이다. 사람들이 집중하는 능력을 키울 수 있게 훈련해야 한다.

숫자를 더해 보자

부상은 직원들의 건강을 해칠 뿐 아니라 생산성에도 영향을 미친다. 울프는 "당신 회사에 직원이 만 명 있고 생산성이 1퍼센트씩 향상된다면 매년 100일의 전일제 노동을 더 투입한 것과 같은 효과가 납니다. 돈으로 따지면 약 2천만 달러죠. 부상 때문에 생산성이 1퍼센트 떨어지면 정확히 반대의 효과가 발생합니다"라고 설명했다.

그림 11.1
마음을 챙기자.
부상을 피하자.

피로와 부상률이 기업에 영향을 미치고 있다

제조업체의 예

3.9

연간 부상 수

(노동자 100명당)

14만8천 달러

연간 직접 비용

(건당 평균 3만8천 달러)

150만 달러

직접 비용을 부담하기
위해 필요한 수입

(이익률 10퍼센트로 가정)

그림 11.2 주의 산만의 엄청난 대가

출처: 미국 직업안전보건국, 2014.

부상으로 발생하는 비용에 관한 통계를 살펴보면 숫자가 재빨리 커지는 것을 알 수 있다. 한 가지 예를 보자. 미국 직업안전보건국에 따르면 제조업에서 노동자 100명당 평균 3.9건의 부상이 발생한다.[4] 3.9퍼센트가 다친다면 몹시 나쁘지는 않다고 생각할지도 모르겠다. 미국 전체 평균 부상률은 3.2퍼센트다. 하지만 문제가 있다. 미국 기업들은 부상에 대한 직접 비용, 즉 노동자에게 주는 보상금, 의료 비용, 법적 비용 등으로 매주 10억 달러 이상을 쓴다. 건당 평균 직접 비용은 3만8천 달러다. 매해 노동자 100명당 부상이 3.9건씩 발생하면 부상과 관련된 비용이 노동자 100명당 14만8천 달러(3.9 × \$38,000)가 된다. 생산성 감소, 고용, 훈련 대체, 조사 등에 들어가는 간접 비용은 포함하지 않았는데, 간접 비용은 부상의 유형에 따라 직접 비용의 2배에서 10배에 달

한다.[5]

당신의 회사가 10퍼센트의 이익을 거둔다고 가정하자. 매해 발생하는 14만8천 달러의 비용을 부담하려면 148만 달러($148,000 / 10%)의 수입이 필요하다. 다시 강조하지만, 직원 100명당 비용이다. 직원이 만 명이라면 여기에 100을 곱해야 한다. 십만 명이라면 1,000을 곱해야 한다. 게다가 이익률이 5퍼센트밖에 안 된다면 두 배의 수입이 필요하다. 위기다.

그림 11.3에 다른 산업 분야의 숫자를 정리했다. 당신 회사 직원들이 모두 온종일 책상에 앉아 있지 않는 이상 직원들의 부상에 관심을 가져야만 한다. 인력과 재정 양쪽에 큰 영향을 미치며 그 영향은 점점 더 커지고 있다.

산업	직원 100명당 평균 부상률	100명당 직접 비용 (건당 직접 비용을 38,000달러로 가정)	직접 비용을 부담하는 데 필요한 수입
전문 서비스	1.5	5만7천 달러	60만 달러
레저/숙박	3.6	13만7천 달러	140만 달러
소매	3.6	13만7천 달러	140만 달러
제조	3.9	14만8천 달러	150만 달러
건설	4.2	16만 달러	160만 달러
식음료	4.4	16만7천 달러	170만 달러
교통	5.0	16만 달러	160만 달러
정부	5.0	19만 달러	190만 달러

(이어서)

농업	5.5	21만3천 달러	210만 달러
항공	7.5	28만5천 달러	290만 달러
병원	8.7	33만1천 달러	330만 달러

그림 11.3 엄청난 재정 손실

출처: 미국 직업안전보건국, 2014, 부상 1건당 평균 직접 비용을 38,000달러로 가정.[5]

누가 죽기 전까지는 마냥 즐거울 수 있다

어떤 청중이든 이 숫자에는 주목한다. 그리고 그때 울프가 진면목을 발휘했다. 그는 사람들에게 "다시는 당신의 배우자가 집에 돌아오지 못할 것이라고 알리기 위해 직원의 집을 찾았던 사람이 몇 명이나 되시죠?"라고 물었다. 몇 명이 손을 들자 적지 않은 사람들이 눈물을 글썽였다. 여러 산업 분야에서 직원들이 업무 중에 다치거나 사망하는 일이 급증하고 있다. 혁신과 변혁 따위는 잊어버리자. 혼란이 벌어지고 있다.

우리가 이야기를 마무리할 즈음에는 청중도 마인드풀니스가 대세가 되어가고 있다는 것을 받아들이게 되었다. 최근 5년간 슈퍼볼을 차지한 미식축구 챔피언들과 미국의 다섯 개 군대가 압박감을 느끼는 상황에서도 "몰입"하고 능력을 발휘하기 위해 마인드풀니스 훈련을 활용한다는 사실이 대부분 남성이었던 청중의 마음을 움직였다.

나는 마인드풀니스 훈련이 필요 없지만
내 옆에서 일하는 녀석에게는 꼭 필요해

저녁 시간 동안 참가자들과 어울리며 그들의 열린 태도에 충격을 받았다. 세계가 계속 돌아가는 데 중요한 역할을 하는 산업 공장과 기계의 안전과 신뢰도를 높이기 위해 헌신해 온 전문가들이 모여 있었다. 그들 모두의 임무는 고객을 위해 일하며 자신의 사람들을 보호하는 것이었다. 무언가 잘못되면 지역 사회에 영향을 미치고 직원들도 심각하게 다치거나 사망에까지 이를 수 있는, 부담이 큰 산업에 종사하고 있었다.

석유와 가스 업계에서 일하는 사람들은 살이 찌고 부유하며 행복하다는 농담을 흔히 듣곤 했다. 하지만 대부분은 농담과 다르다고 얘기하고 싶다. 우리처럼 평범한 사람들이고, 기업에 소속되어 불가능해 보이는 일들을 해내야 하는 사람들이다. 경쟁이 몹시 치열하고 스트레스가 많은 분야에서 열심히 일한다. 대부분은 연구 개발에 발을 깊이 담그고 있으며 대안적인 에너지 해결책에 투자한다. 그들의 미래가 거기 달려 있다.

개인이 침착하고 집중하여 일하지 않는다면 공장 환경과 장비에 아무리 많은 돈을 쏟아부어도 의미가 없다. 그들은 모두 말하기를 꺼리는 문제에 놀라울 정도로 열려 있었다. "자산"의 의존도와 신뢰도에 초점을 맞추면서 직원들의 스트레스는 주목하지 않았다는 인식이 퍼져 있었다. 당연히 인정하는 분위기였다. 그날 밤 함께 술을 마셨던 한 실무자는 "우리에겐 이게 정말 필요해요. 석유 굴착 장치를 다루는 일은 스트레스가 말도 못 할 정도예요. 지난주에만 두 명을 잃었어요. 녹초가 될 때까지 2교대로 일을 하는데 우리에게 신경을 쓰는 사람은 아무도 없는 것 같아요. 위험한 일이에요. 망할 회계사들이 하는 일 하고는 다르다고요"라며 한탄했다.

나중에는 잘 알려진 유틸리티 기업의 CEO가 맥주잔을 든 채이렇게 정리했다. "우리 모두 마인드풀니스 훈련을 활용할 수 있을 겁니다. 스트레스가 심한 산업이에요. 대부분이 아마 '나는 주의력 훈련이 필요 없어. 하지만 내 옆에서 일하는 녀석한테는 꼭필요해'라고 생각할 거예요." 우리는 웃음을 터트렸다. 함께 걱정을 나누었다. 술도 마셨다. 그리고 그의 회사는 우리 고객이 되었다.

주의력 훈련은 직장인들이 더 집중하고, 상황을 더 잘 파악하고, 더 빨리 반응하고, 업무를 더 오래 계속하고, 더 많은 정보를 유지하도록 도와줄 수 있다. 그러면 자기 자신과 동료들, 주위 환경을 더 잘 인식하고 경계할 수 있다. 몇십억 달러를 투자한 다른 안전 대책들이 더 큰 효과를 낼 수 있게 하면서 자연스레 성과를 높이는 기술이다.

교대 근무 시작

위험할 수 있는 분야에서 일하고 있다면 당신이 속한 팀이 맑은 정신을 유지할 수 있도록 일깨워 주는 기본적인 훈련을 따라 해 보자. 반응을 중단하고 마음을 가라앉혀야 할 때 네 문장의 앞 글자를 딴 S.T.O.P.을 기억하자.

· 하고 있던 일을 모두 멈춰라(Stop)
· 세 차례 숨을 깊게 들이마셔라(Take)
· 어떤 일이 일어나고 있는지 관찰하고 이름을 붙여라. 상황을 묘사하면서 사고의 뇌를 깨우고, 정신을 집중하면서 신경계를 이완하라(Observe)
· 상황을 더 잘 인식하고 균형이 잡혔을 때 일을 계속하라(Proceed)

거친 남자들은 왜 마인드풀니스 훈련을 좋아할까?

안전이라는 주제를 이야기할 때면 나는 마인드풀니스 훈련이 "여성을 위한" 것이라는 오해도 바로잡아야 한다. 「타임」지나 「뉴스위크」에서 마인드풀니스를 다루며 항상 날렵한 백인 여성의 이미지를 표지에 실어서 생긴 편견일지도 모르겠다. 전혀 그렇지 않다. 윌은 수백만 명의 사람들과 함께해 왔다. 그리고 남성과 여성의 비율은 거의 50대 50이다. 대응과 회복탄력성 향상을 위한 기술은 성별이나 민족성, 나이, 직업과 상관없이 수많은 이점을 안겨 줄 수 있다.

우리 경험에 비추어 보면 남성들은 전형적인 교습 프로그램이나 대면 훈련보다 디지털 마인드풀니스 훈련을 선호했다. 기대치가 높은 리더들도 마찬가지였다.

남성들이 디지털 마인드풀니스 훈련을 좋아하는 데는 몇 가지 이유가 있다

누구와도 이야기할 필요가 없다

남자들은 온갖 종류의 일들을 두려워한다. 실패, 스타일이 구겨지는 것, 남성성이 위협당하는 것. 그리고 아마 그중에서도 자신의 감정을 이야기하는 것을 가장 두려워할 것이다. 남성들이 홀로 생각하며 앉아 있는 것보다 전기 충격 요법을 받는 쪽을 택했던 연구를 기억하는가? 남성에게 동반자나 동료, 상사에게 스트레스와 불안, 전반적인 정신적 안녕에 관해 이야기하는 것은 쉬운 일이 아니다.

자기 일정에 맞출 수 있다

모바일 장치를 통해 제공되는 마인드풀니스 훈련은 효율적이고 이용이 편하다. 바쁘고 스트레스가 많은 경영자라도 스마트폰만 있으면 된다. 잠시 옆으로 물러나 몇 분간 자신을 재조정할 수 있게 해 준다. 출근길 기차에서도, 중요한 회의를 앞두고도, 위험한 일을 시작하기 직전에도 훈련할 수 있다.

분노 관리의 문제가 있다

미국 심리학회에 따르면 많은 이가 어느 때보다 "극심한 스트레스"에 대처하고 있다.[6] 그만큼 분노 관리의 문제도 커지고 있다. 실제로 38퍼센트의 사람이 화가 난 채 대부분의 시간을 보낸다는 통계가 있다.[7] 연구에 따르면 남성들은 분노를 표출하도록 훈련받아 왔다.[8] 하지만 분노를 관리하지 못하면 타인에게 공감하고 연결되는 리더는 꿈도 꿀 수 없을 뿐 아니라 집중 자체도 어렵다. "당신을 화나게 하는 이가 당신을 정복한다"라는 말이 있다. 리더는 그래서는 안 된다. 시간이 흐를수록 분노를 더 요령 있게 관리하는 동시에 분노를 느끼는 빈도가 점점 줄어드는 걸 알게 될 것이다. 신경가소성에 감사하자.

승리를 원한다

남자들은 경쟁심이 강한 종족이다. 가장 좋은 상태이고 싶고,

그렇게 보이고 싶고, 그렇게 느끼고 싶어 한다. 상황이 어떻든 경쟁할 수 있다고 믿고 싶어 한다. 나이가 들면서 때로는 신체적 능력과 정신적 이점이 사라졌다는 사실을 받아들이기 어렵다. 하지만 반드시 그래야만 하는 것은 아니다. 마인드풀니스는 회복탄력성을 키워 줄 뿐 아니라 성장하겠다는 마음으로 더 깊이 배우고, 자신을 포함하는 이들을 덜 판단하며 더 받아들일 수 있게 한다.

통증을 줄이는 데 도움을 준다

한 연구에서는 마인드풀니스 훈련을 3일만 해도 통증의 강도와 민감도가 효과적으로 줄어들고 진통 효과가 발생했다.[9] 통증은 우리의 잠과 기분, 집중하는 능력을 망친다. 잘 자자. 통증을 줄이자.

치료가 아니다

리더라면 누구든 정신과 감정의 안녕을 위해 약간의 도움을 받을 수 있다. 그런 사실을 부끄러워할 필요는 전혀 없다. 하지만 나를 포함한 많은 남성에게 긴 의자에 앉아 낯선 이에게 마음을 털어놓는 일은 아마 일어나지 않을 것이다. 물론 치료는 전혀 잘못된 것이 없다. 다만 대부분의 남성이 빠르게 배울 수 있는 대처기술을 익히고 싶어 하며, 타인에게 지나치게 의존하지 않고 그기술을 바로 사용하고 싶어 한다. 우리는 문제를 해결하려는 사람들이다. 그래서 해결책을 쥔 사람이 되고 싶어 한다.

근거 없는 편견은 무너졌다. 체형이나 체격, 성별과 관계없이 누구나 리더가 될 수 있다. 그리고 우리가 최고의 상태를 유지하려면 훈련과 생활 기술이 필요하다.

제12장

숫자를 넘어 데이터 바로보기

우리는 보여 줄 성과가 없으면 수입도 없는 시대에 들어서고 있다.

_산드라 니콜스Sandra Nichols, 아스트라제네카AstraZeneca

건강 관리 기술에서 가장 흥미로운 것은 시간 데이터를 활용할 기회가 늘어나고 있다는 것이다. 매년 진행해야 하는 지루한 직원 건강 위해성 평가를 이제 웨어러블 기기를 비롯한 네트워크 연결 장치나 생체 인식, 의료비 청구 데이터로 보완할 수 있다. 우리는 한순간에 직원 개개인의 필요를 평가하고 디지털 훈련 프로그램을 포함하는 해결책을 "처방"할 수 있는 새로운 시대에 들어서고 있다.

웨어러블 기기를 넘어서

데이터의 원천은 핏빗Fitbit 같은 웨어러블 상품뿐만이 아니다. 가장 흔한 네 가지 만성 질병인 출혈성 심부전, 당뇨병, 고혈압, 만성 폐쇄성 폐 질환을 위한 웨어러블 의료기기도 개발되고 있다. 2015년에만 약 7천2백 만 대의 웨어러블 기기가 출하되었다. 2019년에는 1억5천6백 만 대로 증가할 전망이다.[1]

데이터는 많지만 통찰력이 부족하다

대형 기업들은 보통 자사 직원들에 관한 방대한 데이터를 수집한다. 이러한 데이터는 최근까지 선반에 얌전히 놓여 있었다. 네트워크에 연결된 장치와 그 결과로 수집된 데이터가 있으면 이제 직원 개개인이 필요로 할 때 올바른 해결책을 처방할 수 있다.

인류가 데이터를 자유자재로 다루기 시작한 지 얼마 되지 않았지만 마인드풀니스와 감성지능 연습을 포함하는 디지털 훈련 프로그램이 이런 흐름을 주도할 것으로 예상한다. 마인드풀니스와 감성지능은 둘 다 셀 수 없이 다양한 질병과 아픔을 겪고 있을 때 혹은 성과에 문제가 있을 때 상황을 개선하기 위한 것이다. 맞춤형 치유법을 제공하면서 예방책으로 회복탄력성까지 기르게 하면 직업인들이 삶과 경력을 향상시키도록 도울 수 있을 것이다. 다채로운 과학적 연구가 존재하며, 웨어러블 기기와 생체인식을 통해 측정 데이터를 모으면 건강 상태를 바꾸기 위한 맞춤형 처방이 가능해질 것이다. 몇 가지 예를 소개한다.

수면의 질 향상

당신의 웨어러블 기기가 당신의 수면이 형편없다고 알려 준다고 생각해 보자. 그 기기는 내일도, 모레도, 똑같은 일을 할 것이다. 하지만 수면을 향상시키기 위한 올바른 훈련 프로그램을 추천해 주지는 않는다. 월과 같은 디지털 훈련 상품은 이용자의 필요에 따라 실시간으로 적절한 훈련 프로그램을 추천하면서 그 공백을 메우고 있다.

고혈압 낮추기

요즘 나오는 고혈압 보조 장치는 블루투스 통신이 가능하다. 매일 당신과 당신의 주치의에게 휴식 시 심박수 혹은 혈압이 너무 높다는 걸 일러줄 수 있다. 이제는 안정 시 심박수와 혈압을 낮추는 데 도움이 되도록 당신을 도와줄 프로그램을 추천할 수도 있다. 이 두 수치는 미래의 건강 문제를 미리 가늠하게 하는 선행지표다.

질병에서의 회복

2017년 5월, 월은 타라 쿠시노 박사와 함께 암에서 회복한 성인들이 스트레스와 불안을 덜 느끼도록 도와주는 4주짜리 프로그램을 만들었다. 2016년에는 과민성대장 증후군으로 괴로워하는 환자들을 위한 프로그램도 출시한 적이 있다.

연결된 인간

건강 관리 분야에서 디지털 혁명은 네트워크에 연결된 수천 개의 의료기기가 인간의 몸과 기능을 측정할 수 있는 수천 가지 데이터를 제공하는 것을 의미한다. 의사와 환자들의 연결성을 높이는 이러한 기기는 크게 네 가지로 나누어 볼 수 있다. (1) 애플워치Apple watch와 같은 활동 추적기, (2) 인슐린 펌프 같은 웨어러블 의료기기, (3) 지속성양성기도압CPAP 호흡기 같은 고정 장치, (4) 심박 조율기, 신경 자극기, 피임기구처럼 몸 안이나 피부 아래에 삽입하는 장치다.

과거에는 몸의 상태나 문제를 확인하려면 해당 기기를 살펴야 했다. 하지만 이런 기기에 블루투스 통신 기능이 추가되며 훈련 앱으로 더 많은 데이터를 보내기 시작했다. 이제는 문제가 생겼을 때나 처방약 대신 혹은 처방약에 더해 디지털 훈련 프로그램을 시작해야 할 때를 바로 알 수 있다.

의료체계는 간헐적으로 발생하는 위기를 관리하는 시스템에서 환자와 지속적인 돌봄 관계를 유지하는 시스템으로 변화하고 있다. 기업들이 의료비에서 가장 많은 지출을 만드는 원인을 자세히 살펴기 시작하면서 헬스케어 데이터 플랫폼 발리딕Validic, 휴먼에이피아이HumanAPI 같은 회사는 응용프로그램 인터페이스 APIs를 통해 300개 이상의 기기를 하나의 계정에 연결하는 서비스를 제공하고 있다.[2] 덕분에 이 데이터를 활용하는 맞춤형 마인드풀니스 프로그램은 스트레스와 아픔, 질병과 싸울 수 있는 초능력이 되었다.

직원들의 안녕: 과거 그리고 현재

모든 숫자가 부정적인 방향으로 움직이고 있는 지금이야말로 직원들의 정신적 안녕에 관심을 쏟아부을 적기다.

기업의 전통적인 건강 프로그램은 직원 대부분의 몰입과 신체적 건강에 초점을 맞추어 왔다. 초기에는 이런 흐름이 직원들이 스스로 선택할 수 있는 대안을 이해하고 자신의 건강과 안녕을 능동적으로 관리하도록 격려하는 데 중요한 역할을 했다. 일찍부터 전통적인 프로그램을 제공했던 기업들은 대체로 점수 산출과 보상 프로그램을 통해 직원들의 참여를 유도했다. 당신의 건강 위험을 평가하세요. 점수를 드립니다. 활동 추적기를 켜세요. 점수를 드립니다. 영양에 관한 자료를 읽으세요. 점수를 드립니다. 스트레스 받을 때 주물럭거릴 고무공 드립니다. 누군가에게 던지지는 마세요. 사람들은 조그마한 장난감과 보상, 게임적 요소를 좋아하며, 이런 장치는 사람들을 움직이는 좋은 방법이다. 많은 프로그램이 심지어 건강 점수를 현금으로 바꾸어 주기도 한다. 사람들은 현금도 좋아한다. 당근을 주는 프로그램은 많다. 문제는 에드워드 데시Edward Deci, 리처드 라이언Richard Ryan, 마크 레퍼Mark Lepper 같은 심리학자들이 40년간 연구한 결과 금전적인 외적 보상이 실제로는 내재적 동기, 즉 발전에 대한 자기만족을 약화한다고 밝혀졌다는 것이다.[3-5]

예상대로 이제는 많은 프로그램이 채찍을 가하는 쪽으로 변하고 있다. 자신을 돌보지 않는 직원들에게 급여 공제를 더하거나 추가 비용을 부과하는 식이다. 직원 참여 프로그램 덕분에 스트레스가 심한 직원들 그리고 질병에 걸릴 위험이 커서 의료 비용도 많이 들어갈 직원들을 파악하고 구분하기가 쉬워졌다.

초기의 접근 방식은 중요하지만, 전통적인 프로그램에는 몇 가지 한계가 있다.

1. 수동적인 프로그램도 도움은 되지만 직원들에게 반복할 수 있는 생활 기술을 훈련하지 않는다.
2. 이런 프로그램은 보통 개인 맞춤형이 아니다. 연구에 따르면 포괄적이고 두루 적용할 수 있는 접근 방식은 참여 의지를 빠르게 떨어트리는 경향이 있다.[6]
3. 하나같이 스트레스 회복탄력성과 정신적 안녕에 대한 내용

이 없는데, 본질적으로 신체적 안녕과 떼어 놓을 수 없는 것들이다. 마음을 돌보는 것은 몸을 돌보는 것 이상으로, 적어도 그만큼은 중요하다.

4. 문화에 미치는 영향이 제한적이다. 단계별 프로그램과 '기업의 도전' 프로그램에는 한계가 있다. 직원들이 직장에서 받는 스트레스가 대부분 일방적으로 지시하는 문화와 더 싸고 빠르게 일하는 방식 때문이라면, 직원들의 화합에 초점을 맞추는 것이 연대감과 소통을 발전시키는 데 도움이 된다.

버신 바이 딜로이트의 연구에 따르면 이러한 이유로 인해 고용주들도 단순히 건강에 집중하는 대신 직원들의 "안녕과 인간적 성과"에 초점을 맞추는 프로그램으로 관심을 돌리게 되었다.[7] 마인드풀니스 훈련은 직원들의 참여를 확보할 수 있는 열쇠다. 직원들이 반복할 수 있는 생활 기술을 배우고 가장 필요할 때 적용할 수 있게 하는 개인 맞춤 행동 기반 학습으로 초기 접근 방식의 한계를 뛰어넘는다. 마인드풀니스 훈련은 실천 과정에서 팀이 하나로 뭉칠 기회도 제공한다. 공통의 언어를 만들어 어려운 문제에 관해서도 마음을 터놓고 솔직한 대화를 나눌 수 있게 한다.

우리는 마인드풀니스 훈련이 세계 최고의 몇몇 기업에서 리더 개개인과 팀의 소통 방식에 진정한 변화를 일으키는 것을 목격했다. 이러한 변화는 조직 전체의 문화에 영향을 미친다. 최근 연구의 결과는 다음과 같다.

- 94퍼센트의 리더가 마인드풀니스가 전반적인 안녕을 향상시켰다고 답했다.[8]
- 83퍼센트는 심혈관 건강이 개선되었다.[9]
- 50퍼센트는 감기와 독감 증상이 줄어드는 것을 경험했다.[10]
- 30퍼센트는 세포 수준에서 노화 지연이 확인되었다.[11]

월의 디지털 훈련 프로그램 중 93퍼센트는 이용자들의 신체적-정신적 안녕을 높여주고 목표를 성취할 수 있게 도와준다는 평가를 받았다. 덕분에 세계적으로 수백 곳에 이르는 고객사의 직원 개개인이 어떤 프로그램에서 효과를 보고 어떤 프로그램에서는 효과를 보지 못했는지 엄청난 통찰력을 얻게 되었다. 스트레스 감소와 불안 진정, 불면증 관리, 불편한 관계 개선, 만성 통증 관리와 관련된 프로그램이 가장 많이 실행되었다는 사실도 중요하다.

다양한 연구를 보면 이러한 훈련이 기업의 재무제표와 문화에 모두 실질적인 변혁을 일으킨다는 사실도 확인할 수 있다.

- 결근이 76퍼센트 줄었다.[10]
- 이직률이 46퍼센트 감소했다.[12]

- 생산성과 성과가 12퍼센트 향상되었다.[12]
- 애트나에서는 직원 1인에게 들어가는 연간 평균 의료 비용이 2천 달러 감소했고, 마인드풀니스 훈련을 마친 직원마다 연간 3천 달러의 생산성 향상 효과를 얻었다.[12]

애트나는 1만3천 명이 넘는 자사 직원에게 마인드풀니스 기술을 훈련하는 것을 포함해 이 분야의 연구를 선도하고 있다. 애트나의 CEO 마크 베르톨리니Mark Bertolini는 다음과 같이 설명했다. "심박변이가 극적으로 줄었다. 한 달에 생산성이 69분 증가했다. 이듬해에는 실제로 회사의 의료 비용이 7.5퍼센트 감소했다. …… 갑자기 다른 기업들이 일터에서의 마인드풀니스에 관해 이야기하기 시작했고 중요성을 말하기 시작했다. 이러한 논의가 미국 기업들이 정체되어 있던 부분을 뚫어 주었다. 이제는 마인드풀니스를 이야기하지 않으면 CEO가 될 만큼 멋지지 못한 거다."

우리가 자체적으로 12개월 동안 실시한 사례 연구 6건의 결과도 비슷했다. 이직률이 44퍼센트까지 감소했고, 직원들이 매긴 만족 점수가 올라갔으며, 이전 연도와 비교하면 직원 1인당 결근일이 이틀씩 줄었다.

게다가 회사 내 다른 리더들에게 영향을 미칠 기회도 있다. 마인드풀니스 훈련이 감성지능 기술 배양에 미치는 영향을 분석한 연구들이 있다. 마인드풀니스리더십협회Institute for Mindful Leadership의 한 연구에서는 다음과 같은 사실이 밝혀졌다.[13]

· 43퍼센트가 의사 결정 능력이 향상되었다고 보고했다.
· 86퍼센트는 자신과 타인에게 더 귀를 기울이게 되었다.
· 68퍼센트는 압박감을 느끼는 상황에서도 더 명확하게 반응할 수 있었다.
· 93퍼센트는 더 혁신적으로 변했다고 보고했다.

행복한 직원들은 대조군과 비교해 생산성이 12퍼센트 높았지만, 행복하지 않은 직원들은 10퍼센트 더 낮았다는 연구 결과가 있다.[14] 생산성에서 22퍼센트나 차이가 벌어지는 것이다. 당신 회사의 평균 월급으로 계산해 보라. 미국 평균 월급인 4만6천 달러로 계산해도 행복한 직원들이 보여 준 생산성 향상의 가치는 충격적이다. 대부분의 기업이 반대의 충격에 대처하는 중이다.

직원들을 위해 데이터를 기반으로 균형 잡힌 건강 및 정신적 안녕 프로그램을 만들면 몇 번이고 비용 이상의 효과를 볼 수 있을 것이다. 직원들이 공동체를 형성하는 동시에 필요에 따라 편리하게 이용할 수 있도록 실시간 프로그램과 디지털 프로그램을 모두 제공하면 더욱 효과가 클 것이다.

가장 뛰어난 성과를 내는 기업들이 마인드풀니스 훈련을 수용하는 것은 놀랄 일이 아니다. 애플, 구글, 페이스북, 링크드인, 세일즈포스 같은 실리콘 밸리의 얼리어답터들도 여기에 포함된다. 하지만 뉴에이지풍의 기술 기업에서나 가능한 일이라고 넘겨짚지는 말자. 미국 국립보건원은 미국의 모든 직장인 중 8퍼센트, 즉 1천8백만 명의 성인이 명상을 한다고 추정한다.[15] 여기에는 각 산업 분야의 전통적 강자인 제너럴일렉트릭, 프록터앤드갬블Procter & Gamble, 타겟Target, 제너럴밀즈General Mills, 룰루레몬Lululemon, 포드, 다우케미칼Dow Chemical, 아메리칸익스프레스American Express, 애트나, 존슨앤존슨, 프라이스워터하우스쿠퍼스, 맥킨지, 인텔, 하바스Havas 그리고 포춘 500대 기업의 45퍼센트가 포함된다. 선도적인 기업들은 직원의 건강과 행복이 향상되길 원한다. 성과와 생산성이 향상되길 원한다.

전문가의 팁: 애트나의 회장이자 CEO인 마크 베르톨리니는 목 부위가 다섯 군데 골절되어 목숨이 위험했던 스키 사고 이후 마인드풀니스 덕분에 살 수 있었다고 주장한다. 그는 이렇게 말했다. "건강한 사람은 생산적입니다. 생산적인 사람이 영적으로, 사회적으로, 경제적으로 성공할 수 있습니다. 그리고 성공할 수 있는 사람들은 행복합니다. 모두 조금 더 행복해지고 모두 조금 더 성공할 수 있다면 세상이 더 좋아지지 않을까요?"

3부

관계를 돌보는 감성지능

제13장

당신을 위한 감성지능 기술 익히기

너무 크게 말하면 알아들을 수 없다.

- 랄프 왈도 에머슨Ralph Waldo Emerson

우리는 스트레스와 혼란, 압박 속에서 끊임없는 변화를 관리하는 법을 집중적으로 익혔다. 이제는 내가 'CML 워크숍'에서 가장 좋아하는 부분인 감성지능을 다룰 때가 왔다. 미국의 비즈니스 잡지 「패스트컴퍼니Fast Company」가 감성지능을 리더들에게 반드시 필요하며 급속히 퍼지고 있는 기술이라 칭한 이유는 바로 이 순간에도 스트레스가 개개인과 기업 문화에 계속 영향을 미치고 있기 때문이다.[1] 세계경제포럼이 미래 일자리 보고서Future of Jobs Report에서 2020년에 필요한 직무 기술 열 가지 중 하나로 감성지능을 꼽은 이유이기도 하다.[2]

감성지능은 새로운 지능지수IQ이며 실은 더 중요하다

모든 리더와 조직, 가족이 끊임없이 변하는 환경에서 일한다. 마인드풀니스와 감성지능 훈련은 개개인과 기업 문화의 두 가지 측면에서 모두 업무 규범에 구조적 변화를 일으킬 수 있게 도와준다.

월에서는 이러한 변화가 '평범'에서 '비범'으로 이동하는 것으로 생각한다. 연구에 따르면 평범한 것은 대부분의 개인이 살아가는 그리고 대부분의 기업이 용인하는 상황을 말한다. 부정적인 성향, 험담, 정치, 그리고 리더와 팀, 기업 문화를 끌어내리는 투명성과 신뢰의 부족이 여기에 해당한다.

평범	비범
스트레스를 받고 불안해하며 화가 난	차분하게 집중하며 친절한
단절된	협력적이고 창조적인
압도된	자율적인
수동적으로 반응하는	상황을 주도하는
잠이 부족하고 피곤한	피로가 없고 힘이 넘치는
산만하며 안전을 위협받는	상황을 파악하며 안전한

위의 표를 보면 당신이 두 가지 분류 중 어느 쪽에 속하는 행동을 더 많이 하는지 파악하는 데 도움이 될 것이다. 주의와 인식 훈련은 더 현재에 존재하도록 도와준다. 일단 집중하고 인식하기 시작하면 '비범'해지는 것을 목표로 삼게 된다.

CML 워크숍에 참여한 리더들이 생각하는 '평범'은 다음과 같았다.

극적인 사건	탓하기	부정확한 말
신뢰할 수 없는	불확실한 목표	회의에 끌려다니는
숨기는	우리 vs. 그들	위협당하는 느낌의
압도당한	수비적인	지나치게 심각한
옳고 그름을	험담	편향된
판단하는	위험 회피 성향의	타성에 젖은
자기중심적인	갈등을 피하는	스트레스에 짓눌린
정치적인	단절된	부정적인/회의적인
공을 가로채는	결핍	충동적인
우유부단한	고립된	평범함을 용인하는
합리화하는/	짐작	불만스러워하는
정당화하는		
통제하는		

'비범'은 다음과 같았다.

자애로운	겸손하지만 강력한	드러내는
투명한	자존심이 강한	미친 듯이 웃기고 재밌는
간결한/정확한	솔직한	약점을 드러낼 수 있는
직접적인	집중하는	용감한
공감하는	성장하는/배우는	투지가 넘치는

자비로운	소속 집단에서 가장	기회에 강한
진심 어린	우수한	힘을 북돋아 주는
협력적인	헌신적인	갈구하는
결단력 있는	100퍼센트 책임지는	건강한
현재에	데이터에 기반한	다양한
존재하는	호기심이 많은	유념하는

우리는 모두 하루에 몇 번씩 평범함으로 미끄러진다. 마인드풀니스는 당신이 주의력을 잃고 리더의 자리에서 미끄러졌을 때 알아차리는 능력을 향상시킨다. 그리고 특정한 의도와 가치로 이끌어 나가는 포인트로 돌아올 수 있는 닻을 제공한다.

리더가 되기는 쉽지 않고 비범해지기는 더욱더 어렵다. 하지만 평생의 목표이자 생활 방식으로 삼으면 당신 자신과 당신의 직원들, 당신의 임무를 생각하는 방식을 바꿀 것이다.

이제 우리는 감성지능이 무엇인지, 왜 필요한지, 어떻게 스스로 기술을 익힐 수 있는지 살펴볼 것이다. 오늘날 복잡한 일의 특성상 리더들은 직원들의 신체적-정신적 안녕을 중요하게 여기고, 장래가 유망한 리더들을 가려내어 조언하면서, 효과적인 업무 처리와 대인관계 및 자기 성찰 기술에서 본보기가 되어야 한다. 그래야 조직도 지속 가능한 성공을 위한 단단한 토대를 구축할 수 있을 것이다.

감성지능의 정의

대니얼 골먼이 감성지능을 대중적으로 알리긴 했지만, 1990년 이 개념을 처음으로 제안한 이는 피터 샐로비Peter Salovey 교수와 존 메이어John Mayer 교수다. 샐로비 교수는 예일 대학교 총장(원서에는 학장provost으로 나와 있지만, 2013년부터 현재까지 총장을 맡고 있음—옮긴이)이자 심리학과 크리스 아지리스 교수(예일대학교 교수를 지낸 행동과학자 겸 경영학자인 크리스 아지리스Chris Argyris를 기리는 교수직 명칭—옮긴이)다. 존 메이어는 스탠퍼드 대학교에서 박사후연구원으로 재직했고 지금은 뉴햄프셔 대학교의 심리학과 교수다. 그들은 감성지능을 "자신과 타인의 감정과 정서를 주시하고, 둘의 차이를 식별하며, 생각하고 행동하는 데 이러한 정보를 사용하는 능력"이라 정의했다.[3] 이 정의의 세 가지 측면을 살펴보자.

1. 주시한다monitor는 것은 자신의 감정과 정서를 인식하고 명확히 안다는 것을 의미한다. 그 자체만으로도 무리한 요구다. 너무 많은 리더가 자동 주행 모드로 하루를 살아간다. 자기 자신의 감정이나 생각과는 떨어져 있다. 타인도 주시해야 한다는 것은 일단 잊어버리자.

2. 차이를 식별하거나 구분하려면 당신이 교류하는 사람들과는 다른 당신만의 관점과 정서가 있어야 한다. 이 역시도 엄

청난 도전이다. 너무 많은 리더가 감정적 싸움에 말려들고 무슨 일이 벌어지고 있는지 이해하지도 못한 채 한쪽 편을 고르게 된다. 인간은 자신만의 부족을 이룬다. 상황이 가열되거나 도전을 받으면 우리는 우리 쪽이 옳다는 것을 증명하기 위해 타인을 끌어들이려 한다.

3. 생각하고 행동하는 데 이러한 정보를 사용하는 것은 리더십의 핵심이다. 정보에 근거한 결정을 내리기 위해 감정이 아닌 데이터를 활용하는 것이다.

마음을 챙기고 현재에 존재하면서 의식하는 것이 감성지능을 구성하는 핵심 요소다. 우리는 이러한 토대 위에 만들어지는 감성지능의 다섯 가지 측면을 모두 살펴볼 것이다.

하지만 그에 앞서 감성지능이 필요한 이유를 생각해 보자. 리더들을 고용할 때 우리는 그들이 준비된 채 나타나길 기대한다. 영화 「스타워즈」 시리즈의 루크 스카이워커Luke Skywalker처럼 뭐든지 할 각오가 되어 있어야 한다. 제다이 마스터는 평온하고 차분하면서 침착해야 한다. 머리 모양도 멋져야 한다. 싸울 준비가 되어 있어야 한다. 그래야 강력한 포스가 함께한다.

어두운 면으로 미끄러지다

몇십 년간 끊임없는 변화와 혼란에 대처해 온 리더들은 어두운 면으로 미끄러지기 쉽다. 스스로 깨닫지도 못한 채 다스베이더가 되어 있을 수 있다. 시간이 흐르면서 괴물이 된다. 날 열 받게 하지 마라. 기분이 좋지 않다. 덥다. 피곤하다. 보다시피 검은 옷을 입고 있다. 누구든 죽여 없앨 기회를 찾고 있다. 자네, 나는 어두운 세계에 산다네.

10년이나 20년이 지나면 너무나 많은 이가 분노하며, 좌절하고, 경쟁심을 불태우는 상태에 빠지는 것을 쉽사리 이해하게 된다. 분기마다 나오는 숫자에 살고 죽는다. 가끔 누군가를 죽이고 싶다는 생각이 든다. 그냥 그렇게 된다. 당뇨병, 비만, 심장병 같은 "질병 상태"는 과식이나 폭음, 줄담배처럼 수십 년간 몸에 쌓인 미세외상의 결과다. 긴 세월 동안 누적된 신체적 스트레스 요인이 대가를 치르게 한다. 우리가 "재직 중"이라 부르는 상태에서도 비슷한 흐름을 찾을 수 있다. 직장인 대부분이 자신의 업무에서 계속 유사한 미세외상을 입는다. 영업 분야라면 끊임없는 거절에 대처하는 일을 예로 들 수 있다. 의료 분야에는 매일 환자들의 위기나 죽음을 맞닥뜨려야 하는 공감 피로compassion fatigue의 문제가 있다. 제조와 건설 분야에서는 만성적 통증을 관리해야 한다. 스트레스 요인이 몇 년간 쌓이면 정신적 안녕에도 해를 미친다. 삐끗하면 경계선을 넘어 어두운 면으로 이동하게 된다.

대처 능력과 회복탄력성이 약해지면 경계선을 건너게 된다. 시간이 흐를수록 스트레스 수준에 적응되어 종종 자신은 감지하지 못하지만, 모든 직업에서 일어나는 일이다.

나도 같은 일을 겪었다. 사람을 미치게 하는 문제가 있었다. 요통이었다. 잠을 자지 못했다. 오래된 일상을 몇 년이나 반복하면서 타인의 감정을 그다지 보살피지 못하는 사람이 되었다. 대신 도달해야 하는 숫자들이 있었다.

알고 보면 어두운 면은 그다지 즐겁지 않다. 매일 데스스타 Death Star(스타워즈에 등장하는 거대 전투용 인공위성. 다스베이더가 속한 제국군의 무기—옮긴이)를 오가는 중에 상황이 더 심각해질 수도 있다. 리더들은 자신이 이끄는 팀, 프로젝트, 결정의 무게는 물론이고 종종 회사 전체의 무게까지 느끼는 경향이 있다. 외로워질 수 있다. 건강과 정신적 안녕이 무너질 수 있다. 기억하자. 다스베이더는 천식과 얼굴의 상처 때문에 사악해 보이는 헬멧을 썼다. 아, 그리고 친구가 없는 것도 문제였다.

최전선에서

리더들은 기업의 전사이며 많은 회사가 세계 비즈니스 지형을 묘사하기 위해 VUCA라는 약어를 사용한다. 1990년대 미국 육군 대학원에서 냉전이 끝난 후 더 "불안정하고volatile 불확실하며

uncertain 복잡하고complex 모호ambiguous해진 상황"을 설명하기 위해 처음 사용한 단어다. VUCA는 오늘날 직장에서의 경험에도 들어맞는다. 변화가 급속히 그리고 대규모로 일어난다. 미래는 정확히 예측할 수 없다. 다양한 요인이 도전을 복잡하게 하며 문제와 해결책 모두 명확한 게 거의 없다. 일터에 온 것을 환영합니다!

그림 13.1 기업의 전사

VUCA는 곧 우리의 직장 생활을 말한다. 하지만 지구 온난화와 정치, 테러, 데이터 해킹, 신원 도용 등으로 인해 가정생활도 점점 그 연장이 되어가고 있다.

리더가 되기는 어렵다. 사업가나 부모가 되는 것은 물론이고 그냥 한 사람의 인간이 되기도 어렵다. 우리 뇌는 생존을 위한 기이한 특성인 부정적 편향으로 연결되어 있다. 위협을 찾기 위해 주위를 꾸준히 탐색할 준비가 되어 있다. 가혹한 조건에서 생존하기 위해 필요한 태도지만 현대의 삶에는 상당히 방해가 된다. 내면의 비평가들에게 기름을 붓는다. 계속 스트레스를 받다 보면 삶이 우리에게 요구하는 것이 자신의 대처 능력을 넘어선다는 생각이 커진다. 또한 우리는 자신이 죽을 것을 알고 태어나는 유일한 생명체다. 예정된 죽음도 우리를 괴롭힌다.

많은 기업이 보기에 세상은 그들이 적응할 수 있는 속도보다 더 빨리 변하고 있다. 다국적 기업의 최고운영책임자였던 나는 전 세계에 있는 115개의 사무실에서 매일 300개가 넘는 이메일 공격을 받곤 했다. 부지런히 없애도 다음 날 아침이면 200개가 넘는 메일이 다시 나를 기다리고 있었다. 너무나 많은 날을 "지금 농담하는 거지?"라고 생각하며 시작했다. 게다가 많은 이가 자기 회사만 상대하지 않는다. 우리는 고객, 공급업체, 규제기관, 가족 구성원이 포함된 생태계를 꾸리고 있다. 그리고 이들 모두 쉴 새 없이 우리 세계와 부딪히는 자신들만의 포괄적이고 연결된 VUCA 세계를 운영한다. 생각만 해도 불안과 요통, 불면증이 생길 수 있다.

영감을 주는 리더

업무 규범이 바뀌는 오늘날의 환경에서 회복탄력성을 발휘하려면 상당히 특별한 리더가 필요하다. 리더들에게 자신의 경력에 가장 큰 영향을 미친 멘토의 특징을 묻자 다음처럼 영감을 주는 목록이 만들어졌다.

포용력 있는	실행 가능한 피드백	유익한
존경할 만한	몰두하는	함께 만들어 가는 사람
진실성	박식한	협력적인
인내심이 강한	선견지명 있는	전문 지식
배려하는	공감대를 형성하는	열린 마음을 가진
긍정적인	너그러운	안정적인
듣는 사람	편견 없는	이타적인
전달자	지위를 따지지 않는	침착한
영감을 주는	현재에 집중하는	진심 어린
직접적인	정직	겸손한
진취성	매력적인	정확한
힘을 주는	자존심을 세우지 않는	동기를 부여하는
친절한	자격이 있는	상황을 주도하는
공감하는	자애로운	믿음직한
자비로운	자신감 있는	열심히 일하는
자각하는	코치	웃긴/재미있는
장악하는	결단력 있는	분석적인
투명한	관계를 구축한다	멘토
취약한	전략적인	몰두하는

항상 배우는	인간	도와주는
감성지능이 높은	회복탄력성이 뛰어난	다가가기 쉬운
모범을 보인다	개방적인	영향력
탁월함	반응을 보이지 않는	결과 지향적인
신뢰	**영리한**	한계를 아는
윤리적	외교적	실수를 인정하는
심오한 가치	사소한 일에 연연하지 않는	책임을 지는
논리정연한		말을 행동으로 옮기는
집중하는	사회적 기술이 뛰어난	
용감한	**맞춤법을 지키는**	
간결한	차분한	
	호기심이 많은	

당신은 어떨지 모르겠지만 나는 이런 사람을 위해 일하고 싶다. 리더라면 누구나 본받고 싶어 할 인상적인 목록이다. 개인적으로는 트위터에서 동료들에게 망신을 주거나 해고하지 않기를 비롯해 몇 가지를 더 덧붙이고 싶다. 하지만 넘어가자.

위의 목록에서 지능지수와 관련이 있는 자질은 몇 개나 될까? 해당하는 항목을 **굵은 글씨**로 표시했다. 84개 자질 중 8개, 즉 10퍼센트에 불과하다. 또한 목록에 "엑셀을 끝내주게 다룬다"나 "예산을 어떻게 처리해야 하는지 안다"는 없다는 것을 알아챘을 것이다. 중요한 자질이긴 하지만 이 목록에 들어갈 일은 없다.

우리가 CML 워크숍 중 진행한 이 조사는 제대로 설계된 연구라 할 수는 없지만, 그 결과는 엄격한 과정을 거친 연구와 일치한다. 대니얼 골먼은 『EQ 감성지능』에서 3백 개가 넘는 회사의 데이터를 활용해 최고 실적을 내는 직원들과 평범한 직원들을 구분하게 하는 감성지능의 특성을 밝혔다.[4] 최고 실적을 내는 직원들은 지적 능력에서 평범한 직원들보다 27퍼센트 높은 평가를 받았다. 지금 지능이 중요하지 않다고 이야기하는 것은 아니다. 하지만 감성지능의 격차는 지적 능력의 두 배에 달해 최고 실적을 내는 직원들이 평범한 직원들보다 54퍼센트 더 높았다. 관리직부터 영업직, 기술직에 이르기까지 모든 직무에서 일관된 결과였다.

골먼은 여기서 한발 더 나아가 지적 능력과 기술적 능력이 문턱에 해당하는 역량임을 알아냈다. 다시 말해, 어떤 역할을 맡든 회사에 이바지하려면 특정 수준을 넘겨야 하는 역량이다. 친구야, 우리는 똑똑해져야 해. 하지만 일단 문턱을 넘어서면 지능지수와 관련이 있는 인지적 역량이나 기술적 역량을 키울 때보다 감성지능과 관련이 있는 정서적 역량을 키울 때 성과가 좋아진다.

골먼은 또 다른 연구에서 기술기업을 대상으로 최고 성과를 내는 직원들과 평균적인 직원들의 차이점을 조사했다. 그리고 가장 중요한 역량으로 꼽힌 6개 항목 중 4개, 즉 67퍼센트가 감성지능과 관련이 있다는 사실을 발견했다.[5]

1. 성취 의욕과 기준

2. 영향력

3. 개념적 사고(지능지수)

4. 분석력(지능지수)

5. 진취성

6. 자신감

비슷하게, 연구자 잭 젠거와 조셉 폴먼은 30만 명이 넘는 직장인에게 자신의 성공에 가장 큰 영향을 미쳤다고 생각하는 기술이 무엇인지 물었다. 조사 결과 16개 기술 중 9개, 즉 56퍼센트가 감성지능과 관련이 있었다.[6]

성격:

1. 정직함과 진실함을 드러낸다

개인 역량:

1. 기술적/직업적 전문 지식을 보여 준다(지능지수)

2. 문제를 해결하고 쟁점을 분석한다(지능지수)

3. 혁신한다(지능지수)

4. 자기계발을 실천한다

결과 얻기:

1. 결과에 집중한다(지능지수)

2. 도전적 목표를 설정한다(지능지수)

3. 주도권을 쥔다

대인 기술:

1. 광범위하게 자주 소통한다

2. 다른 사람들에게 영감을 주고 동기를 부여한다

3. 관계를 구축한다

4. 다른 사람들을 발전시킨다

5. 함께 작업하면서 팀워크를 조성한다

변화 이끌기:

1. 전략적 관점을 발전시킨다(지능지수)

2. 변화를 지지한다

3. 소속된 집단과 외부 세계를 연결한다

심지어 감성지능은 대부분의 남성이 생각하는 남자다움에도 적용된다. 월리스 바크만Wallace Bachman이 1988년 발표한 연구에 따르면 미국 해군에서 가장 뛰어난 지휘관들은 낮은 평가를 받은 동료들보다 감성지능이 더 높았다.[7]

경기장이 평평해진다

모두 말이 되는 얘기다. 인터넷 검색 엔진은 지능지수로 경쟁하던 운동장을 평평하게 만들어 왔다. 직원들을 채용할 때는 더 똑똑해지길 기대한다. 500명이 모여 있는 회의장에 들어섰는데 회의에서 논의되는 주제에 관해 아무것도 모를 수 있다. 하지만 구글을 이용해 10분 이내에 가장 중요한 쟁점과 찬반양론, 인정받는 연구, 모범 사례 등을 파악할 수 있다. 제 몫을 하기 위한 문턱은 넘어선 것이다.

이것이 바로 감성지능 기술에 대한 수요가 그토록 높은 이유다. 당신의 회사는 멍청이들을 고용하는가? 아니라고? 똑똑한 직원들보다 30퍼센트 적은 비용으로 멍청이들을 고용할 수 있다면 어떨까? 그래도 안 된다고? 물론 안 된다. 우리는 리더들이 똑똑할 것이라 기대한다. 지능지수는 이미 차고 넘친다. 하지만 우리에게는 기본적인 성과를 내는 데에서 더 나아가 압박감 속에서도 사람들을 이끌고, 타인을 이해하고 더불어 행동하며, 다른 사람의 말에 귀 기울이고 피드백에 개방적이며, 사려 깊은 결정을 내리고, 직접 본보기가 되어 영감을 안겨 줄 수 있도록 감성지능 기술을 갖춘 많은 리더가 필요하다. 빌 조지Bill George가 『최고는 무엇이 다른가』에서 설명한 것처럼 우리가 20세기에 필요로 했던 리더와 21세기에 필요로 하는 리더의 유형에는 엄청난 차이가 있다(그림 13.2).

20세기 리더와 21세기 리더의 차이

특징	20세기 리더	21세기 리더
이미지	카리스마가 있는	목적 지향적인
초점	미국 중심	국제적 시야
동기	사적인 이익 추구	조직의 가장 큰 이익
경험	완벽한 이력서	시련을 통한 학습
시간 인식	단기	장기
조직적 접근	계층적 리더십	분산적 리더십
가장 큰 강점	지능지수	감성지능
개인 성과 측정	외적 타당성	본질적 기여

그림 13.2 20세기 리더와 21세기 리더의 차이

출처: George(2015), p. 186. 빌 조지와 와일리의 허락을 받고 수록

오늘날 세계에서는 리더들이 자기를 인식하고, 더 노련하게 자신의 감정을 관리하며, 팀에 동기를 부여하고, 타인을 존엄한 인간으로 이해해야 한다는 요구가 있다. 나쁜 소식은 오늘날 우리에게 이런 리더가 부족하다는 것이다. 좋은 소식은 훈련을 통해 감성지능 기술을 기를 수 있다는 것이다.

삶을 바꾸기 위해 당신이 집중하는 대상을 바꾸어라

영국의 철학자 앨런 와츠Alan Watts는 "삶의 진정한 비결은 당신이 지금 여기서 하고 있는 무언가에 완전히 몰입하는 것이다. 그리고 그것을 일이라 부르는 대신 놀이라고 인식하라"는 말을 남겼다. 계속 호기심을 가지라는 말을 매력적으로 표현한 것이다. 매 순간을 다시 오지 않을 순간처럼 대해야 한다. 많은 사람이 매일 밤 별을 보며 당연하게 생각한다. 경험이나 파트너, 동료에 관해서도 마찬가지로 생각한다. 사람들은 하루하루 타인과 연결되길 원하고, 도움을 구하며, 자신의 영혼을 드러낸다. 그리고 항상 스마트폰을 확인하려 시선을 돌린다. 우리 자신이 현재를 살아가도록, 조금만 더 호기심을 가지도록, 지금 일어나고 있는 일을 온전히 경험하도록 훈련한다면 어떨까? 알베르트 아인슈타인이 쓴 것처럼 "중요한 것은 질문을 멈추지 않는 것이다. 호기심은 그 자체로 존재 이유가 된다. 영원성, 생명, 삶의 놀라운 구조를 생각하는 사람은 경외심을 느낄 수밖에 없다. 매일 이런 수수께끼를 조금만 이해하려 노력한다면 충분하다."[8] 마인드풀니스와 감성지능 기술은 우리가 매일 아주 조금씩 그런 노력을 할 수 있게 한다.

전문가의 팁: "사회적 기준 이론social baseline theory"에 관한 획기적인 연구는 관계가 우리의 감정을 형성한다는 사실을 보여 준다. 사회적 근접도와 동료 간 유대감은 심혈관 건강을 촉진했고, 불안을 낮췄으며, 스트레스 호르몬의 방출을 억제했고, 편도체의 활성화를 감소시켰으며, 건강과 장수로 이어졌다.[9] 얼굴을 마주한 소통은 이메일 소통에서 잘못된 결론으로 도약하는 것과 달리 감정을 조정하고 에너지를 아낄 수 있게 도왔다. 반대로 업무 환경에서의 사회적 고립은 스트레스와 건강 악화를 유발했다. 이메일이나 문자 메시지, 슬랙 메시지를 생각해 보라. 사람들과 좀 더 직접적으로 교류하는 데 시간을 쓰자.

어떤 대상을 호기심이 넘치는 어린아이와 같은 마음으로 바라보면 매번 새로움을 경험하는 데 도움이 된다. 바로 지금 당신의 손을 들여다보면 이전에는 전혀 보지 못했던 것들을 알아챌 수 있을 것이다. 나이가 들었을 수도 있고, 다쳤을 수도 있다. 이제는 다른 집중 대상을 상상해 보자. 아이가 학교에서 괴롭힘을 당하고 있다는 사실을 털어놓으려 한다. 동료가 유산을 했다. 팀 동료가 일자리를 잃지 않을지 걱정하고 있다. 당신이 현재에 집중하지 않으면 이런 일들도 그냥 지나가 버린다. 인생을 함께 살아가는 사람들의 도움이나 연결 없이 괴로워하게 된다. 더 나쁘게는, 당신이 필요할 때 자신들 곁에 있지 않았던 것을 기억할 수도 있다. 당신은 당장 휴대전화로 주의를 돌리고 싶어 어쩔 줄 모르거나 지금 눈앞에서 일어나는 일 대신 다른 방해물에 신경을 분산하고 있다. 리더인 우리에게는 당신을 신경 쓰고, 당신을 위해 이

곳에 있으며, 당신에게 귀 기울이고, 도움을 주고 싶다는 메시지를 보낼 기회가 늘 있다. 하지만 팀 동료와 진정으로 연결되는 대신 자동 조종 모드나 의식을 놓아버린 상태로 빠져버릴 때가 얼마나 많은가?

감성지능 기술을 익히면 우리 인생에서 순간순간의 의미가 급격히 변하고, 더 중요하게는 우리가 타인에게 갖는 의미도 바뀐다.

방황하는 마음 알아차리기

윌리엄 제임스는 미국의 철학자이자 심리학자였다. 1910년 사망하기까지 19세기 후반을 빛낸 중요한 사상가 중 한 명이었다. 그를 '미국 심리학계의 아버지'라 칭하는 사람들도 있다.

제임스는 마음이 어떻게 작동하는지 이해하려면 반드시 알아야 하는 정신적 과정을 연구했다. 집중했던 영역 중 하나가 "주의attention"였다. 그는 주의를 "확실하고 선명한 형태로 마음을 차지하는 것"이라 묘사했다.[10] 아름다운 묘사다. 사실 마음은 어디든 자기가 가고 싶은 곳으로 우리를 끌고 가버리는 황소 같을 때가 너무 많다.

또한 그는 "상위 주의meta-attention"라는 개념도 탐구했다. 상위 주의란 "주의의 주의, 주의가 방황하고 있을 때 알아차리는 능력"이고 집중력의 비결이다. 방황하는 마음을 되찾아오는 이 능력을 키우면 언제든 주의를 유지하는 능력을 높이는 신경 연결 통로를 만들고 강화하게 된다. 잘 집중하는 사람이 된다. 연습할수록 더 좋아진다.

주의를 알아차리게 되면 마음을 안정시켜 편안하고 기민한 상태를 유지하는 데 도움이 된다. 그렇지 않으면 마음이 방황하는 것이 기본 상태가 된다. 다시 비유하자면, 냉장고 문을 열어 둔 채 방치하는 것과 비슷하다. 기계는 계속 돌아가고 내부에는 문제가 생긴다.

산만해졌을 때 우리 자신을 다잡는 것은 냉장고 문을 닫아서 모터가 더는 미친 듯이 돌아가지 않게 해 주는 것과 비슷하다. 에너지를 아끼면서 감정을 식힐 수 있다. 마음을 차분히 하고 집중하면서 자기 생각을 선택하는 이런 능력은 건강과 행복의 열쇠다. 제임스가 남긴 말처럼 "스트레스와 싸우는 가장 위대한 무기는 다른 생각을 누르고 한 가지 생각을 선택하는 우리의 능력이다."

개인적으로 마인드풀니스와 감성지능 훈련에서 얻은 가장 큰 기쁨은 매일매일을 있는 그대로 즐기게 된 것이다. 걸으며 걷는 것을 즐긴다. 자연을 찾아 자연에 있는 것을 즐긴다. 아이들과 어울려 놀 때는 놀이에 온전히 열중한다. 직장 동료들과는 실제로 연결된다. 귀를 기울이면서 소통하는 데 온전히 집중한다. 한 번에 한 가지에 초점을 맞출 수 있게 되면 이 모든 게 더 쉽고, 심지어 자연스러워진다.

다섯 가지 핵심 요소

골먼은 감성지능에 관한 유명한 연구에서 핵심적인 다섯 가지 영역을 제시했다.[11] 앞으로 이 다섯 가지 요소를 일과 삶을 위한 훈련, 응용과 함께 하나씩 살펴볼 것이다.

1. 자기 알아차림
2. 자기 조절
3. 동기 부여
4. 공감
5. 사회적 기술

이 다섯 가지 요소는 현재에 머무르며 집중하고 능력을 발휘하게 하는 기반인 마인드풀니스 위에 서 있다. 각 요소는 더 건강한 삶을 위한 계단에서 한 단씩을 차지하며, 자기 알아차림이 가장 아래에 위치한다(그림 13.3). 기술을 하나씩 익히며 위로 올라갈수록 더 완성된 리더가 될 수 있다.

더 좋은 삶을 위해 열려 있습니다

감성　지능

사회적 기술

공감

동기 부여

자기 조절

자기 알아차림

마인드풀니스

그림 13.3 천국, 아니면 적어도 감성지능을 향한 계단

　이 계단을 구성하는 모든 단이 각각 삶의 모든 측면에 영향을
미칠 수 있지만 나는 첫 세 개의 단을 자신을 돌보는 감성지능으
로, 나머지 두 단을 타인과의 관계를 돌보는 지능지수로 생각하
기를 좋아한다. 즉 당신의 고객과 동료, 부하, 친구와 가족은 당신
의 공감 능력과 사회적 기술이 발전할 때 가장 큰 혜택을 보게 될
것이다.

제14장

자기 알아차림self-awareness 키우기

삶은 내게 쓸모없는 것을 준 적이 없다. 대신 분노 조절, 불안, 발작, 술,
사랑, 그리고 멍청한 인간들을 향한 진실한 미움을 주었다.

- 인터넷

대니얼 골먼은 『감성지능으로 일하기Working with Emotional In-
telligence』에서 자기 알아차림을 "내면의 상태와 선호하는 것, 자
원, 직감을 아는 것"이라 설명했다.[1]

자기 알아차림은 단순히 나 자신을 아는 것 이상이다. 리더들
이 자신의 강점과 약점, 편견, 직감을 이해하게 할 뿐 아니라 감
정적 경험을 순간순간 꿰뚫어 보게 한다. 감정과 능력을 자유롭
게 확대하고 축소하며 볼 수 있게 해 주는 카메라 렌즈를 갖게 되
는 것과 비슷하다.

"내면의 상태"는 몸과 마음의 연결에서 핵심이라 할 수 있다.

감성지능 기술을 배우기 전에는 "몸과 마음의 연결"이라는 말만 들어도 머릿속에 가장 꼴사나운 히피들이 떠오르곤 했다. 권총의 방아쇠를 당기는 것 같았다. 여기 샌들을 신은 이들이 몰려온다! 하지만 나이가 들면서 점점 더 심해지는 요통 때문에 뭐든 판단을 내리는 태도와 육체노동자 특유의 감수성까지 기꺼이 내려놓게 되었다. 이제는 몸이 어떻게 느끼는지에 따라 기분과 생각, 인내심, 입으로 뱉는 말이 달라진다는 사실을 인정한다. 상식이다. 아프면 아마 정신적 심지가 짧아질 것이다. 잠을 자지 못하면 아마 성격이 나빠질 것이다. 배가 고프면 화를 내거나 "배가 고파서 화가 날 지경"이 되기 쉽다. 몸이 어떻게 느끼는지에 따라 사고방식이나 의사결정, 집중하는 능력이 달라질 수 있다는 기본적인 사실을 이해하면 리더로서 새로운 가능성에 다가가게 된다.

반추하고 계획하라

월은 당신의 자기 알아차림을 탐험할 수 있게 도와주는 8분짜리 일기 쓰기 연습을 제공한다. 타이머를 맞추고 각 주제에 관해 2분씩 써 보자. 시간이 다 될 때까지 손을 멈추지 말고 계속 써야 한다.

나를 뒤흔드는 것은…

내 약점은…

내게 기쁨을 주는 것은…

내 강점은…

몇 분간 당신이 쓴 내용과 당신에게 기폭제trigger로 작용하는 것, 당신의 약점을 되새겨 보자. 리더는 자신이 모든 것에 뛰어나다는 잘못된 믿음에 빠지기 쉽다. 혹은 모든 것에 뛰어나야 한다고 잘못 생각하기도 한다.

전문가의 팁: 에이브러햄 링컨Abraham Lincoln은 미국 남북 전쟁 기간 대통령직을 수행하면서 겪었던 경험을 일기로 남겼다. 약점이나 자신을 화나게 하는 것을 생각할 때는 자신에게 너그러워지자. 계속 일기를 쓰고, 솔직했던 링컨을 떠올리자. 지금 당신이 겪고 있는 일은 아마 생각만큼 나쁘지 않을 것이다.

리더로서 자기 알아차림 기술을 익히는 목적은 자신의 감정을 더 선명하게 알아차리기 위해서다. 어떤 사건이나 환경, 사람을 볼 때 TV가 표준 화질인지 고화질인지에 따라 어떻게 달라지는지 생각해 보자. 무언가를 듣거나 인식할 때 충실도fidelity에 따라

어떻게 달라지는지 생각해 보자. 당신이 경험하는 감정의 선명도를 높이면 그 감정이 생겨났을 때 더 훌륭히 대처하고, 감정이 변했을 때 더 제대로 인식할 수 있다. 당신의 감정적 생활을 통찰할 수 있게 하고 생각과 기분, 성과에 어떤 영향을 미치는지 알게 한다. 감정을 그때그때 더 효과적으로 관리할 수 있는 힘을 준다.

당신이 자기 능력을 온전히 발휘하지 않는 직원과 이야기하고 있다고 상상해 보자. 일반적인 상황이라면 어제 잘 쉬지 못했거나, 통증에 시달리거나, 바로 앞의 회의에서 다루었던 문제에서 벗어나지 못해 피곤할 수 있다. 보통은 이 직원이나 다른 직원들과의 교류가 짧거나 산만했을 것이고, 지금의 대화에서 중요한 요소를 놓칠 수도 있다. 분명히 주제는 파악했겠지만, 당신에게 필요한 내용에만 집중했다면 상대방의 감정, 상대방이 이 대화에서 부족하다고 느끼는 것, 그래서 상대방의 자아가 어떤 영향을 받았는지는 알아채지 못했을 수 있다. 당신은 모든 것을 얻었다고 생각할 수 있다. 하지만 직원은 당신이 모든 것을 놓쳤다고 생각할 수 있다.

여행 계획이나 문서 결재에 관한 대화라면 큰일이 아닐 수도 있다. 그 직원은 아마 당신이 평범한 이들에게 최선을 다하지 않는 데 익숙할 것이다. 하지만 상대방이 아주 소중한 직원이고 지금 회사를 떠날 생각을 하고 있다면 어떨까? 이 대화로 마음을 정했다면? 대화 상대가 당신의 아이였고 막 학교에서 괴롭힘을 당했거나 가슴이 무너지는 일을 겪었다면? 혹은 자살을 고민하는 사람이었다면? 나는 여전히 쌍둥이 누나와 나누었던 마지막 대화를 기억한다. 핵심은 함께 살아가는 사람들과 나누는 모든 교류가 중요하다는 것이다. 모든 교류는 딱 한 번 일어난다. 각각의 교류가 얼마나 중요한지는 시간이 지나서 알게 되거나 영영 모르고 지나간다.

자기 알아차림은 당신이 현재에 머물며 좀 더 규칙적으로 자신을 조정할 수 있게 도와준다. 당신의 약점이 당신에게 불리하게 작용할 때 더 마음을 열고 귀를 기울이도록 도와준다. 그리고 그때그때 경로를 바꿀 수 있게 도와준다. 불필요한 반추를 계속하는 일반적인 상태에 빠졌을 때 마음을 가라앉힐 수 있는 중요한 기술이다.

연습을 시작하면 감정과 행동, 성과가 모두 연결되어 있다는 사실도 알게 된다. CML 워크숍이 진행되는 내내 반복되는 주제다. 골먼은 자기 알아차림과 관련된 세 가지 정서적 역량과 업무 성과 사이에 직접적인 상관관계가 있다고 주장한다. 세 가지 역량을 원 위에 배치해 보자(그림 14.1). 정서 인식력emotional aware-ness이 뛰어나면 좀 더 정확한 자기 평가로 이어진다. 그리고 결과적으로 자신감이 높아진다.[2]

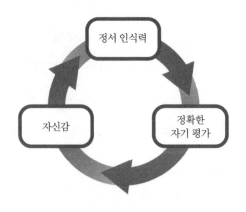

그림 14.1 자신감 사이클

정반대의 작용도 존재한다. 정서 인식력이 부족하면 자기 평가가 덜 정확하거나 아예 존재하지 않는다. 그러면 자신감도 낮아진다. 내 경험에 비추어 볼 때 이 사이클은 긍정적이든 부정적이든 부하 직원이 리더로서 당신을 신뢰하느냐 혹은 신뢰하지 않느냐에 영향을 미친다. 리더들은 두 가지 사이클 중 하나를 꾸준히 실행하는 경향이 있다. 당신은 어느 쪽인가? 왜 의도적으로 하나를 선택하지 않는가?

감이 없는 리더는 모두의 일을 더 어렵게 만든다

리더들의 자기 알아차림 부족을 그냥 바보 같은 소리를 한다고 생각하며 넘어가는 경우가 너무 많다. 하지만 그렇게 간단한 문제가 아니다. 한 가지 예를 보자. 내가 기업에서 한 사업 부문의 최고운영책임자를 맡고 있을 때 지주 회사의 CEO가 방문했다. 버락 오바마가 미국 대통령이 된 직후였다. 그는 본부 직원 300명 앞에서 도저히 공감할 수 없는 이야기를 했다. "처음으로 아프리카계 미국인이 우리 대통령이 되었습니다. 세상이 변하고 있어요. 저는 지난달에 우리의 가장 소중한 고객 30명에게 '새로운 날입니다. 공을 가지고 놀아 봅시다'라는 자필 메모가 담긴 선물 상자를 보냈습니다."

그는 실제로 선물 상자를 하나 가져와 안에 들어 있던 농구공을 꺼내 보였다. 의도는 좋았겠지만, 암묵적 편견의 완벽한 예라 할 만했다. 우리는 이미 그가 무슨 짓을 했는지 알고 있었다. 바로 전날 우리 회사의 가장 큰 고객에게 전화를 받았고 믿을 수 없이 천박한 취향이라는 평을 들어야 했다. 우리 눈앞에는 60대에 접어든 아일랜드 출신 남자가 있었다. 목소리가 크고 성차별주의자이며 상황 파악을 못 하는 회계사로 유명했다. 전날 열린 만찬에서는 술을 너무 많이 마신다는 사실도 드러났다. 이제 그는 최대 고객의 매출을 연간 1억5천만 달러에서 3년 만에 연간 3억 6천5백만 달러로 끌어올린 팀에 관해 이야기하고 있었다. 성과를 내기 위해 밤낮없이 일한 팀이었다. 세계에서 가장 많은 상을 휩쓴 창조적인 팀이었다. 하지만 "고맙습니다"나 "축하합니다"는 없었다. 오로지 자기만족을 위한 "그 회사의 성장"에 관한 이야기와 농구공 선물 이야기는 그가 얼마나 동떨어져 있는지 확인시켜 줄 뿐이었다. "지금 장난해?"라는 귓속말이 방을 채우는 가운데 분위기가 가라앉는 것이 느껴졌다.

50여 명의 직원이 일어나 자리를 떴다. 눈에 바로 보이는 불편한 행동이었다. 그중에는 인사 부문 부사장도 있었다. 아프리카계 미국인 여성으로, 빠르게 성장 중인 우리 회사의 문화를 관리하는 데 중요한 역할을 하는 인재였다. 회의실을 나가던 그는 나를 지나치며 "더는 못 견디겠어요. 고객들에게 수박을 보내지 않은 게 놀랍네요"라는 말을 남겼다. 그래도 CEO는 자신의 자아에 사로잡힌 나머지 자신이 다른 사람들에게 어떤 영향을 미쳤는지 알아채지 못했다. 그가 "내면의 상태와 선호, 자원, 직감"과 그토록 동떨어져 있지 않았다면 전날 술을 너무 많이 마신 탓에 상태가 좋지 않다는 사실을, 암묵적 편견이 자신을 앞서갔다는 사실을, 다른 사람의 도움을 받아 말을 다듬어야 한다는 사실을 알았을 것이다. 그냥 그 순간 명청하게 군 것이 아니었다. 그의 자기 알아차림 부족은 전 세계에 있는 고객들과 직원들에게 지속적인 영향을 미쳤다. 다음날 우리의 가장 큰 고객이 CEO에게 다시는 자기 회사에 찾아오지 말라고 통보했다. 그는 사이드라인으로 밀려나기 시작했다. 그리고 1년 뒤 "은퇴"했다.

리더는 청중에 관해 알아야 한다. 물론 명청한 소리를 하는 것도 피해야 한다. 하지만 동시에 우리의 강점과 약점을 이해하고, 뿌리 깊은 신념으로 이어질 수 있는 조건들도 파악하고 있어야 한다.

전문가의 팁: 타인에게 연민을 느끼는 것은 자신을 인식하고 자기 자신에게 다시 초점을 맞추면서 연민을 느끼기 위한 출발점이다. 존 카밧진이 설명한 것처럼 "자신의 성공이나 실패, 부적절함을 오로지 '나'를 중심으로 구성하는 이야기나 서사는 실제로는 자신을 감옥에 가두는 습관적인 자기 몰입과 자기 중심성을 결합한 소규모 교향곡이라 할 수 있다. '나의 my'라는 렌즈를 통해 모든 것을 볼 때는 다른 사람을 제대로 인식할 수 없다. 당신이 타인에 관해 유일하게 신경 쓰는 것은 그가 당신을 어떻게 생각하는지 뿐이기 때문이다. 따라서 이 렌즈는 좀 유해하다." 자기 알아차림 훈련을 하면 자신을 멈춰 세우고 이런 일상적인 집착을 피할 수 있게 된다.[3]

사고의 뇌와 감정의 뇌 알기

신경과학자들은 몇십 년간 "감정의 뇌"인 편도체와 "사고의 뇌"인 전전두피질prefrontal cortex의 관계를 연구해 왔다. 요약하면 감정의 뇌가 사고의 뇌보다 빠르다. 편도체는 진화 과정에서 인간의 뇌에 먼저 생겨난 부분이다. 투쟁 도피 반응을 관장하는 편도체는 인류가 동굴에서 살던 시절 우리를 안전하게 지켜주었다. 날카로운 이빨을 가진 호랑이가 길을 막아서면 머리를 굴릴 여지도 없이 싸우거나, 도망치거나, 얼어붙었다.

사고의 뇌는 감정의 뇌보다 늦게 발달한 영역이며 더 많은 신경회로를 포함하고 있다. 따라서 반응시간이 감정의 뇌보다 느리다. 몸 전체에 감정 신호가 전해지면 잠시 후 사고의 뇌가 이 신호들을 완전히 인지하고 해석한다. 이런 생리적 경험은 일반적으로 당신이 자기 감정을 의식적으로 인식하기 전에 일어난다.

살면서 "이성을 잃은" 적이 있는 사람이면 비슷한 경험을 했을 것이다. 내가 "내 사무실에서 나가요!"라는 말을 뱉고 말았던 일화를 기억하는가? 사고의 뇌가 움직이기 전에 감정의 뇌가 우리를 휘어잡는다. 또 다른 예는 뜨거운 냄비에 손을 데었을 때다. 감정의 뇌가 먼저 손을 떼라는 도피 반응을 일으키고 사고의 뇌는 몇 초 후에야 무슨 일이 일어났는지 알아챈다.

자기 알아차림을 키우는 가장 좋은 방법은 몸에 의식을 가져가는 연습이다. 몸의 느낌에 따라 감정, 감정이 진행되는 방식 그리고 궁극적으로 선호, 성향, 의사 결정이 달라진다. 연구에 따르면 마인드풀니스 훈련을 통해 스트레스가 줄어드는 것은 편도체에 긍정적인 구조적 변화가 일어나는 것과 관련이 있다.[4] 특정 마인드풀니스 기술을 익히면 편도체와 전전두피질의 연결을 향상시킬 수 있다.

오랫동안 수많은 연구가 진행되어 이러한 개념을 뒷받침하고 있다. 감성지능을 옹호하는 이들이 가장 선호하는 두 가지 연구를 정리했다.

우리는 몸으로 감정을 느낀다

2013년 발표된 연구에서는 서유럽과 동아시아에서 700명이 넘는 참가자들을 다양한 감정을 자아내는 자극에 노출시켰다. 실험 참가자들은 각각의 자극을 경험한 후 생리 활동이 늘어났거나 줄어들었다고 느껴지는 신체 부위에 색칠해 달라는 요청을 받았다. 참가자들은 인식 가능한 열네 가지 신체 반응을 일관되게 분노, 공포, 역겨움, 행복, 불안, 사랑, 우울함 등의 서로 다른 감정과 연관 지었다. 이렇게 만들어진 신체 지도는 인종이나 문화, 언어에 상관없이 매우 일관성이 있었다. 참가자들은 일관된 신체 반응으로 감정을 느끼고 경험했다.[5] 마음은 우리의 정신 상태뿐 아니라 신체 상태도 조정한다.

직감은 이해보다 빠르다

말콤 글래드웰은 『블링크』에서 '아이오와 카드 연구Iowa Card Study'로 알려진 도박 실험을 소개했다.[6] 이 연구 역시 의식적인 인식이 일어나기 전 감정이 의사 결정을 주도한다는 사실을 보여 준다. 연구에서는 붉은색 카드 두 벌과 파란색 카드 두 벌, 총 네 벌의 카드를 사용했다. 게임에서 카드를 뒤집을 때마다 참가자들은 돈을 따거나 잃었다. 하지만 참가자들은 파란색 카드가 계속 이기는 동안 붉은색 카드는 계속 지고 있다는 사실을 알아채지 못했다. 참가자들은 평균적으로 50장의 카드를 뒤집은 후에야 무언가 잘못됐다는 느낌을 받았다. 그리고 80장을 뒤집은 후에야 게임의 규칙을 이해해서 무엇이 문제인지 설명할 수 있었다.

또한 참가자들의 손에 땀이 나는 정도를 측정하기 위해 거짓말 탐지기 기계를 연결했다. 이 기계로 측정하는 땀샘은 온도에 반응하지 않고 스트레스에 반응해 열린다. 연구자들은 참가자들이 카드를 10장 뒤집었을 때부터 붉은색 카드에 스트레스 반응을 보인다는 사실을 알아냈다. 대충 느낌으로 짐작할 때까지 40장이 남은 시점이었고, 무언가가 잘못됐다는 것을 명확히 알게 됐을 때까지 70장이 남은 시점이었다. 더 중요한 사실은 손바닥에서 땀이 나기 시작하자 참가자들의 행동도 변했다는 것이다. 참가자들은 자기도 모르게 뜨거운 주전자에서 손을 떼는 것처럼 붉은색 카드를 피하기 시작했다. 감정의 뇌가 촉발한 생리적 반응이 사고의 뇌가 미처 알아차리기도 전에 행동을 변화시켰다.

우리는 앞서 설명했던 몸 살피기와 같은 마인드풀니스 훈련을 통해 몸에서 느껴지는 감정을 더 잘 인식하게 되고, 사고의 뇌를 작동시키는 능력을 향상할 수 있다.

헐크 vs. 요다: 당신은 당신의 감정이 아니다

마인드풀니스의 핵심은 당신의 감정이 곧 당신이 아니라는 사실을 아는 것이다. 이 깨달음이 모든 것을 바꾼다. 최고운영책임자로 일하면서 기분이 나쁜 채로 잠에서 깨어 일터로 향한 날이 얼마나 많은지 헤아릴 수 없다. 무언가를 계속 쫓고 있고 몸은 바로 감정에 반응한다. 화가 나 있다. 스트레스를 느낀다. 불안하다. 반대로 기분이 좋은 날도 있다. 영감을 느낀다. 행복하다. 겨우 몇 시간, 며칠, 몇 주, 몇 년의 상태에 우리 자신을 가둬 두는 사고방식에 빠지기 쉽다. 당신의 감정이 바로 당신이라는 존재가 된다.

감정을 더 잘 이해하게 되면 지금 당신이 느끼고 있는 것을 "나라는 사람"이라는 존재의 경험이 아니라 생리적 경험으로 받아들일 수 있게 된다. 그러면 사고의 뇌에게 "왜 내가 이런 느낌을 받지?"나 "지금 경험하는 이런 느낌이 필요한가?", "진짜인가?", "내가 지금의 느낌에 어떤 영향을 미칠 수 있을까?"라고 물을 수 있다. 느끼는 것에서 사고하는 것으로 나아갈 수 있다.

당신의 감정에 이름을 붙여라

자기 알아차림을 연습하면서 사용할 수 있는 가장 좋은 도구는 당신의 감정에 이름을 붙이는 것이다. 이렇게 하면 된다. 부정적인 생각이 떠오르면 잠시 멈추고 그 감정에 이름을 붙이는 시간을 갖는다. 예를 들어 내가 슬픔과 지루함, 분노 등을 경험하고 있다고 하자. 그 감정을 다스리기 위해 이름을 붙인다. 그리고 떠나보낸다. 연구에 따르면 이렇게 간단한 기술로도 감정의 뇌를

가로막고 사고의 뇌가 따라잡게 할 수 있다.[7]

마인드풀니스 훈련을 충분히 하면 감정이 지금 당신이 느끼는 것이라는 사실을 이해하면서 커다란 변화를 인식할 것이다. 감정은 당신이 아니다. 그리고 변할 수 있다.

감정을 몸의 생리적 경험으로 인식하기 시작하면 "난 지금 화가 나"라는 감정에서 "나는 지금 몸으로 분노를 경험하고 있어"라는 이해로 나아갈 수 있다. 이러한 변화는 감정을 제어할 수 있는 가능성을 열어 준다. 다시 말해서, 내가 곧 내 감정이라면 나는 할 수 있는 게 없다. 하지만 감정이 몸의 경험이라는 사실을 인식하면 감정에 영향을 미칠 수 있다.

다친 근육은 당신에게 속도를 낮추고, 회복할 시간을 가지고, 훈련 루틴을 바꾸라고 알려 주며 귀중한 정보를 전한다. 감정도 같은 일을 할 수 있다. 감정을 당신에게 계속 주의 신호를 보내는 몸의 레이더 시스템이라 생각해 보자. 귀를 기울이고 감정과 생각, 감각에 이름을 붙이기 시작하면 흥분을 가라앉힐 수 있다. 그리고 감정에 사로잡히는 대신 감정에 영향을 줄 수 있다. 더 중요한 사실은 부정적인 감정들이 종종 우리를 풀리지 않는 불화의 원천으로 이끈다는 것이다. 우리는 자주 이러한 감정의 반대편에 또 다른 사람이 존재한다는 사실을 깨닫게 된다. 그렇다면 그들 역시 비슷한 감정을 경험할 가능성이 크다. 조금 더 빨리 갈등의 핵심에 닿아 문제를 해결할 수 있다면 좋지 않을까?

우리는 모든 것을 데이터에 기반을 둔 시대에 살고 있다. 리더로서 우리는 정보를 받아들이고, 분석하고, 거듭해서 행동에 나서야 한다. 감정에서도 같은 규칙을 따를 수 있다. 도움이 되지 않는 감정을 경험할 때 자기 자신을 멈추는 기술을 연마해 솜씨 좋게 경로를 바꾸면 엄청난 자유를 누릴 수 있다. 데이터를 사용하라. 요다처럼 되자. 자신이 곧 분노라는 감정이 되어버린 헐크가 되지는 말자. 감정에 먹히지 말자.

몸 살피기

앞서 수면을 돕기 위해 시도했던 몸 살피기 훈련을 조금 더 깊이 다루어 보려 한다. 언제든 진행할 수 있는 기초적인 마인드풀니스 훈련이다. 제일 처음 "몸 살피기"라는 말을 들었을 때는 나도 모르게 눈을 굴렸다는 사실을 인정해야겠다. 끔찍한 이름이다. B급 영화에 등장하는 경찰들의 입에서 나올 법한 단어다. "의심스럽군요. 지금부터 당신 몸을 살펴보겠습니다."

하지만 몸 살피기가 무엇인지 알게 된 지금은 이름이 모든 것을 말해 주는 것 같다. 우리는 몸이 무엇을 느끼는지 알아보고 감정을 더 잘 이해하기 위해 몸을 살피는 마인드풀니스 명상 훈련을 한다. 뇌에 관한 연구는 전체적으로 볼 때 아직 걸음마 단계라 할 수 있지만, 섬insula이라 불리는 뇌의 한 부분이 자기 알아차림,

지각, 인지를 포함한 여러 다양한 기능에서 핵심적 역할을 한다고 알려졌다. 섬은 신체의 감각 정보를 받고 인지적인 전전두엽에서 통합해 적절히 반응하게 한다. 즉, 몸의 내부 상태에 관한 정보를 처리하는 중요한 영역이다. 몸 살피기는 뇌의 섬엽이 이 정보를 더 잘 처리할 수 있도록 훈련한다. 섬엽을 위한 운동이라 할 수 있다. 연구 결과 오랫동안 마인드풀니스 명상을 해 온 사람들은 심지어 섬엽 영역이 더 두꺼워지는 것으로 나타났다.[8] 실제로 훈련을 통해 뇌의 회백질을 늘릴 수 있다. 훈련을 하면 몸은 감정을 더 잘 드러내게 되고, 사고의 뇌는 감정이 당신을 사로잡기 전에 감정을 제어하는 것을 돕기 위해 더 빨리 작동하게 된다.

연습을 통해 몸의 감정에 귀 기울이고 몸과 감정에 더 쉽게 접근하는 법을 배우는 것은 리더들에게 중요한 기술이다. 우리가 외계인에게 지배당하거나 제어당하는 일은 아마 일어나지 않겠지만, 평범한 사람들은 자주 자기 감정의 노예가 된다. 몸 살피기는 감정을 수면으로 떠오르게 해 멈춰 세우고, 무슨 일이 벌어지고 있는지 생각하고, 조금 더 솜씨 있게 다루는 방법을 선택하도록 도와준다.

몸 살피기

월의 훈련 프로그램 중 당신의 몸에 의식을 가져가는 경험을 하게 해 주는 5분짜리 훈련을 소개한다.

먼저 1분간 정신을 집중하자.

깨어 있으면서도 편안하고 이완된 자세로 앉아서 시작하자. 눈을 감거나 눈에서 힘을 풀어도 좋다.

깊이 숨을 들이마신 후 길게 내뱉자. 호흡이 자연스러운 리듬을 찾아가게 두자. 당신이 느끼는 모든 감정에 주목하자. 각각의 감정에 이름을 붙이고 흘려보내자.

그리고 4분간 몸 살피기에 들어간다.

이제 머리 제일 위쪽에 주의를 가져가자. 그곳에서 느껴지는 감각 혹은 감각이 없음에 집중하자.

의식을 천천히 얼굴, 이마, 눈 주위 근육, 뺨, 턱, 입으로 옮기며 얼굴을 부드럽게 만들자.

다음에는 목으로 내려가 목 앞쪽으로 주의를 가져가자. 숨을 들이마시고 내쉬면서 목에 어떤 느낌이 있는지 주목하자.

의식이 어깨를 따라 흘러내리게 하자. 다정하게 관찰하면 어깨에 어떤 자극이 느껴지는가? 모든 긴장이 풀리게 두자.

몸을 가로지르면서 위팔과 아래팔, 손을 의식하자.

이제 등 위로 의식을 옮기자. 날갯죽지와 등 아래쪽을 인식하자. 가슴을 느끼고 숨을 쉴 때의 모든 움직임에 주목하자. 심장이 뛰는 것을 의식하자.

위를 느껴보자. 가능하다면 몸 안의 장기들까지 인식해보자.

몸의 아래쪽으로 내려가 허벅지부터 무릎, 정강이, 종아리를 따라가고 발목, 발등, 발바닥, 발가락까지 완전히 내려가자.

인식을 온몸으로 확장하는 것으로 훈련을 마무리하자. 몸이 숨을 들이마시고 내뱉는 것을 의식하자.

몸의 각 영역에 다시 의식을 가져가면서 새롭거나 달라진 것이 있는지 확인하자. 당신의 몸에 감사하면서 훈련을 마치자. 당신은 몸에 많은 것을 빚지고 있다. 몸이 어떻게 느끼는지 더 깊이 인식하게 되면 삶의 많은 부분에 도움이 될 것이다.

전문가의 팁: 나는 현장 수업에서 열린 인식 훈련open awareness exercise을 함께하는 것을 좋아한다. 집중 대상을 몸의 안팎으로 이동시키는 10분짜리 훈련을 시도해 보자. 먼저 내부의 호흡에 집중하는 것으로 시작하자. 그다음 시야에 들어오는 외부의 대상을 하나 골라 집중하자. 다시 내부인 머리와 목으로 돌아오자. 다시 외부에서 들리는 소리에 집중하고, 비슷하게 반복한다. 크로스핏crossfit처럼 내부와 외부에 대한 인식을 강화해준다.

제15장

자기 조절self-regulation 강화하기

하느님, 제게 인내심을 주세요. 힘을 주시면 보석금이 필요해질 테니까요.

_셰리 누나My sister Sherry

    미칠 듯이 화가 나서 폭발했던 적이 있나? 분명히 그럴 생각은 없었을 것이다. 그냥 자기도 모르게 뚜껑이 열린다. 배가 고프지도 않은데 무언가를 먹을 때가 있나? 몸에 좋지 않다는 것을 알면서도 계속 먹나? 하루에 50번씩 페이스북이나 트위터를 확인하나? 이런 행동을 강박이라 한다. 우리는 생각 없이 행동하는 루틴에 갇혀 있다.

    트리거trigger, 즉 특정한 반응을 촉발하는 자극을 겪었을 때도 마찬가지다. 우리는 제대로 생각하지 않고 반응하거나 결정하게 된다. 감정이 격해졌을 때는 일이 꼬일 수 있다.

자기 조절은 최선의 행동을 하도록 내면 상태를 관리하는 과정이다. 자극과 자원, 그리고 특히 트리거가 여기에 포함된다. 자기 조절은 자기 알아차림 기술을 기반으로 한다. 감정이 생겼을 때 그 감정의 질과 강도를 더 잘 파악하게 되면 당신의 감정적 "트리거들"과 트리거들을 발생시킬 수 있는 환경을 찾아내고, 인식하고, 함께 살아갈 수 있게 된다.

자기 조절은 단순히 화가 나거나 고함을 치기 전에 자신을 멈춰 세우는 것이 아니다. 유연함이나 적응력, 회복탄력성, 낙관성처럼 리더에게 중요한 다른 자질들도 포함한다.

가장 중요한 점은 자기 조절 훈련이 감정에 끌려가기 쉬운 자동 조절 모드에서 벗어날 수 있게 도와준다는 것이다. 우리는 우리가 연습하는 일을 더 잘하게 된다. 리더들이 화가 나고, 산만하고, 성급해지는 것을 연습하면 점점 더 그런 사람이 된다. 긍정적 신경가소성 훈련의 도움을 받으면 실제로 특정한 방식으로 행동하게 되는 지점까지 나아갈 수 있다. 한 가지 예를 살펴보자.

광고업계에서 일하던 시절 나는 회사의 최대 고객이자 포춘 30대 기업인 기술회사의 국제 마케팅을 관리하고 있었다. 최고마케팅책임자chief marketing officer를 정점으로 하는 이 회사의 국제 마케팅 조직은 형편없었다. 우리 회사를 통해 집행되는 연간 15억 달러의 광고 예산을 책임졌던 담당자를 믹Mick이라고 해보자. 믹은 12년 전 우리 회사의 조그마한 서부 해안 사무소에서 중간 관리자로 일한 적이 있었다. 고객사로 자리를 옮긴 이들이 흔히 그렇듯 믹은 급격히 진화하는 디지털 환경에서 점점 시대에 뒤처지는 사람이 되었다. 그래도 그가 가장 좋아하는 말은 "저도 알죠. 당신네 회사에서 일한 적이 있으니까요"였다. 믹은 우리 팀이 자신의 아이디어를 지지하지 않으면 직원들을 위협하고 정보에 근거한 전략을 포기하게 하려고 옛 경력을 들먹였다. 고객사의 주식은 몇 년째 수직 상승 중이었고 회사 내에는 정치적 정당성을 우려하는 사람들이 없었다. 우리 팀원들이 보기에는 고객사에서 믹에게 얼간이 짓을 하라고 5천만 달러를 주는 것 같았다. 그는 자기 몫을 아주 훌륭히 해내고 있었다.

내가 합류했을 때 믹은 이미 분노 조절 문제로 전설적인 명성을 얻고 있었다. 그는 매우 고급스러운 방식으로 사람들을 공격했다. 트리거를 만나면 가슴을 찌르는 절묘한 비유로 부하 직원들을 울렸다. 한 번은 협상을 앞두고 믹의 팀에서 일하는 직원 한 명이 제대로 준비해 오지 않았다. 믹은 조사해 온 내용을 공유해 우리 회사가 더 많은 일을 하며 비용은 절감해야 한다는 사실을 증명하라고 그 직원을 공격적으로 다그쳤다. 회의실에 있던 사람들은 모두 그 직원에게 그런 자료가 없다는 사실을 알고 있었다. 그는 입을 열지 못했다.

믹과 함께 일하는 건 폭발을 준비하고 있는 화산을 지켜보는 것과 비슷했다. 모두 신경이 곤두선 상태였다. 그때를 다시 떠올리니 몸에 당시의 긴장이 느껴진다. 그리고 화산이 폭발한 때가 있었다. 믹은 고함을 지르며 일어나 회의실 책상에 몸을 기대고 부하 직원을 공격하기 시작했다. "꼭 내 다섯 살짜리 아들 같군. 샤워를 하라고 해도 여전히 고약한 냄새를 풍기며 돌아오더라고. 흉내만 내고 실제로는 하지 않은 거지. 그게 너야. 시키는 대로 한 것처럼 흉내 내는 다섯 살짜리 애라고. 나가!" 그 직원은 아무 말도 없이 회의실을 나갔다. 믹은 나를 돌아보더니 "회의는 끝입니다. 다음번에 만날 때는 그가 조금 더 나은 정보를 가져오는 게 좋을 거예요. 그리고 여러분들도 수수료를 깎을 준비를 하는 게 좋겠어요." 나는 수년간 50억 달러 이상의 대행 계약을 협상해 왔다. 허세를 부리기도 하고 화가 난 척하기도 했다. 하지만 믹의 분노는 가짜가 아니었다. 크고 작은 일이 수시로 트리거가 되었다. 고함을 치는 일이 잦았다. 그렇게 행동해야만 하는 사람이었다.

그날이 믹과 함께한 회의 중 최악이었다고 하고 싶지만 안타깝게도 끝이 아니었다. 그 고객사의 문화는 믹의 행동을 용인하는 데서 끝나지 않았다. 오히려 찬양했다. 남자다움을 과시하고 영웅을 추앙하는 그들의 문화는 자제력 부족을 포용했다. 그리고 다른 사람들이 비슷한 행동을 익히도록 권장했다. 그런 문화와 정면으로 부딪쳐도 소용이 없다는 사실을 확인하고 우리는 계속되는 비효율과 시간 낭비, 관계 악화에 대처하기 위해 수수료를

15퍼센트 인상했다. 손자孫子가 『병법The Art of War』에 썼듯 "가장 큰 승리는 싸우지 않고 얻는 것이다".[1]

리더들이 자신의 감정을 제어하지 못하게 되면 항상 대가가 따른다. 모든 비용을 알게 되는 경우는 드물다. 직원들은 그냥 떠나버릴 것이다. 고객들은 공급업체를 바꿀 것이다. 공급업체는 지겨운 인간들과 함께 일하는 비용을 반영해 가격을 올릴 것이다. 감성지능 기술을 키우면 자신이 얼간이가 되어가고 있는 건 아닌지 능동적으로 주의하게 된다. 제2의 믹은 되지 말자.

자신의 트리거를 인식하라

리더라면 누구든 자신에게 트리거가 되는 사람 몇 명의 이름을 댈 수 있을 것이다. 말이 너무 많은 직원일 수도 있고, 항상 마감일을 넘기는 사람일 수도 있다. 우리는 알지 못하는 사이에 그들을 특정한 방식으로 보고 있을 것이다. 그들은 우리에게 인간 트리거가 되었다. 그런 사람들을 상자에 집어넣고 멍청이, 어릿광대, 말썽꾸러기 같은 이름을 붙이기는 쉽다. 이들을 대할 때 의도하지 않은 태도로 미끄러지기도 쉽다. 자신도 모르게 무뚝뚝하고 빈정대거나 무시하는 태도를 취할 수 있다. 이렇게 되면 다른 사람들도 당신이 누구를 아끼고 누구를 아끼지 않는지 알게 되고 팀 문화에 연쇄 효과가 일어난다.

연습을 하면 트리거를 맞닥뜨렸을 때 알아챌 수 있게 된다. 모든 것이 트리거가 될 수 있다. 신체적으로는 호흡이 얕아지거나 심장 박동이 빨라지고 배가 아플 수 있다. 감정적으로는 투쟁 도피 반응이나 감정 폭발, 해를 입히고 싶은 욕구, 자신이 해를 입고 있다는 느낌을 경험할 수 있다. 머릿속으로는 상대방을 탓하거나, 자꾸 판단을 내리거나, 희생자라 느끼거나, 무슨 일이 왜 일어났는지 바로 음모 이론에 의존하게 될 수 있다. 통제력을 되찾기 위해 이 모든 것을 지켜보는 데 익숙해져야 한다.

트리거는 이웃집에서 쉴 새 없이 짖는 개, 사흘 연속 먹게 된 같은 메뉴 그리고 심지어 자식의 모습으로 나타날 수도 있다. 우리가 의도적으로 혹은 의도치 않게 속해 있는 환경이 미세 외상이나 외부 트리거를 계속 발생시키는 원천이 될 수 있다. 마인드풀니스는 그런 문제가 발생했을 때 인식할 수 있게 도와준다. 일단 알아차리고 나면 자신의 반응을 제어하고 자기 조절을 할 수 있다. 릭 핸슨 박사는 이중 화살표의 비유를 사용한다. 트리거를 마주하면 우리는 늘 첫 번째 화살을 맞을 수밖에 없다. 하지만 스스로 반복해서 트리거를 되살리며 두 번째 혹은 세 번째 화살을 막는 법은 배울 수 있다.

감정에 납치당했을 때

믹은 비열함이 극에 달한 사례였다. 계속해서 혼란과 변화를 겪다 보면 지쳐 떨어지고 강박에 따라 움직이기 쉽다. 뇌 연구자들은 감정이 우리를 움직이고 행동을 지배하는 상황을 "편도체 납치amygdala hijack"라고 부른다.

앞서 설명했던 것처럼 사고의 뇌는 더 많은 신경 회로를 포함하고 있어서 감정의 뇌보다 반응 속도가 느리다. 우리가 감정에 끌려갈수록 더 많은 것을 내어주게 된다. 시간이 흐르면 빠르게 강박 상태에 빠지고, 최악의 상황을 가정하며, 자제력을 잃는 데 전문가가 된다. 이런 변화는 우리가 결정을 내리는 방식과 타인을 대하는 방식에 영향을 미친다. 왠지 익숙한가? 모두 종종 눈이 뒤집히는 동료가 한 명 정도는 있을 것이다. 횟수가 쌓이면서 사건이 발생하는 간격도 짧아진다. 조만간 늘 화가 난 채 돌아다니는 사람들이 생길 것이다. 우리는 항상 싸울 거리를 찾아다니고, 최악을 예상하며, 재빨리 음모 이론으로 돌아서는 동료들을 알고 있다. 그들은 쉽사리 감정에 납치당할 것이다. 다음 올림픽이라도 준비하듯 열심히 연습하기 때문이다.

자기 조절은 강박에서 벗어나 선택으로 이동하도록 돕는다. 연구 결과에 따르면 명상 훈련을 많이 한 사람은 부정적인 트리거를 마주했을 때 뇌의 투쟁 도피 반응을 관장하는 편도체가 덜 활성화되었다. 명상 훈련을 한 시간이 길수록 반응하는 확률도 낮아졌다.[2]

분명히 자기 조절은 감정을 피하거나, 부정하거나, 억누르는 것이 아니다. 리더들이 자신에게 트리거로 작용할 수 있는 자극을 외면하는 것도 아니다. 감정적 신호를 힘들이지 않고 의식적이면서 친절한 반응으로 바꾸는 능력 그리고 능수능란함에 관한 것이다. "성급하게 반응"하는 대신 좀 더 연결된 인간적인 반응을 보여 주는 것이다.

선택을 연습하라

자기 조절 연구의 선구자는 오스트리아 출신의 신경학자이자 정신과 의사이며 홀로코스트 생존자였던 빅터 프랭클Viktor Frankl이다. 프랭클은 1997년 92세에 사망했다. 그의 많은 연구는 우리가 자신의 감정에 힘을 발휘할 수 있다는 생각을 바탕으로 이뤄졌다. 그는 저서 『죽음의 수용소에서』를 통해 모든 형태의 생존, 특히 가장 잔혹한 상황에서의 생존에서는 의미를 찾아내는 것이 중요하다고 했다. 계속 살아남아야 하는 이유가 되기 때문이다.[3] 아마 프랭클이 남긴 가장 유명한 말은 "자극과 반응 사이에는 공간이 있다. 반응을 선택할 수 있는 자유와 힘이 그 공간에 자리한다. 우리의 성장과 행복은 반응에 달려 있다"일 것이다. 마인드풀니스와 감성지능 훈련에서는 그 공간을 "신성한 멈춤sacred pause"이라고 부른다.

리더라면 남들보다 한두 발짝 앞서나가기 위해 몇 초씩 멈추는 시간을 가지는 게 좋지 않을까? 생각을 모은 뒤 차분하고 침착하게 태연한 태도로 반응할 수 있는 시간이면 된다. 조금만 훈련하면 이런 초능력을 소유할 수 있다. 미국 ABC 방송국의 기자 댄 해리스Dan Harris는 다음과 같이 설명했다. "무언가에 수동적으로 반응하지 않고 능동적으로 답하면 모든 것을 바꿀 수 있다. 믿을 수 없을 정도로 대단한 사람들, 진정한 성공을 거둔 운동선수와 사업가, 연예인이 모두 마인드풀니스를 하는 이유도 이 때문이다. 머릿속에서 들려오는 목소리에 휘둘리지 않는 초능력은 헤아릴 수 없을 정도로 값진 능력이다."[4]

감성지능은 아주 오래전으로 거슬러 올라간다

우리가 감정의 노예가 될 수 있다는 생각은 새로운 것이 아니다. 로마 황제 마르쿠스 아우렐리우스Marcus Aurelius는 무려 170년에 쓴 『명상록』에 "외부 혹은 내부의 무언가로 인해 괴롭다면 고통은 그 무언가로 인한 것이 아니라 그에 대한 평가 때문이다. 그리고 당신에게는 그러한 평가를 언제든 취소할 힘이 있다"는 말을 남겼다.[5] 여전히 명상 같은 건 너무 순진하고 나약한 사람들이나 하는 일이라 생각하는 사람이 있다면, 아우렐리우스는 그냥 황제이자 리더가 아니었다. 그는 전사이기도 했다.

전문가의 팁: 역시 전사였던 이소룡Bruce Lee은 부지런한 작가이자 철학자이기도 했다. 그는 "내게 긍정적인 감정과 부정적인 감정이 모두 존재한다는 사실을 깨달아서, 긍정적인 감정의 성장을 북돋우고 부정적인 감정은 유용한 행동 형태로 바꿀 수 있게 돕는 일상 습관을 만들어가려 한다"고 적었다.[6] 그는 이러한 사고방식 덕분에 오랜 인종 편견을 극복하고 할리우드 최고의 스타가 될 수 있었다. 당신은 어떤 일상 습관을 만들 수 있을까?

평정을 습관화하자

『명상록』은 여전히 봉사와 의무에 대한 문학적 헌사로 추앙받고 있다. 아우렐리우스는 이 책에서 평정을 찾고 유지하는 법을 설명했다. 평정은 마인드풀니스의 또 다른 기본 요소이며, 갈등이 한창일 때도 정신적으로 안정되고 침착한 상태를 말한다. 매사에 무언가를 더하거나 빼지 않고 있는 그대로 받아들인다고 생각하라. 앞선 예에서 살펴보자. 믹은 우리에게 주는 수수료를 깎고 싶어 하는 고객이었다. 그 이상도, 그 이하도 아니다. 하지만 우리 마음은 상황을 실제보다 더 악화시키는 경향이 있다. 이 예에서 우리 회사 직원들은 믹의 회사가 얼마나 중요한 고객인지, 믹이 얼마나 사악한지, 이 세계적인 기업을 놓치면 어떻게 될지, 그가 우리를 좋아하지 않으면 어떻게 될지, 내가 일자리를 잃으면 어떻게 될지 등 온갖 이야기를 보탤 수 있었다. 그러면서 관련된 모든 이의 상황을 더 나쁘게 만들었다. 평정을 유지하게 하는 감각, 즉 균형 잡힌 현실에 대한 감각을 유지하면 자신의 감정을 점검할 수 있다. 보통 실제로 벌어지는 상황과 모든 것을 더 나빠 보이게 하는 추측 사이에는 커다란 차이가 있다. 게다가 자신만 의 해석과 추측, 이야기를 가지고 대처하는 동료들과 최악의 시 각을 공유하다 보면 상황이 더 나빠진다. 우리 모두의 머리에서 나온 이야기가 실제로 필요한 것보다 일을 더 어렵게 만든다. 평 정을 유지하게 하는 감각을 키우면 실제로 벌어지는 일을 더 알 아차릴 수 있게 된다.

트리거와 함께 일할 수 있게 연습하라

리더들은 트리거를 마주한 직원들을 위한 항공 교통 관제사라 고도 할 수 있다. 이런 역할을 받아들이면 리더들이 흔히 반응하 는 트리거 하나를 제거할 수 있다. 바로 직원들이다. 또한 언제든 순간적으로 다른 트리거들을 관리하는 법도 연습할 수 있다. 우 선 이미 일어났던 일에 적용해 보자.

당신이 최근에 트리거를 맞닥뜨렸던 때를 떠올려 보라. 생각해 볼 가치가 있지만 지나친 트라우마는 되지 않을 만한 기억을 고 르자. 예를 들면 당신이 남들 앞에서 약점을 드러냈다고 생각되 는 업무 상황이 있다. 나중에 혼자 후회한 반응이 포함되어 있을 수도 있다.

그때의 느낌을 되살리자. 트리거를 마주쳤다. 그때 몸에 어떤 느낌이 있었나? 어떠한 감정을 경험했나? 투쟁 도피 반응이 시작되었나? 정의감을 느꼈나? 머릿속에 어떤 생각이 지나갔나? 실제로는 어떻게 반응했나? 이후 당신의 반응에 대해 어떤 느낌을 받았나? 당시 상황이 지금까지 당신에게 영향을 미치고 있을 가능성이 크다. 당연한 일이다. 시간이 지날수록 당신의 기억은 실제보다 더 나빠질 것이다. 역시 당연한 일이다. 이야기를 지어내는 데 능한 뇌가 자연스레 그렇게 하기 때문이다. 이 트리거나 계속되는 반추를 완화하기 위해 지금 당신이 할 수 있는 일이 있을까? 그렇다면 행동에 옮기자.

사랑의 이름으로 멈춰라

이제 자기 조절을 위한 가장 강력한 마인드풀니스 기술인 SBNRR을 만나보자. SBNRR은 '멈춰라stop-호흡하라breathe-알아채라notice-숙고하라reflect-반응하라respond'에서 각 영어 단어의 앞 글자를 딴 약어다. 방황하는 마음을 멈추어 세우고 당신을 차분하게 집중할 대상에 다시 데려가는 위력적인 도구다. 특히 트리거를 마주했을 때 더 강력하다. 각 단계를 자세히 살펴보자. 원한다면 위에서 떠올렸던 예를 다시 적용할 수도 있다.

SBNRR 연습

멈춰라

트리거가 작동한다고 느낄 때면 언제든 멈추고 자신을 다잡아라. 무의식적으로 반응하지 마라. 자신에게 신성한 멈춤을 위한 몇 초를 주어라. 자신만을 위한 표어를 만들 수도 있다. 나는 "무조건 반응하지 마"나 "조, 멈추고 생각해"를 나만의 표어로 정해두었다. 이렇게 간단한 행동으로도 사고의 뇌를 일깨우고 감정의 뇌를 따라잡을 수 있다.

호흡하라

긴장을 풀면서 호흡에 주의를 가져가라. 신성한 멈춤에 힘을 더하면서 차분함을 주입할 수 있다. 다시 자신을 제어할 수 있게 된다.

알아채라

몸에 주의를 돌려 당신의 감정을 더 분명하게 경험하라. 얼굴과 목, 어깨, 가슴, 배 등에서 무엇이 느껴지는가? 아무런 판단 없이 긴장이나 온도의 변화까지 주목해 보자. 호기심을 가져라. "화가 나"나 "부끄러워" 같은 존재적 경험에서 "나는 몸에서 분노를 경험하고 있어"의 생리적 경험으로 넘어가는 데 도움이 될 것이다.

숙고하라

지금의 감정을 불러온 것이 무엇인가? 반응은 어디에서 온 것인가? 어떠한 경험이 지금 이 순간에 영향을 미치고 있는 가? 자존심과 관련이 있나? 스스로 일에서 부족하다고 느끼지 않았나? 당신이 자기 자신에 관해 만들어 낸 이야기는 사실인 가? 증거는 무엇인가? 다르게 볼 방법은 없나? 옳거나 틀렸다 는 판단을 내리지 말고 가능한 다른 시각을 더 찾아보라.

대개 그렇듯 다른 사람이 개입되어 있다면 상대방의 관점에 감정을 이입해 보라. 상대방의 입장이 되어보라. 상대방이 당 신과 다를 것 없이 행복을 원한다는 점을 상기하라. 그들은 왜 이렇게 행동하게 되었을까? 그리고 당신은 그들에게 연민을 느낄 수 있나?

반응하라

조금 더 긍정적인 결과를 내려면 어떻게 반응해야 할지 고 민하라. 자신에게 물어보라. 이 상황에서 어떻게 친절함을 발 휘할 수 있을까? 그 후에 반응하라.

SBNRR 연습을 자세히 살펴보았다. 실제 상황에서는 몇 초가 지나가기 전에 더 긍정적인 결과를 내기 위해 자신을 다잡을 수 있을 것이다. 가장 중요한 것은 감정에 무의식적으로 반응하는 태도에서 벗어나 반응을 선택하는 태도로 이동할 수 있는 충분한 공간을 만들어 내는 것이다.

때로는 반응할 필요조차 없다

리더들은 종종 경고도 없이 드라마에 말려들기도 한다. 어떤 직원이 분노하기 시작하고 당신이 자신의 편을 들어주길 바랄 때가 그렇다. 미끼를 물면 잘못된 행동을 강화하게 되며 분열을 초래할 수 있다. 대신 처음 듣는 이야기인 것처럼 모든 주의를 기울이며 상대방의 말을 경청하려 노력하자. 어떤 일이 벌어지는지 지켜보자. 몇 가지 질문을 던지고, 이후의 논의에 이 문제를 사려 깊게 고려할 것임을 상대방이 알게 하자. 이러면 당신은 이 문제를 생각할 기회가 생기고, 상대방은 폭발했던 감정을 누그러뜨릴 수 있으며, 관련된 사람들이 대화를 나눌 수 있다. 트리거에 반응하는 대신 폭풍 속의 고요한 눈, 즉 도움을 되는 조언을 해 주는 코치가 될 수 있다.

이제 당신이 떠올린 사례에서 SBNRR 기술을 사용했다면 상황이 어떻게 변했을지 생각해 보자. 몸의 느낌과 감정, 머릿속을 스쳐 가는 생각에 SBNRR을 적용했다면 어떻게 도움이 됐을까? 반응이 달라졌을까? 그 상황에 반응하긴 했을까?

SBNRR 기술에 몇 초만 투자해도 다른 선택지를 살펴보고, 몇 가지 질문을 던지고, 상대방과 연결되고, 쓸모없는 반추에 갇혀 있는 자신을 중단시킬 수 있는 멈춤과 성찰이 가능해진다. 이번 주에는 하루에 한 번씩 SBNRR 훈련을 하는 것을 목표로 삼자.

인식하고 변화하자

월에서 제공하는 숙고 및 계획 일기 쓰기 훈련을 이용해 주기적으로 트리거를 점검하고 약화시켜 보자. 2분 30초씩 아래의 두 문장으로 시작되는 글을 써 보자.

첫 번째 문장: 최근 내게 트리거로 작용한 것은 ……
두 번째 문장: 만일 …… 했다면 내 반응이 달랐을 수도 있다.

일기를 쓸 때마다 숙고하고, 계획하고, 상황을 개선하기 위한 행동에 나설 수 있다. 마인드풀니스에서는 책임감이 큰 부분을 차지한다.

음악을 훈련에 활용하라

주의력을 훈련하고 긍정적인 감정을 키울 때는 음악을 포함하는 무언가를 집중의 대상으로 활용할 수 있다.[7] 가사를 집중 대상으로 삼아 보자. 산만해진 게 느껴지면 다시 음악을 듣는다. 음악적 재능과 상관없이 다른 사람들과 함께 노래를 부르면 긍정적인 감정이 커졌다는 연구 결과도 있다.[8] 개인적으로는 음악을 듣고 부르는 활동 모두 음악이 주는 메시지를 더 깊이 이해하면서 삶의 영감을 찾는 데 도움이 되었다.

나는 'CML 워크숍'의 주의력 훈련 연습에서 데이비드 보위David Bowie와 프레디 머큐리Freddie Mercury가 부른 아카펠라 버전의 「언더 프레셔Under Pressure」라는 곡을 틀곤 한다. 유튜브에서도 들을 수 있다.[9] 이제는 내가 가장 좋아하는 노래가 되었다. 보위와 머큐리는 참담한 절망부터 믿을 수 없는 희망까지 인간에게 가능한 모든 감정을 섭렵한다. 마지막 몇 줄의 가사는 자신을 보살피는 방식을 바꿀 용기를 준다.

이 훈련에 참가하는 사람들은 엇갈리는 반응을 보인다. 75퍼센트 정도는 음악을 즐긴다. 예전부터, 가끔은 몇십 년 전부터, 이 노래를 좋아했지만 한 번도 가사에 제대로 귀 기울인 적이 없다는 사실을 깨닫는다. 이 곡은 감정적 부침이 몹시 심하다. 자살로 친구들을 잃는다는 암시는 참담하다. 희망과 사랑 그리고 자신에게 다시 기회를 주라는 메시지는 강력하고 고무적이다. 대부분이 이 모든 것을 놓친다. 가사와 감정, 위험한 것들에 집중하지 않는다. 일상적인 관계에서도 마찬가지다. 눈앞에서 벌어지는 일 중 너무 많은 것이 머릿속에서 진행되는 자신만의 이야기와 드라마의 배경 음악에 머문다. 살면서 마주하는 매일매일의 일들에 집중하면 각각을 탐험하고, 진가를 깨닫고, 영감을 얻을 수 있다.

나머지 25퍼센트 정도의 참가자는 본능적으로 부정적 반응을 보였다. 그들에게는 이 노래가 트리거로 작용했다. 한 리더는 이 노래가 너무 부적절해서 받아들일 수 없다고 주장했다. 뭐라고? 보위와 머큐리가 자신을 향해 고함치고 있다고 느끼는 사람들도 있었다. 어떤 사람들은 가사가 너무 우울하다고 했다. 의도한 바다. 그리고 한 방에 투지가 넘치는 리더가 100명이나 모여 있을 때는 이 노래가 마법을 일으키기도 한다.

걱정하지 마, 우리 모두 압박을 받고 있어

내가 이 노래를 좋아하는 또 다른 이유는 일과 관련이 있기 때문이다. 리더가 된다는 것은 애매함, 갈등, 다른 사람들에 대한 영향력과 같은 도전에 대처해야 한다는 의미다. 항상 압박을 받는 것처럼 느끼기 쉽다. 이러한 감정은 큰일을 마무리했다는 만족감이나 긴박한 업무로 인한 아드레날린의 분출로 상쇄되기도 한다. 우리의 신체적-정신적-감정적 건강은 한데 얽혀 있다. 주의력 훈련을 연습하는 데 음악이나 미술, 다른 취미를 활용하면 그 경험을 더욱더 즐거운 것으로 만드는 동시에 명상 훈련의 혜택까지 누릴 수 있다. 하나를 사면 하나를 얹어 주는 상품이다.

게다가 이런 주의력 훈련은 자신도 모르는 사이에 자신감과 친절함을 불어넣는다. 맞다. 압박감을 느낄 때는 짜증이나 인내심 부족, 비열함에 취약해지기 쉽다. 마인드풀니스 훈련은 앞서 언급한 현대적 업무의 "3요소", 즉 통제 불능의 스트레스와 기분장애, 약물 남용을 피할 수 있게 도와준다.[10] 이 3요소는 언제나 상황을 더 나쁘게 만든다.

어떤 리더들은 마인드풀니스가 승리하고자 하는 갈망을 약하게 만들 수 있다고 우려한다. 하지만 우리가 아는 수많은 CEO와 리더, 전사들은 그 반대임을 증명한다. 우리는 압박 아래서도 더 차분해지고, 집중력을 발휘하며, 자신감이 넘치는 사람이 되기 위한 정신적 전략을 훈련하고 있다. 초자연적인 믿음에 매달리는 것이 아니라 경쟁 우위를 얻는 것이다.

제16장

동기 북돋우기

나는 한 해의 모든 날에 내가 하고 싶은 일을 한다. 춤을 추며 일하러 가고, 일터에 도착하면 등을 대고 누워서 천장에 페인트칠을 하고 있다고 생각한다. 굉장히 재미있다.

_워런 버핏Warren Buffett

운 좋게 워런 버핏과 함께 식사할 기회가 있었다. 하버드 경영대학원의 경영자 대상 프로그램에서 500여 명의 리더에게 강연을 했을 때였다. 버핏은 식사 자리에서 귓속말로 주식에 관한 조언을 해 주는 자세나 자기 지갑에서 돈을 꺼내주는 자세로 사람들과 사진을 찍고 대화를 나누느라 한 시간을 보냈다. 자신의 기술과 인류에 대한 그의 열정은 일을 즐기는 것이 중요하다고 강조했던 연설 내용과 꼭 들어맞았다.

감성지능 기술을 연마하는 사다리에서 다음 발판은 당신의 동기를 이해하는 것이다. 혹은 월에서처럼 "당신은 어디로 가고 있는가? 그리고 무엇을 창조할 것인가?"라고 질문할 수도 있다.

직장 생활을 다룬 오래된 영화 「뛰는 백수, 나는 건달」에서 존 리빙스턴Jon Livingston이 연기하는 주인공 피터Peter는 "나는 게으른 게 아니다. 그저 신경 쓰지 않는 것이다"는 명언을 남겼다. 이 영화는 유쾌한 방식으로 회사 생활의 단점을 묘사했지만, 앞서 언급했던 갤럽의 조사 결과를 보면 대부분의 직장인이 실제로 자신이 하는 일의 유형이나 몸담은 회사, 자신이 그곳에 있는 이유와 관련 없이 살아간다.

감성지능 기술을 발전시킬 때 얻을 수 있는 중요한 혜택은 조금 더 의도적으로 살아가게 되는 것이다. 매 순간을 즐길 수 있게 도와주고 우리가 이런 시간을 어떻게 보내고 있는지 깨닫게 한다. 잭 런던Jack London은 "영감이 찾아오길 마냥 기다릴 수는 없다. 몽둥이를 들고 찾아 나서야 한다"고 했다. 의도와 인식이 없는 많은 직장인은 우연히 한 번도 원한 적 없는 직장 경력과 삶의 경로로 빠지고 만다. 내 경험에 비추어 볼 때 의도를 가지고 살면 차분함과 집중력이 생긴다. 우연에 따라 살면 불안과 후회가 생긴다.

스트레스에 짓눌린 당신의 삶에서
얼마나 많은 부분이 우연에 기대고 있는가?

나의 직장 생활을 되돌아보면 세 가지를 알게 된다. 생각도 하지 못했던 돈을 벌고 있었다. 비참했다. 그리고 스트레스에 짓눌린 삶의 대부분은 자초한 것이거나 우연의 결과였다.

우리는 제비뽑기의 결과로 현재의 가정과 환경에서 태어났다. 누군가는 우연히 상위 1퍼센트에서 태어난다. 나머지는 우연히 99퍼센트에 속한다. 나는 펜실베이니아주 피츠버그에 사는 중류층에서도 하위 가정의 아이였다. 그리고 우연히 여섯 남매의 막내이자 쌍둥이의 동생이었다. 아버지는 우연히 실직한 알코올 중독자였다. 어머니는 가정주부였고 근육위축증을 앓아 걷는 데 어려움이 있었다.

우리 가족은 우연히 빈민가에 살았다. 자라면서 온갖 허드렛일과 눈삽, 신문 배달 구역 등 모든 것을 형에게 물려받았다. 우리는 가까워서 걸어 다닐 수 있는 공립학교에 다녔다. 내가 처음으로 제대로 된 일자리를 구한 곳은 시어스Sears라는 유통업체였는데 바로 우리가 다닌 고등학교 건너편에 있어서였다. 회계 선생님께서 나를 추천해 주셨다. 내가 수학을 잘하는 데다 돈이 필요한 것도 아셨기 때문이었다.

나는 내게 처음으로 관심을 보인 여자와 데이트했다. 8년이나 만났다. 솔직히 불평할 처지가 아니었다. 나는 여자들과 대화하는 법을 몰랐다. 똑똑하거나 매력적이지도 않았고, 마인드풀니스는 들어본 적도 없었다. 감성기술을 처음 접했을 때 그랬듯 그런 기술을 배울 수 있다는 생각도 못 했다.

나는 우리 집안에서 처음으로 대학에 진학한 사람이었다. 앞으로 어떤 일이 벌어질지는 잘 몰라도 집에서 통학해야 하고 시어스의 일도 계속해야 한다는 것은 알고 있었다. 엄마는 자식이라도 15세가 되면 집세를 받았기 때문에 돈이 필요했다. 지금은 "시어스의 최저임금 일자리라도 지켜야만 했다"고 말하면 우습게 들리기도 한다. 당시 최저임금은 시간당 3.65달러였다.

나는 아이비리그 바로 아래로 평가되는 듀케인 대학교 Duquesne University에서 경영학을 전공했다. 장학금을 제일 많이 주는 곳이었기 때문이었다. 수학을 잘한다는 이유로 회계 공부를 했다. 열정이 있어서가 아니었다. 그리고 피츠버그에 있는 프라이스워터하우스에 취직했다. 다른 8대 감사 회사가 연봉 2만 7천 달러를 제의했을 때 이 회사는 2만 9천 달러를 제의했기 때문이었다. 내겐 그 2천 달러가 필요했고 가족들을 도우려면 피츠버그에 남아야 했다.

곧 나는 감사 부서에 배정되었고 다음에는 지원한 적도 없는 회계 부서로 옮겼다. 그리고 당시 우연히 프라이스워터하우스 피츠버그 사무실의 고객이었던 철강, 석유, 석탄 기업들의 일을 했다.

거기서부터 다시 비슷하게 우연한 경력이 이어지기 시작했다

나를 원한다는 회사로 이직했다. 도움이 가장 필요한 커다란 프로젝트들과 씨름했다. 운 좋게 놀라운 경험을 하기도 했다. 쓰레기 같은 일도 견뎌야 했다. 이 모든 일이 순차적으로 그냥 찾아왔다. 한순간도 나 자신에게 "나의 동기는 무엇일까? 나는 지금 살면서 하고 싶은 일을 하고 있을까?"라고 묻는 사치를 누리지 못했다. 지금 생각해 보면 "나와 가족의 삶을 더 좋게 만들기 위해서라면 뭐든지 할 거야"라는 생각에 갇혀 있었던 것 같다.

결과적으로 이 모든 것이 나를 글로벌 최고운영책임자라는 자리까지 이끌었다. 하루에 12시간에서 14시간을 일했다. 그중 70퍼센트가 출장이었다. 나를 원하는 곳이 있으면 달려가거나 날아갔다. 그리고 시장이 바뀌었다. 우연히 마케팅 책임자들과 일하고 새로운 지사들을 여는 데 쓰는 시간이 줄었고, 대신 구매 전문가들과 일하는 시간이 늘었다. 그렇게 나는 "더 빠르게, 더 싸게"라는 새로운 규범을 처음 경험하게 되었다.

당신에겐 계획이 있나?

분명히 나는 무엇을 하든 성공하려 열심히 일했다. 하지만 모두 별다른 계획 없이 그냥 벌어진 일이다. 어마어마한 양의 격무는 점점 더 큰 직함과 책임, 스트레스, 불행으로 이어졌다.

결혼을 했을 즈음에는 꿈꾸던 여자를 붙잡을 수 있을 정도로 말솜씨와 요령, 매력을 키웠다. 사라 때문에, 단 한 번의 대화 때문에 인생이 바뀌었다. 마흔에야 내 인생의 대부분이 우연으로 차 있다는 사실을 깨닫기 시작했다. 분명히 내 앞에 놓인 대안 중에서는 주로 현명한 선택을 해 왔다. 그리고 항상 내 삶에 찾아온 기회에 감사해왔다. 하지만 삶에서 혹은 경력에서 무엇을 얻고 싶은지 계획한 적은 없었다. 솔직히 말해서 자신의 경력을 스스로 만들어간다는 선택지 자체가 존재하지 않았다. 되돌아보면 데이트했던 여자, 살았던 곳, 다녔던 학교, 집중적으로 공부했던 분야, 거쳐온 직업 모두 우연히 선택한 결과였다. 유일한 예외는 배우자를 선택하고 그녀도 나를 선택한 것뿐이었다.

내 말을 오해하지 않았으면 한다. 나는 살면서 믿을 수 없을 정도의 행운을 누렸다. 50개국에서 일해본 것을 비롯해 어린 시절에는 상상도 할 수 없었던 기회를 얻었다. 하지만 보상과 인정을 쫓는 데 완전히 중독된 나머지 그 여정을 제대로 즐기지 못했다.

삶의 많은 부분이 우연의 결과라는 사실을 깨닫게 되면 후회와 불안, 억울함의 물결에 서서히 잠길 수 있다. 마인드풀니스 훈련을 시작하기 전에는 이런 감정에 이름을 붙이지도 못했다. 결국 나는 월을 개발하는 데 집중하기 위해 국제적인 광고 회사의 경영진에서 물러났다. 처음으로 나 자신만의 경로를 만들겠다는 의도와 계획을 갖고 경력의 방향을 바꾸었다. 두려웠다. 스트레스에 대한 회복탄력성을 키워 주는 회사를 세우는 것은 믿을 수 없을 정도로 스트레스가 심한 경험이었다. 그리고 아주 멋진 경험이었다. 그 경험이 내 인생을 완전히 바꿔 놓았다.

우연으로 채워진 삶에서 깨어나게 한 모닝콜은 세 가지였다. 점점 커지는 불행과 무너지는 건강, 앞의 두 가지를 나 자신보다 더 깊이 우려한 배우자. 마인드풀니스라는 기반 위에서 감성지능 기술을 훈련하자 의도를 가친 채 인생을 살아가게 하는 로켓 연료가 되었다.

이어지는 내용에서는 당신의 동기를 탐험할 것이다. 당신의 삶에서 무엇이 우연의 결과인지 살펴볼 수 있게 하는 또 다른 계획 및 숙고 훈련을 시도해 보자.

더 의도를 가지고 살아가기

우연의 결과 발생한 스트레스가 당신의 삶에 어떤 영향을 미치고 있는지 알아볼 수 있게 도와주는 월의 5분짜리 일기 쓰기 훈련을 소개한다. 첫 번째 문장을 2분 30초간 이어가 보자. 그리고 다음 문장으로 넘어간다.

첫 번째 문장: 내 경력과 인생에 우연히 찾아온 일들은 ……

두 번째 문장: 내가 좀 더 의도를 가지고 삶을 주도했다면
……

이 훈련을 마친 뒤에는 개인적인 삶과 사회생활에서 당신을
더 행복하게 해 줄 의도적인 선택을 해 보자. 일기를 쓰는 습
관을 들여 문제를 살피고 바로잡자.

우리가 업무 성과에 영향을 받는 이유

많은 연구에서 자아존중감, 개인적 설정, 열정, 만족, 재미, 목
적과 의미, 차이 만들기 등의 내재적 동기 요인이 사회적 지위,
돈, 권력, 직함, 특전, 승리, 인정 등의 외재적 동기 요인보다 강력
하다는 사실이 입증되었다. 오직 13퍼센트의 직장인만이 자기
일에 열정을 느낀다는 딜로이트의 조사 결과도 아마 이를 통해
설명할 수 있을 것이다.[1]

컨설턴트인 닐 도쉬Neel Doshi와 린지 맥그리거Lindsay McGregor
는 2015년 발표한 책『무엇이 성과를 이끄는가』에서 일을 하게
하는 직접적인 동기 세 가지를 바탕으로 높은 성과 문화를 만들
어 내는 리더들을 연구한 결과를 설명했다.

놀이

일의 동기가 놀이일 때 성공할 가능성이 가장 크다. 그저 재미 있기 때문에 몰두한다. 호기심, 열린 마음, 판단하지 않는 태도, 실험성 같은 마인드풀니스의 요소들은 놀이의 핵심이다. 사람들은 본질적으로 학습과 적응을 즐긴다. 놀이라는 동기가 일 자체 에서 만들어지면 높은 성과로 이어지는 가장 직접적이고 강력한 동기 요인이 된다. 플라톤은 "1년간 대화할 때보다 한 시간 같이 놀 때 그 사람에 관해 더 많은 것을 알 수 있다"고 했다. 수많은 연구가 놀이가 우리의 생존과 활력, 공감 능력 배양, 협력, 창조력 에 중요하다는 사실을 뒷받침한다.[2-3] 나는 이런 사실을 이해하 고 "다시 일을 시작해"라고 꾸짖는 심술쟁이 노릇을 그만두기까 지 몇 년이 걸렸다. 지금도 이따금 그 못난 남자와 씨름하곤 한 다. 당신은 직장에서 얼마나 놀고 있는가? 당신의 동료들을 정말 안다고 할 수 있을까?

목적

목적 동기는 당신이 그 결과물에 가치를 두는 무언가를 하고 있을 때 생겨난다. 일 자체는 즐길 수도 있고 즐기지 않을 수도 있지만, 분명히 그 영향력을 소중히 생각한다. 목적이 성과로 이 어지는 강력한 동기 요인이긴 하지만 일 자체와는 한 단계 거리 가 있어서 보통 놀이 동기보다 효과가 덜하다.

전문가의 팁: 링크드인이 전 세계를 대상으로 연구한 결과 밀레니얼 세대는 목적을 좇는 비율(30%)이 X세대(38%)나 베이비붐 세대(48%)보다 낮았다.[4] 독일의 정신분석가 에릭 에릭슨Erik Erikson은 밀레니얼 세대는 자신의 정체성에서 중요시하는 관계를 구축하는 데 관심을 가진다고 설명한다. 중년에 다다라서야 사회에 조금 더 기여하는 쪽으로 정체성을 이동시킨다.[5] 이제는 밀레니얼 세대가 노동시장에서 가장 큰 비율을 차지하기 때문에 그들이 경력 초기부터 목적의식을 느낄 수 있도록 도와주는 것이 리더들의 우선순위가 되어야 한다. 당신이 우연히 밀레니얼 세대의 일원이라면 본인 또한 챙겨야 한다.

가능성

가능성 동기는 당신이 어떠한 노력에 참여하고 있을 때 생긴다. 궁극적으로는 그 일이 당신이 중요하다고 믿는 무언가로 이어질 수 있기 때문이다. 승진의 발판이 될 수 있는 작업이라면 여기에 해당한다. 가능성 동기는 놀이 동기나 목적 동기만큼 강력하지 않다. 일 또는 놀이 자체에서 두 단계 떨어져 있기 때문이다.

놀이와 목적, 가능성은 모두 직접 동기로 알려졌다. 일 자체와 직접적으로 연결되어 있기 때문이다. 직원들이 자기 일에서 놀이와 목적, 가능성을 끌어내도록 영감을 주는 문화는 지속 가능한 높은 성과 문화와 더 행복한 직장 문화를 일구어 낼 기회를 만든다.

도쉬와 맥그리거는 죄책감이나 수치심 같은 감정적 압박, 보상을 얻거나 처벌을 피하기 위한 경제적 압박, 직원들이 떠날 이유를 찾지 못해 그냥 하던 대로만 하는 관성 등 세 가지 간접 동기도 다루었다. 일터로 향하는 이유가 간접 동기일 때는 성과가 나빠지는 경향이 있다.

이들은 어떠한 동기 요인에 집중하느냐에 따라 네 가지 유형의 리더 중 어떠한 리더가 될지 결정된다고 보았다.

1. **'오는 게 있어야 가는 게 있다' 리더:** 이 유형의 리더는 모든 것에 대가가 따른다고 믿는다. 좋은 행동에는 상을 주고, 나쁜 행동을 제어하려 벌을 주거나 위협한다. 직원들에게 높은 수준의 간접 동기들을 선사한다.

2. **불간섭주의 리더:** 이 유형의 리더는 직접 동기와 간접 동기 모두 활용하지 않는다. 오로지 문제가 있을 때만 개입한다. 보통은 좋은 의도를 가지고 있고 팀원들이 자유를 원한다고 믿는다. 하지만 틀렸다. 팀은 리더가 관여할 때 가장 좋은 성과를 낸다.

3. **마니아형 리더:** 이 유형의 리더는 직접 동기와 간접 동기를 포함해 모든 것을 시도한다. 하지만 집중력 부족으로 직접 동기들을 상쇄하는 경향이 있다.

4. **불을 지피는 리더:** 이 유형의 리더는 직접 동기 요인들을 활용하며 간접 동기 요인을 제거하기 위해서라면 뭐든지 한다.

일을 놀이처럼 한다.

대부분은 시간의 흐름에 따라 여러 유형의 리더를 오가고, 보통 특정한 유형을 의도하지도 않는다. 나는 요즘 불을 지피는 리더가 되기 위해 훈련하고 있다. 아직 한참 부족하지만 연습하면 한 주 한 주가 즐거워진다.

비슷한 주제를 다룬 책은 더 있다.

· 베스트셀러 작가인 다니엘 핑크Daniel Pink는 『드라이브』에서 50년간 행동과학 분야에서 이루어진 연구 결과를 활용해 승진, 돈 등의 외부 동기 요인이나 즐거운 보상이 높은 성과를 끌어내는 최고의 동기 요인이 아니라고 주장한다.[6] 대신 일을 정복하겠다는 의지, 더 높은 목표 갖기, 자율성처럼 자기 삶의 방향을 스스로 정하겠다는 갈망, 즉 "내재적 동기 요인"이 최고의 동기 요인이었다.

· 배리 슈워츠Barry Schwartz는 『우리는 왜 일하는가』에 다음과 같이 적었다. "만족하는 사람들은 책임을 느끼기 때문에 일한다. 일하면서 자신의 자율성과 재량을 가늠한다. 그리고 그 자율성과 재량을 전문가와 명인의 경지에 도달하는 데 활용한다. 새로운 것들을 배우며 노동자로서, 인간으로서 발전한다."[7]

- 토니 셰이Tony Hsieh는 『딜리버링 해피니스』에서 재포스Zap-pos가 기쁨과 열정, 더 높은 목표에 바탕을 둔 기업 문화를 만들어 낸 방법을 공유한다. 행복한 직원들은 행복해진 고객들이 더 많은 돈을 쓰게 하는 서비스를 제공한다. 이후 셰이는 젠 림Jenn Lim과 함께 책 제목과 같은 이름의 컨설팅 회사를 창립했다. 이제 딜리버링 해피니스는 일터에 열정과 목적을 불어넣고 있다.[8] 그들이 월의 파트너라는 사실이 자랑스럽다. 이렇게 마인드풀니스와 문화는 함께 간다.

잘못된 것들을 좇지 마라

우리는 대부분 본능적으로 즐거움과 간접 동기 요인을 좇는다. 시간이 흐르면 금전적 보상이나 승진은 지속 가능한 행복의 원천이 아니라는 사실을 깨닫기도 한다. 직접 동기 요인을 좇는 쪽으로 방향을 확 틀면 어떻게 될까? 리더로서 동기를 부여하는 방식, 팀을 이끄는 방식은 어떻게 바뀔까?

지금 생각해 보면 나는 사회생활 초창기에 직관적으로 통달洞達과 자율성을 추구했다. 목적 동기는 그다지 없었다. 이러한 접근법 덕분에 결과가 따라왔다. 그리고 스트레스를 받으면 지시형 리더십에 빠져서 부하 직원들에게 자신만의 직접 동기 요인을 찾아낼 기회를 주지 않았던 것 같다. 기업에서는 몇십 년간 지시와 통제가 통용됐다. 이제는 그렇지 않다.

삶과 일을 연결하라

동기 부여의 많은 부분이 자신의 개인적 목적에 부합하는 일에 종사하는 것과 관련이 있다. 월은 개인적 동기와 목적이 회사와 부합하는 정도를 점검할 수 있는 짧은 훈련을 제공한다. 중간에 겹치는 부분이 생기게 커다란 원 두 개를 그린다. 왼쪽 원 안에 당신의 회사가 중요하게 여기는 핵심 가치를 5개에서 10개 정도 쓴다. 오른쪽 원 안에는 당신이 생각하는 핵심 가치를 쓴다. 겹치는 부분에 두 원을 연결하는 가치를 적어보자. 겹치는 부분에 더 많은 가치를 적으려면 어떻게 해야 할까? 당신과 회사의 핵심 가치가 어우러지지 않는 것을 발견할 수도 있다. 이런 사실은 당신의 동기 부여와 성과에 어떤 영향을 미칠까?

당신의 팀을 알아보라

동기 부여를 생각할 때 자기 자신에게 던져야 할 두 가지 중요한 질문이 있다. 먼저, "나는 나 자신의 목표와 계획, 동기를 제대로 이해하고 있는가?" 성공에 대한 기준 그리고 자신의 수준을 가늠할 수 있게 하는 무언가가 필요하다. 둘째, "동료들은 무엇이 내게 동기로 작용하는지 이해하고 있는가?" 역시 중요한 질문이다. 리더로서 우리는 팀 동료들을 임무에 참여시켜야 하며 그들이 성과를 내주길 기대한다. 그들이 팀의 임무를 오직 돈을 버는 것으로, 혹은 관리자의 체면을 세워주는 것으로 느낀다면 지속 가능한 성공을 만들어 내는 데 중요한 유대 관계를 구축하기 어렵다.

당신을 제대로 소개하라

자신을 소개할 때마다 리더인 당신에게 동기로 작용하는 것이 무엇인지 설명할 기회가 생긴다. 하지만 대부분은 녹음이라도 한 듯한 10초짜리 연설을 반복한다. 나라면 이런 식이 될 것이다. "안녕하세요, 저는 조 버튼입니다. 직장인들의 신체적-정신적 안녕을 위한 최고의 디지털 훈련 플랫폼을 운영하고 있습니다. 4년 전에 이 사업을 시작했고 이제는 전 세계에 고객이 있습니다." 어쩌고저쩌고. 이런 짧은 소개는 별다른 감흥을 주지 않는다. 너무 많은 사람이 이런 기회에 그저 좋은 모습만 보여 주려 한다. 영업 일을 하는 내 친구는 자기소개를 할 때마다 "우리 이제 거짓말은 다 한 거죠?"라는 말로 끝낸다. 핵심은 대부분의 자기소개가 상대를 아는 데는 별 도움이 되지 않다는 것이다.

당신과 몇 년이나 함께 일했던 사람이라도 마찬가지일 수 있다. 하루에 8시간을 가까운 공간이나 사무실에서 보내고, 셀 수 없이 많은 회의를 함께하고, 같이 교육도 받았다. 하지만 무엇이 그들을 움직이는지 제대로 알고 있을까?

존 이턴John Eaton이라는 친구가 떠오른다. 우리는 한 스타트업에서 격변의 1년을 함께했다. 나는 그를 사업가이자 탁월한 소셜 미디어 전략가로 알고 있었다. 앞서 음악 사업 쪽에서 일했다는 것은 알았다. 1년을 온전히 함께 일한 후에야 그가 그래미상을 받은 프로듀서라는 것을 알았다. 처음에는 충격을 받았다. 내가 그래미상을 받았다면 "내가 그래미상을 어떻게 받았는지 물어봐"라 적힌 티셔츠를 입고 그 위에 커다란 체인 금목걸이를 하고 다닐 거라고 농담을 하기도 했다. 그리고 곧 이턴이 대단한 아버지이자 남편이고 다른 사람들, 더 나아가서는 사회, 그리고 지구라는 행성에까지 깊은 관심을 두는 사람이라는 것을 알게 되었다. 우리는 서로 연결되는 공통 관심사가 아주 많았다. 이 모든 것을 일찌감치 알았다면 스타트업에서 고군분투하며 보낸 1년이 훨씬 수월했을 것이다.

어떤 팀이든 마찬가지다. 조금만 마음을 열고 자신의 약점을 드러내면 서로 묶어주는 관계를 만드는 데 큰 도움이 된다. 우리는 가족보다 직장 동료와 더 많은 시간을 보내기 때문에 "저는 제 일을 잘해요"라는 표면적 소통에서 더 나아가 무엇이 서로를 움직이고 동기를 부여하는지 알아야 마땅하다. 그러면 동료들과 회사가 성공할 수 있게 올바른 동기가 작용하고 있는지 판단할 수 있다.

이니고 몬토야Inigo Montoya처럼 말하자

무엇이 당신에게 동기로 작용하는지 마지막으로 누군가에게 설명했던 때가 언제인가? 이러한 주제를 당신이 정기적으로 만나는 동료들이나 새로 만나는 인물과의 대화에 포함하면 어떨까?

이니고 몬토야는 1987년 작 영화 「프린세스 브라이드」에서 맨디 파틴킨Mandy Patinkin이 연기한 인물이다. 몬토야가 어렸을 때 손가락이 여섯 개인 악당이 칼싸움 끝에 그의 아버지를 죽인다. 어린 소년은 아버지의 죽음을 복수하는 데 평생을 바치게 된다. 몬토야는 영화가 진행되는 내내 마침내 아버지의 원수를 찾아냈을 때 자신을 어떻게 소개할지 연습한다. "반갑소. 나는 이니고 몬토야라오. 당신이 내 아버지를 죽였소. 죽을 준비를 하시오." 영화가 끝날 무렵 그는 결국 악당을 만난다. 칼싸움이 이어지는 동안 몬토야는 계속 이 주문을 반복한다. 아주 강렬한 장면이다. 무엇이 그를 움직이는지는 분명하다. 그는 목적이 있고 임무가 있다. "반갑소. 나는 이니고 몬토야라오. 당신이 내 아버지를 죽였소. 죽을 준비를 하시오." 나가서 누구를 죽이라는 게 아니다. 하지만 당신이 무엇을 위해 여기에 서 있는지 동료들이 제대로 알고 있다면 어떨까?

모든 이와 함께할 수 있는 짧은 훈련을 하나 소개한다. 'CML 워크숍'에 참가한 이들은 이 훈련이 변화를 불러온다는 것을 확인한다. 겉핥기식 대화에서 잘 보이려 노력하는 대신 진정한 연결로 나아가게 된다. 어떤 평가를 받을까 우려하는 대신 마음을 열고 진실한 존재가 되었을 때의 힘을 경험한다. 결혼했다면 이 훈련을 반려자와 함께해 보기를 추천한다. 워크숍에서는 몇 분 전만 해도 전혀 모르는 사이였던 참가자들이 서로 껴안으며 훈련을 마치곤 한다. 그것이 진정한 연결의 힘이다.

나 자신을 소개하도록 허락하자

함께 살아가는 이들과는 우리의 전부를 공유하는 게 좋다. 월트 휘트먼Walt Whitman은 "나는 내가 생각했던 것보다 더 크고 더 좋은 존재였다. 내가 그토록 많은 선량함을 지닌 존재인지 몰랐다"고 적었다.

윌은 자신과 동료들을 더 잘 알아가기 위한 훈련을 제공한다. 먼저 서로 10초간 일반적인 내용으로 자기를 소개해 보자. 새로운 누군가를 만났을 때 자신을 소개하는 일반적인 방식은 무엇인가?

그리고 "당신이 저를 제대로 알고 있다면 이것도 알겠죠. 저는 ……"이라는 문구로 시작해 3분간 자신을 소개해 보자. 이니고 몬토야처럼 이 문구를 몇 번이나 반복하면서 뒷말을 이어가자. 나를 예로 들면 이렇다. "안녕하세요. 저는 조 버튼입니다. 당신이 저를 제대로 알고 있다면 이것도 알겠죠. 제 삶은 아내와 두 아들을 위한 것이에요. 가족은 제 전부입니다. 당신이 저를 제대로 알고 있다면 이것도 알겠죠. 저는 사람들을 돕기 위해 사업을 시작했어요. 저 자신이 몇 년간 스트레스와 만성 요통, 불면증으로 괴로움을 겪었습니다. 신체적·정신적 안녕 모두 무너졌었죠. 당신이 저를 제대로 알고 있다면 이것도 알겠죠. 저는 우리 팀을 위해서라면 뭐든 할 수 있어요. 제 성공은 그들 덕분입니다. 당신이 저를 제대로 알고 있다면 이것도 알겠죠. 제가 가장 두려워하는 건 실패예요. 당신이 저를 제대로 알고 있다면 이것도 알겠죠. 저는 어린 시절에 생활보조비에 의존해 살았고 그게 너무 창피했어요. 마인드풀니스를 배운 후에야 과거의 짐을 내려놓을 수 있었습니다." 시간이 다될 때까지 계속한다.

이 기회를 진짜 자신이 될 기회로 삼아라. 내 경험에 비추어 볼 때 당신과 똑같이 행동하는 다른 사람을 찾아낼 수 있을 것이다. 우리는 모두 진정한 연결을 간절히 원한다. 그리고 리더가 자신의 팀과 진심으로 연결되면 급격한 변화가 일어난다.

당신에게 찾아올 수 있는 가장 좋은 미래는 무엇인가?

우리 대부분은 미래를 과거와 연결해 예측하는 경향이 있다. 그리고 우리가 예상했던 일을 현실로 만든다.

우리는 모두 과거의 방식에 갇혀버린 사람들을 알고 있다. 이들은 자기 생각대로 되는 게 아무것도 없다고 느끼고, 휴식을 취하지 않으며, 모든 것이 자기에게 불리하게 돌아간다고 생각하는 비관론에 빠진다. 시간이 흐르면서 이러한 사고방식이 잠재의식의 일부가 된다. 우리는 깨닫지도 못하는 사이에 부정적인 생각에 갇히곤 한다. 비관론자들은 최악을 상상하고 그러면 최악의 일들이 벌어진다. 반대로 우리는 인생의 밝은 면만 보는 사람들도 알고 있다. 이들은 세상이 자신을 위해 돌아간다고 믿으며 자신들의 예상대로 좋은 결과를 내기 위해 일하는 경향이 있다. 당신은 어느 쪽인가?

동기 부여에서 상상envisioning은 미래를 생각하고, 목표에 헌신하고, 목표를 실현해 내기 위한 강력한 도구다. 내가 가장 좋아하는 사람 중 한 명이 크리스 버티시Chris Bertish다. 나는 그를 순회 연설회에서 만났다. 버티시는 에너지가 넘치는 연사이며 세계 최고의 서핑 대회인 2010년 매버릭스Mavericks에 참가했던 이야기를 들려준다. 매버릭스 대회는 가장 좋은 파도를 만날 수 있는 기상 상황일 때 열리고, 출전권을 따낸 24명의 선수는 대회 일정이 공지되고 48시간 안에 대회장에 도착해야 한다. 버티시는 불가능을 꿈꿨던 강력한 이야기를 공유했다. 그는 후원사도 없던 무명 시절부터 10년 이내에 이 대회에서 우승한다는 목표를 세우고 훈련했다.

마침내 대회 일정이 정해졌을 때 버티시는 모든 훈련을 끝내고 정신적 준비도 마친 상태였다. 아버지에게 주의력 훈련도 배웠다. 하지만 이렇게 급박할 줄은 몰랐다. 남아프리카공화국에 살았고 가진 돈이라고는 40달러밖에 없었는데 48시간 안에 대회가 열리는 미국 캘리포니아의 도시 하프문베이Half Moon Bay에 도착해야 했다. 버티시는 비행기 일반석 티켓을 살 수 있는 돈을 빌렸고 이틀간 6시간을 잔 끝에 개막 4시간 전에 대회장에 도착했다. 하지만 장비가 오지 않았다. 그는 대여 장비로 대회에 나서야 했다. 테니스 선수 안드레 애거시Andre Agassi에게 자기 라켓이 없다고 상상해 보라! 모든 비유를 1980년대에서 가져와서 미안하다. 버티시는 1라운드에서 갈비뼈가 부러진 건 아닐까 걱정하면서도 결승에 진출했다. 48시간 동안 6시간을 자며 지구의 반쪽을 돌아온 끝에 빌린 장비로 결승에 나선 그는 마지막 파도에 올라타는 데 성공했고 5만 명의 관중 앞에서 챔피언이 되었다. 이후 버티시의 모험담은 「오션드리븐Ocean Driven」이라는 제목의 다큐멘터리로 제작되었고 자서전 『신난다!Stoked!』는 베스트셀러가 되었다.[9]

다음에는 뭘 할까?

버티시는 2016년 또 다른 목표를 세웠다. 그는 아프리카 아이들을 위한 기금을 모으기 위해 서서 노를 저으며 파도를 타는 기구인 스탠드업 패들보드로 대서양을 건너기로 했다. 그의 웹사이트에서는 "한 번에 하나의 노를 저어서 어떤 일까지 가능한지 보여 주기 위해 93일간 매일 노를 저으며 7천2백 킬로미터 이상을 가는 마라톤"이라 설명했다. 버티시는 여정에 오르기 두 달 전 월을 찾아 자신의 계획을 설명했다. 모두 깊은 감명을 받았고 그의 생명에 지장이 가진 않을지 걱정했다.

버티시는 특별한 패들보드를 제작했다. 여정은 아프리카의 북서쪽에 위치한 모로코의 한 해안에서 시작되었다. 그는 해류, 폭풍우, 상어, 피로 그리고 몇 달간 홀로 바다 위에 떠 있어야 하는 외로움과 싸웠다. 그는 호흡과 집중 훈련으로 하루를 시작하고 마무리했다. 네 번째 주가 되었을 때는 수십 번 뒤집혔던 패들보드의 전기 시스템이 망가져 있었다. 패들보드에 물이 샜고, 거대한 백상아리 두 마리가 버티시를 위협했으며, 거대한 오징어가 안전장치를 망가뜨렸고, 폭풍은 그를 계획한 경로에서 320킬로미터나 밀어냈다. 하지만 버티시는 목표를 포기하지 않았고 93일간 노를 저은 끝에 미국 플로리다에 도착했다. 그는 긴장을 유지하며 목표를 완수하는 데 집중할 수 있었던 이유로 숭고한 목적 의식과 자신의 능력을 꼽는다. 버티시는 여러 세계 기록을 갈아치웠을 뿐 아니라 목표 금액의 6배 이상을 모금하는 데 성공했다. 그 돈으로 학교를 세웠고, 백만 인분의 식사를 제공했으며, 천 명이 넘는 아프리카 아이들의 인생을 바꾸는 수술을 해 주었다.

버티시의 이야기는 내 이야기와 다르지 않다. 반은 농담, 반은 진심이다. 물론 우리 대부분은 그가 바다 위에서 겪었던 잠재적인 위험과 인연이 없다. 하지만 모두 리더로서 계속되는 변화와 위험, 불확실성을 마주하며 혼자라고 느끼는 도전을 끊임없이 직면하게 된다.

목표를 설정하고 자신의 삶에서 원하는 결과를 상상하는 것은 집중과 추진, 성취를 위한 중요한 도구다. 목표를 좇을 공간을 찾아내지 못하면 우리는 결국 자기 자신의 꼬리를 쫓아가게 된다. 각종 숫자와 기업의 성과도 중요하지만, 개인적 목표도 중요하다. 아침에 침대를 박차고 일어나게 하는 것을 선택하라.

미래를 위해 계획하라

헬렌 켈러Helen Keller는 "눈이 안 보이는 것보다 더 나쁜 일이 있다. 눈이 보여도 비전이 없다는 것이다"는 말을 남겼다. 나는 여러분에게 영감을 주기 위해 버티시의 이야기를 공유했다. 세계 기록을 깰 필요는 없다. 하지만 상상은 계획을 세우고 진척을 평가할 수 있는 기준을 마련하는 데 도움을 준다. 월에서 제공하는 10분짜리 일기 쓰기 훈련을 통해 나 자신을 탐험해 보자.

당신의 꿈이 이루어진다면 10년 후 당신의 삶이 어떨지 모든 면에서 묘사해 보자. 다른 사람들은 당신을 어떻게 설명할까? 당신의 삶은 이런 상상을 현실로 만들기 위한 궤도에 있나? 당신은 어디로 향하고 있고 무엇을 만들어 낼 것인가?

제17장

낙관주의자의 언어

나는 실패한 적이 없다. 승리했거나 배웠다.

_넬슨 만델라Nelson Mandela

긍정을 유지하면서 당신의 상상을 이 세계로 끌어오는 열쇠 중 하나가 회복탄력성이다. 웹스터 사전에서는 회복탄력성을 "불행 또는 변화에서 회복하거나 쉽게 적응하는 능력"이라 정의한다.[1]

"회복탄력성"은 몇 년 전부터 적응과 성장에 중요한 기술로 꼽히고 있다. 고용주들은 직원들이 계속되는 변화와 혼란에 맞서 회복탄력성을 발휘하길 바란다. 많은 직장인이 "마인드풀니스"나 "감성지능"보다 회복탄력성이라는 단어를 더 친숙하게 느낄 것이다. 회복탄력성은 성취감이라는 이점을 가지고 있다. 구식 리더들이 사용할 법한 표현인 "잘 받아들인다"보다 더 좋게 들린다.

우리의 감정과 행동, 성과는 모두 연결되어 있다. 동기가 확실하고 뛰어난 성과를 내는 직장인이 되면 강력한 정신적 회복탄력성이 내적 평온으로 이어질 것이다. 정신적 회복탄력성은 정보를 인식하고, 생각하고, 기억하는 긍정적 방식이라 할 수 있다. 결과적으로 힘든 상황에 적응하고 자신을 조정하면서 앞으로 나아가는 능력인 정서적 회복탄력성도 더 강해진다.

반대의 상황도 가능하다. 정신적 회복탄력성이 약해서 부정적 사고방식을 갖게 되면 비관적인 생각과 인식이 스트레스와 불안에 먹이를 주는 내적 혼란으로 이어진다. 결국 감정을 관리하는 능력도 떨어진다. 리더인 우리는 둘 중 한 방향의 순환을 연습하고 있다(그림 17.1). 이제는 특정한 방향을 의도하고 연습해야 한다.

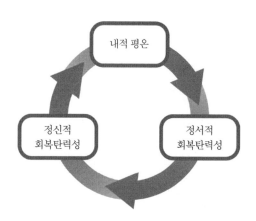

그림 17.1 회복탄력성 순환

회복탄력성을 키우기 위해 성장을 목표로 삼자

연구에 따르면 리더들이 무언가를 할 수 있느냐 없느냐 혹은 무언가를 배울 수 있느냐 없느냐에 관해 경직된 사고방식을 가지면 도전에 맞닥뜨렸을 때 자신감을 잃거나 포기할 가능성이 커진다. 사람의 지적 능력은 변하지 않는다고 믿기 때문이다.[2] 그 결과 도전이나 학습과 멀어지고 스트레스와 번아웃에 빠진다.

성장을 목표로 삼으면 더 흔쾌히 새로운 것을 시도하게 되며 장애물을 만났을 때도 버티게 된다. 또한 피드백을 열린 마음으로 수용하고 숙고하게 된다. 더 긍정적이고 호기심을 가지며 판단하지 않는 태도를 기르게 된다. 대학생들을 대상으로 한 연구에서 지적 능력이 변한다고 믿는 학생들은 지적 능력이 변하지 않는다고 믿는 학생들에 비해 교수들에게 고마워하는 마음이 더 컸고, 잘 해내겠다는 의욕이 더 강했으며, 실패와 좌절을 겪은 후 성과를 더 향상시켰고, 더 높은 평점을 받았다.[3] 변화와 도전, 좌절에 대처하는 것이 당연해진 이 시대에는 모든 리더가 평생 배우는 학생이 되어야 한다. 특히 나이가 들수록 성장을 목표로 삼는 것이 중요하다. 기술이 세계를 급격히 바꾸고 있다. 시대에 맞는 사람이 되려면 진화해야 한다. 마이크로소프트를 비롯한 선도적 회사들 역시 최근 기업 문화의 중심에 성장하는 태도를 심으려 노력하고 있다.[4]

전문가의 팁: 자신을 실제보다 더 좋게 이야기하라. "성장을 목표로 삼는 태도"는 긍정적이고 힘을 북돋우는 자신과의 대화에 달려 있다. 갑갑하거나 어렵다는 느낌이 들 때 당신이 자신에게 어떤 메시지를 주는지 알아채는 연습을 해라. 내일 하루를 시작할 때 자신에게 친절하고 상냥하면서 공감하는 말을 골라 건네 보라. 하루 동안 자신에게 긍정적이고 희망을 주는 메시지를 전할 기회를 여러 번 찾으라. 회의 사이에, 점심에, 출퇴근 중에도 자신에게 따뜻한 말을 건네라. 끊임없는 격려는 당신 안의 비평가들, 즉 당신에게는 필요 없는 시끄러운 이사회 임원들을 잠재우는 데도 도움이 된다.

이유를 찾는 방식이 회복탄력성에 영향을 미친다

부정 편향negativity bias에 관한 연구가 늘어나고 있다. 부정 편향이란 긍정적이거나 중립적인 느낌보다 불쾌한 생각, 감정, 사건이 심리 상태에 더 큰 영향을 미친다는 개념이다. 실제로 인간의 뇌는 긍정적인 체험보다 고통스럽거나 부정적인 체험을 잘 기억하도록 연결되어 있다. 따라서 아무리 놀랍고 긍정적인 경험이라도 그보다 강도가 덜한 부정적인 경험만큼 우리 마음을 사로잡지 못한다. 새로운 생각은 아니다. 작가 헨리 제임스Henry James는 "삶을 두려워하지 마라. 인생을 살 가치가 있다고 믿어라. 그러면 가치 있는 삶을 살아가는 데 도움이 될 것이다"라는 말을 남겼다.

긍정성을 키우는 것은 중요하다. 평범한 사람은 하루에 보통

6만 개에서 7만 개의 생각을 한다. 스탠퍼드 대학교의 연구자 프레드 러스킨Fred Luskin에 따르면 이 중 90퍼센트는 우리가 끊임없이 재활용하는 똑같은 생각들이다.[5] 그리고 대부분 부정확하거나 부정적인 생각이다.

심리학자 릭 핸슨은 『행복 뇌 접속』에서 부정 편향을 다룬다.[6] 현대의 속도에 맞추어 살다 보면 부정적인 태도가 기본적인 존재 방식이 되기 쉽다. 더 나쁜 것은 우리가 이렇게 부정적인 사건을 몇 번이고 반복해서 되새기는 경향이 있다는 사실이다. 핸슨이 적은 것처럼 "유용한 시점을 지나서도 부정적인 경험에 계속 머무는 것은 지옥에서 운동장을 도는 것이나 마찬가지다. 한 바퀴를 돌 때마다 뇌에 새겨진 자국을 더 깊이 파 내려간다." 우리는 가장 많이 연습하는 생각을 가장 잘하게 된다. 주의력 훈련은 자기 생각을 더 현명하고 주의 깊게 선택하도록 도와준다.

그림 17.2
긍정적인 태도를 유지하자

우리는 부당한 취급을 받았다는 느낌이 들 때, 중요하게 생각했던 프로젝트가 실패했을 때, 일자리를 잃거나 재정적으로 위험해질 수 있을 때 부정적인 반추에 갇히곤 한다. 우리 마음이 과거에 대한 후회와 미래에 대한 걱정을 오가는 것은 자연스럽다. 사실 대부분이 항상 이런 연습을 한다. 신경과학자들은 이런 부정적 반추를 뇌의 "디폴트 모드 네트워크default mode network"라고 부른다.[7] 아무런 도움이 되지 않고 스트레스만 주는 생각 속에서 길을 잃는 것은 강력한 습관이자 부정 편향을 실제로 강화하는 훈련이다.

편향과 의사 결정

부정 편향은 기억에 오랫동안 남는 심리적 영향에만 국한되지 않는다. 타인에 대한 인상을 형성하고 평가하는 방식, 관심을 두고 배우거나 배우지 않겠다는 무의식적 결정을 내리는 방식, 위험을 분석하고 결정을 내리는 방식에도 영향을 미치는 것으로 밝혀졌다.

리더들은 시간이 지날수록 낙관 혹은 비관에 가까운 관점을 발전시키는 경향이 있다. 무의식적으로 일어나는 일이며, 가장 많이 연습한 관점을 가장 가다듬게 된다.

윈스턴 처칠Winston Churchill은 "성공이란 열정을 잃어버리지 않고 실패할 것을 알고 발이 걸려도 휘청이며 결국엔 나아가는 것"이라 정의했다. 실패는 모든 리더에게 공통된 경험이며 특히 혁신을 추구할 때는 더 그렇다. 우리는 시험판試驗版으로 시작한다. 실패에서 배운다. 실패를 활용하고, 빠르게 움직일 수 있다면 보통 짧은 시간 내에 경쟁 우위를 만들어 낸다. 그리고 다시 처음부터 반복한다.

더 낙관적이면서 호기심에 차 있고 판단하려 하지 않는 사람이 되는 데 도움을 줄 감성지능 팁을 몇 가지 소개한다.

열린 태도를 연습하라

모든 동전에는 앞면과 뒷면이 있다. 직원들의 머릿속에 무엇이 들어있는지 더 이해하기 위해 그들과 마주 앉아 보라. 제대로 귀를 기울이면 소문, 유언비어, '우리 vs. 그들' 사고방식처럼 직원들의 관심을 끄는 감정적 문제와 일에 대한 걱정, 자원, 혼란, 스트레스처럼 진짜 문제를 구분하는 법을 배울 수 있을 것이다.

당신의 생각과 친해져라

감성지능은 자기 감정에 대한 통제력을 키워주고, 명확하게 생각하면서 목적에 따라 행동하는 능력을 강화한다. 우리 모두에게는 자신은 알지 못하는 암묵적 편견이 있다. 확증 편향은 무려 188가지가 알려져 있다.[8] 뇌가 일하는 방식을 이해하면 강력한 선천적 성향을 바로잡을 수 있어 도움이 된다. 가장 대표적인 인지 편향 10가지를 정리했다.

- 확증 편향: 자신의 믿음을 확인해 주는 사소한 내용에 끌림
- 부정 편향: 실제보다 더 나쁘게 사건들을 기억
- 자기 위주 편향: 실패보다 성공에서 자기 역할을 강조
- 현상 유지 편향: 실수하지 않으려고 돌이킬 수 없는 결정을 회피
- 투사 편향: 현재의 태도를 과거 또는 미래에 투사

- 유형화: 일반적인 성향을 개인에게 무조건 적용
- 후광효과: 두드러진 특성을 확대 적용해 사람들을 상상
- 도박사의 오류: 완전하지 않은 데이터에서 패턴을 예측
- 매몰 비용의 오류: 이미 끝난 투자에 가치를 부여해 판단
- 순진한 냉소주의: 자신이 아닌 타인의 결함을 더 쉽게 찾아냄

더 들어라

다른 사람들을 있는 그대로 더 받아들이려 노력해야 한다. 직원들과 의견이 일치하지 않는 일이 많을 것이다. 그들에게 당신의 관점을 이해시키려는 노력이 이미 끝난 일에 매달리는 헛수고처럼 느껴질 수도 있다. 때로는 그냥 듣는 것이 더 나을 수도 있다. 받아들임은 다른 사람들과 가까워지게 하고 그들 역시 당신의 말에 귀를 기울이는 출발점이 될 수 있다. 또한 당신의 회사에서 사람들의 관심을 끄는 각종 뉴스거리를 헤치고 개개인에게

실제로 중요한 것이 무엇인지 알아낼 열쇠이기도 하다.

> 전문가의 팁: 이번 주의 도전은 이웃과 가족, 동료들에게 친절하고 개방적
> 이며 신뢰할 수 있는 사람이 되는 것이다. 당신이 중요하게 생각하는 낮
> 선 사람들, 즉 잠재적 고객이나 투자자 등에게도 마찬가지로 대해야 한다.
> 인생이 걸린 도전일 수도 있다.

언어가 중요하다

스테브 제이프론Steve Zaffron과 데이브 로건Dave Logan은 공저
한 책 『위대한 성과의 법칙』에서 언어가 얼마나 중요한지 그리고
우리에게 "발생하는" 일들이 성과에 어떤 영향을 미치는지 설명
했다. 그들이 정리한 세 가지 성과의 법칙은 다음과 같다.[9]

1. 사람들이 성과를 내는 방식은 그들에게 상황이 발생하는 방
   식과 관련이 있다.
2. 상황이 발생하는 방식은 언어에서 유래한다.
3. 미래에 기반한 언어는 상황이 발생하는 방식을 바꾼다.

우리가 생각하고 자신에게 말하는 방식이 성과에 큰 영향을 미
친다. 당신은 목표를 세울 때 "수입을 20퍼센트 늘릴 겁니다"라

말하는가, 아니면 "수입이 20퍼센트 늘어날 수 있습니다"고 말하는가? 전자는 팀이 움직이도록 이끄는 약속이다. 후자는 그런 일이 일어나면 좋겠다는 것처럼 들린다. 언어가 중요하다. 당신은 명확하고 약속된 세계와 혼돈하고 혼란스러운 세계 중 어느 쪽을 창조하고 있는가?

태도가 성과를 결정한다

이러한 태도의 차이가 혼란 속에서 회복탄력성을 발휘하는 리더가 될지 아니면 일이 힘들면 포기하는 사람이 될지 결정한다. 중요한 스포일러가 있다. 빠르게 돌아가는 오늘날의 세상에서는 항상 일이 힘들다.

마틴 셀리그만Martin Seligman은 2006년 펴낸 책 『마틴 셀리그만의 낙관성 학습』에서 이러한 현상을 우리가 "이유를 찾는 방식"이라 칭했다.[10] 낙관적으로 이유를 찾는 사람들은 시련을 만났을 때 자신에게 힘이 있다고 생각하며 그에 반응한다. 시련이란 일시적인 상황이며 노력, 자신감, 능력으로 극복할 수 있다. 비관적으로 이유를 찾는 사람들은 시련을 만났을 때 자신이 무력하다고 생각하며 반응한다. 시련은 영원할 것만 같고, 자신은 부족하기 때문에 극복해 내기가 더 어려워 보인다.

내가 사회생활 초에 겪었던 CBS 텔레비전의 사례를 살펴보자.

CBS는 빠르게 수십억 달러 규모의 인수를 진행했고 그중에는 39억 달러 가치의 방송사 인피니티브로드캐스팅Infinity Broad-casting도 있었다. 당시 힘있게 인피니티를 이끌던 CEO 멜 카마진 Mel Karmazin은 월가Wall街가 사랑하는 인물이었다. 인피니티를 인수한 이후 CBS가 기존에 소유하고 운영해 왔던 라디오 방송국이 모두 카마진의 밑으로 통합되었다. 그는 놀라운 성적을 냈고 얼마 지나지 않아 CBS가 소유하고 운영하는 TV 방송국 역시 그의 밑으로 통합되었다.

내부적으로는 불쾌함과 우려가 있었다. 라디오 방송국에서 일했던 사람이 TV 방송국을 잘 이끌 수 있을지에 대한 우려였다. 게다가 카마진은 무자비한 영업맨이자 비용 절감 주의자로 알려져 있었다. 긴장감이 높아지는 가운데 카마진이 14개 TV 방송국의 영업팀을 모두 뉴욕에 소집했다. 그는 회사의 매출을 늘리기 위해 봉급은 깎고 수당을 올리겠다고 선언했다. 회의실에 침묵이 흘렀다. 전해 매출액이 4퍼센트 증가했던 탓에 참석자들은 모두 일종의 축하 행사를 기대하고 있었다. 그러나 그들은 손에 쥘 돈이 줄어들 위기를 맞닥뜨렸다.

회의에 참석한 영업 책임자 40명은 속사포처럼 질문을 내놓았다. 두 가지 우려가 가장 중요했다.

1. "우리가 모두 회사를 떠나도 괜찮겠어요?" 카마진은 한마디

로 답했다. "네."

2. "목표치를 달성하면 이 방에 있는 많은 사람이 두 배의 수당을 받게 될 겁니다. 그래도 괜찮겠어요?" 카마진은 조금 더 긴 답을 내놓았다. "여러분이 받는 수당이 두 배가 된다는 게 회사에는 어떤 뜻이겠어요? 아예 세 배씩 받아 갔으면 좋겠습니다. 여러분에게 달려 있어요."

첫 번째 질문을 던졌던 팀장은 회사에 나쁜 영향을 미치고 있었다. 그는 당시 CBS의 CEO였던 마이클 조던Michael Jordan에 관해 그리고 자신의 말에 귀를 기울이는 모든 이에 관해 불평했다. 그의 팀도 팀장의 스타일을 따라 했다. 그가 속한 방송국은 이듬해 매출이 3퍼센트에서 4퍼센트까지 성장한 세 곳 중 하나였다. 카마진은 3퍼센트라는 수치를 두고 "그건 물가 상승률이라고 하죠. 물가 상승률을 따라가는 영업팀은 필요 없어요. 당연한 일이라고요"라며 비웃었다. 결국 그와 그의 팀은 모두 교체되었다.

두 번째 질문을 던졌던 팀장은 새로운 접근 방식에 열광하며 치어리더 역할을 했다. 그는 팀이 기대를 뛰어넘도록 목표를 설정했다. 그리고 관심을 보이는 모든 이에게 얼마나 좋은 기회인지를 설명했다. 이후 12개월 동안 그는 두 배 이상의 수당을 받아 갔고, 다른 TV 방송국의 영업 책임자들도 대부분 비슷한 수준의 수당을 챙겼다. 그가 일하는 방송국은 시장 전체의 성장률이 3퍼센트로 예측된 해에 매출이 20퍼센트 이상 증가한 방송국 일곱 곳 중 하나였다.

이 사례에서 낙관주의자들은 비관주의자들과 비교해 17퍼센트포인트 더 높은 매출을 올렸다. 시장 전체의 성장률과 비교하면 7배에 달하는 성장률이었다. 게다가 이런 추세는 이듬해까지 계속됐다. 셀리그만은 자신의 책에서 생명보험사 메트라이프 MetLife에서 진행된 비슷한 실험 결과를 공유한다. 지식과 재능에서 낮은 점수를 받았지만 훨씬 낙관적이었던 구직자들이 지식과 재능은 뛰어났지만 훨씬 비관적이었던 구직자들보다 더 높은 매출을 올렸다.[10] 영업을 하는 사람이라면 누구나 공감할 것이다. 성공하려면 회복탄력성을 발휘해야 하고 낙관적이어야 한다. 80퍼센트의 매출이 다섯 번째 상담 이후에 발생한다. 그러나 영업사원의 90퍼센트는 세 번째 상담을 마친 후 포기한다.[11]

긍정적이고 낙관적인 관점을 연습하라

벤자민 프랭클린은 "헌법은 미국인이 행복을 '추구' 할 권리만 보장한다. 우리는 스스로 행복을 낚아채야만 한다"는 말을 남겼다. 감성지능은 자신의 기분, 성향, 특정한 행동에 대한 편향을 더 잘 인식할 수 있게 도와준다. 현재에 존재하면 우리는 자기 생각을 더 또렷하게 알고 그 안에서 길을 잃지 않게 된다. 이러한 인식은 더 긍정적인 마음가짐을 만들어 갈 수 있게 도와준다. 부정적인 성향이 고개를 들 때 바로잡는 행동을 취할 좋은 출발점을 확보할 수 있다. 시간이 흐를수록 정기적으로 더 또렷하고 몰입되고 긍정적인 느낌을 받게 될 것이다.

뇌의 자연스러운 부정 편향이 어떻게 작동하는지 이해하는 것 역시 부정 편향이 일어날 때 바로잡기 위한 첫걸음이다. 우리는 모두 부정 편향을 강화하는 데 많은 시간을 쓴다. 이러한 인식이 있으면 긍정 편향을 일으키는 뇌로 회로를 재정비하기 위해 시간과 노력을 기울이게 된다. 연습하면 긍정적인 태도가 당신의 새로운 기본 존재 방식이 될 수 있다. 그런 변화가 일어나면 건강과 성과, 관계도 변한다. 당신은 물론이고 당신이 살면서 만나는 모든 이가 혜택을 보게 될 것이다. 전염력이 강하다.

긍정은 성공한다

행복은 새로운 풍요다. 건강은 새로운 부富다. 과학적으로 증명된 긍정적 관점을 길렀을 때 얻어지는 혜택 9가지 그리고 부정적 관점을 발전시켰을 때 치러야 하는 대가 9가지를 정리했다.

긍정적 관점의 9가지 혜택

1. 긍정적인 리더들은 압박감 속에서도 더 나은 의사 결정 능력을 보여 준다.[12]

2. 94퍼센트가 가장 높은 수준의 효과와 성과를 내게 하는 "리더의 마음가짐"으로 차분함과 행복함, 활기를 꼽았다.[13]

3. 긍정적인 사람들이 더 오래 산다.[14]

4. 긍정적이고 낙관적인 영업사원들이 비관적인 영업사원들보다 더 많은 매출을 올린다.[15]

5. 커플이 긍정적인 소통과 부정적인 소통을 5대1의 비율로 경험할 때 결혼에 성공할 확률이 가장 높았다. 이 비율이 1대1이 되면 이혼할 확률이 훨씬 더 높았다.[16]

6. 긍정적인 사람들은 해결책을 찾아내기 위해 큰 그림을 볼 줄 안다. 부정적인 사람은 더 좁은 시각을 유지하면서 문제에만 집중하는 경향이 있다.[17]

7. 감사와 감탄을 비롯한 긍정적 감정은 선수들이 더 뛰어난 기량을 발휘하도록 돕는다.[18]

8. 긍정적인 사람들은 친구가 더 많다. 친구는 행복과 장수의 중요한 요소다.[19]

9. 긍정적인 업무 환경에서는 부정적인 업무 환경을 압도하는 성과가 나온다.[20]

부정적 관점의 9가지 대가

1. 직장에서 긍정적인 소통에 비해 부정적인 소통이 너무 많으면 팀의 생산성이 떨어진다.[21]

2. 쾌활하지 않은 사람들은 관상 동맥성 심장 질환을 겪을 확률이 더 높다.[22]

3. 부정적인 사람이 한 명만 있어도 사무실 전체의 환경이 끔찍해질 수 있다.[23]

4. 버지니아 대학교의 연구 결과 직장인 한 명이 느끼는 업무에 대한 불안 중 90퍼센트는 그의 네트워크 중 5퍼센트에서 만들어졌다. 다른 이들의 에너지를 뽑아내는 반대론자가 존재한다.[24]

5. 비관적인 남자들은 고혈압을 겪을 확률이 긍정적인 대조군의 세 배에 달한다.[25]

6. 부정적인 직원들은 그들과 대화했던 모든 고객을 영원히 겁먹게 만들 수 있다.[26]

7. 부정적인 감정은 심근 경색과 심장 발작의 위험을 높인다.[27]

8. 부정적인 태도는 스트레스 증가와 에너지 저하, 만성 통증 증가와 관련이 있다.[28]

9. 미국 질병통제예방센터에 따르면 의사를 찾는 이유 중 90퍼센트는 스트레스와 관련이 있다.[29]

제18장

더 좋은 사람이 된 나를 공유하기

리더가 되기 전에 먼저 자신을 성장시켜야 한다. 리더가 되면 다른 이들을 성장시켜야 한다.

_잭 웰치Jack Welch

　지금까지 살펴본 감성지능 기술들은 우리의 개인적 삶에 커다란 영향을 미칠 것이다. 마인드풀니스 훈련은 자기 알아차림으로 이어지고, 그 결과 자기 조절 능력이 향상된다. 그러면 자신의 동기를 더 잘 이해하면서 더 의도한 대로 사는 것이 가능해진다. 다음 몇 장에서 살펴볼 감성지능 기술은 분명히 당신이 리더로 살아가는 데 도움이 되겠지만 당신 주위의 사람들에게도 굉장한 영향을 미칠 것이다.

공감

공감은 타인의 느낌과 관점을 이해하는 능력이다. 연민은 다른 사람을 돕고 싶다는 바람을 더해 한발 더 나아간다.

효과적인 공감은 자기 자신의 느낌과 관점을 유지하면서도 타인의 느낌을 이해하는 것이다. 어려운 상황이 닥쳤을 때 인간은 무리 지어 대응하는 경향이 있다. 지지받고 싶어 하며, 특히 내가 옳고 다른 누군가가 틀렸음을 증명해야 할 때 이런 지지가 도움이 된다. 리더들은 혼란스러운 상황에 끌려 들어가 일찌감치 한쪽 편을 들기 쉽다. 하지만 공감하는 리더가 되고 싶다면 열린 태도를 유지하면서 사실이 무엇인지 그리고 실제로 어떤 일이 벌어지고 있는지 알려 하는 것이 더 좋은 접근 방식이다. 대부분의 경우 리더에게까지 문제가 알려졌을 때는 이미 감정이 개입되어 있다. 문제를 인식하면서 감정을 뒤섞게 되면 보통 나이가 들수록 더 좋지 않은 결말을 맞게 된다. 게다가 직원 여러 명이 관련된 문제라면 더 큰 파급을 불러올지도 모른다.

초기 연구에서는 인간의 뇌가 거울 뉴런(타인의 행동을 거울처럼 따라 하는 신경 세포—옮긴이)을 통해 공감하도록 연결되어 있다고 보았다.[1] 하지만 연구에 적용된 방법과 분석이 너무 단순해서 신뢰하기 어렵다는 목소리도 커지고 있다.[2] 공감은 인간 특유의 상호작용뿐 아니라 환경 조건에도 영향을 받는 복잡한 신경 회로를 포함하는 복합적인 과정이다. 우리가 서로의 감정에 반응하고, 공감하고, 연민을 보이게 되는 것은 감성지능 기술을 연마한 탓도 있지만 타고난 본능이기도 하다. 사회과학자들은 감정과 연민, 배려, 친절이 인간이라는 종의 생존에 필수적이었다는 데 동의한다. 우리 뇌는 서로 보살피도록 연결되어 있다. 다른 사람에게 무슨 일이 일어나고 있는지 알아내려는 경향이 있다. 우리는 다른 사람의 감정을 알아채고 모방하는 정서 전이emotional contagion를 통해 타인에게 반응하는 능력이 있다.[3] 전이라는 개념은 초기 거울 뉴런 연구에서 제안한 것처럼 상대를 흉내 내는 데서 더 나아가며, 개인적으로 더 설득력 있게 느껴진다.

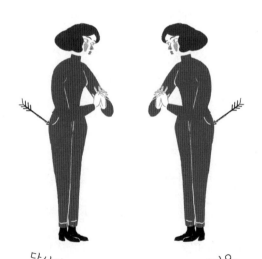

당신의 기분이 어떤지 정확히 알고 싶어요

그림 18.1 당신은 다른 사람들에게 얼마나 잘 공감할까?

인간은 사회적 존재이며 서로 이어져야 한다

리더가 방에 들어오면 그의 분위기가 다른 사람들에게 전염된다. 당당하고 장난스러운 분위기이면 다른 사람들도 동참한다. 심각하고 성난 분위기일 때는 다른 사람들도 비슷한 느낌을 풍기는 경향이 있다. 주는 대로 그대로 돌려받는다. 시간이 흐르면서 직원들은 리더에게 특정한 분위기를 기대하게 되며 그에 대비한다.

내가 한 홍보회사의 최고운영책임자였을 때 회사는 언론 분야에 매년 약 50억 달러를 투자했다. 당시 방송 부문을 이끌던 회장은 에너지가 넘치는 낙관적인 남자였고 업계의 전설이었다. 방송 일을 사랑했고 뛰어난 이야기꾼이었다. 내가 일했던 뉴욕 본부에 그가 이끄는 100명 규모의 팀이 있었다. 그 팀의 팀원들은 회장의 행동을 따라 했다. 그가 이사회에 참석하면 이사들 역시 그의 행동을 따라 했다. 행복하면서 호기심이 넘치고 열린 태도를 유지하며 공감하고 사람들을 즐겁게 하는 인물이었다. 나는 그가 회의에 참석하지 않으면 실망하곤 했다. 그는 은퇴하면서 경영진에게 "여러분에게 주어진 시간을 만끽하세요. 제가 그랬던 것처럼."이라고 적힌 시계를 선물했고 우리는 모두 사무실에 그 시계를 두었다.

불행히도 후임자는 그와 정반대의 태도였다. 너무 심각했고 몹시 직설적이었으며 자신에게는 관계보다 상여금이 더 중요하다는 사실을 분명히 했다. 몇 달 지나지 않아 그가 이끄는 팀이 그의 행동을 따라 하기 시작했다. 그 팀에서 뿜어져 나오던 기쁨과 공감이 불신과 "우리는 잘하고 있다"는 분위기로 바뀌었다. 팀원들은 그대로였지만 리더가 바뀌었기 때문이었다. 일 년 사이 회사에는 다른 팀보다 자신들이 더 중요하다고 믿는 고장 난 조직이 생겼다. 12개월 만에 뉴욕 본부의 이직률이 15퍼센트에서 30퍼센트로 급증했다. 당시 광고계의 평균적인 이직률은 20퍼센트였고 우리는 단 한 명을 잘못 고용한 탓에 평균 이하의 회사가되었다. 새 회장이 이사회에 참석하면 이사들 역시 그의 행동을따라 했다. 심각하고 방어적이면서 자신을 보호하기 위한 태도를고수하는 사람이 되었다.

몇 년 뒤 당시의 동료 한 명과 함께 옛일을 추억해 보았다. 그는사무실 책상에서 전임 회장이 남긴 아름다운 시계를 치워 버렸다고 했다. 새 회장을 볼 때마다 예전에 우리에게 어떤 리더가 있었는지 떠올라 괴로웠기 때문이었다. 정말 시계가 문제였는지는모르겠지만 나도 똑같은 행동을 했다.

나와 같은 + 친절 = 더 큰 행복

리더에게 공감 능력은 다른 사람들과 연결되고, 동기를 부여하고, 영감을 주고, 변화를 겪으며 회복탄력성을 발휘하도록 격려하기 위해 발전시킬 가치가 있는 기술이다. 이러한 기술을 갈고 닦기 위한 기본 훈련 두 가지가 있다. 첫 번째는 다른 사람이 겪고 있는 상황에 대한 이해를 넓히기 위한 "나와 같은" 훈련이다. 서로 다른 점이 무엇이든 우리는 각자 알고 있는 것보다 공통점이 더 많다. 공감하고 연민하며 더 나아가 상대방을 있는 그대로 받아들일 기회를 만들기 위해 이런 공통점을 인식하는 습관을 기르자.

두 번째는 다른 사람들의 행복을 빌어주는 "자애심" 훈련이다. 다른 사람들을, 심지어 당신의 적들까지 생각하고 그들의 행복을 빌어 주는 행동은 당신의 관계를 실제로 바꾸어 놓을 수 있다. 당신과의 관계가 어떻든 당신 곁에 사람들이 존재해야만 당신이 지지해 온 누군가에게 친절히 대하고 그들과 연결되기도 쉬워진다.

전문가의 팁: 건강한 마음 센터Center for Healthy Minds의 리치 데이비슨Richie Davidson 박사는 마인드풀니스 연민의 힘을 과학적으로 탐구하는 독보적인 연구자로, 짧은 훈련이라도 효과가 있다는 사실에 주목한다. "우리는 참가자들에게 2주간의 단순한 연민 훈련을 실시하는 간단한 실험을 했다. 단 2주간의 단순한 연민 훈련을 마친 후 뇌에 기능적 뇌자기공명영상functional MRI으로 확인할 수 있는 변화가 나타났다. 친절, 공감, 연민을 비롯해 긍정적 감정에 관여하는 것으로 알려진 뇌의 영역과 사고를 담당하는 전전두엽 피질의 연결이 강화된 것을 관찰할 수 있었다." 짧은 훈련으로도 큰 효과를 볼 수 있다.

우리에겐 더 많은 칙스가 필요하다

감성지능과 인간관계는 밀접한 관련이 있다. 리더들이 지금 여기에 존재하게 되면 다른 사람들의 느낌과 관점을 바로바로 이해하고 도움을 주기 위해 코치로서의 기술을 능동적으로 활용할수 있다. 내가 가장 좋아하는 예는 은퇴하고 감독이 된 전 농구스타 모리스 칙스Maurice Cheeks가 보여 준 모습이다. 2003년 4월 포틀랜드 트레일블레이저스Portland Trail Blazers가 댈러스 매버릭스Dallas Mavericks와 맞붙는 미국프로농구 플레이오프 경기를 앞두고 열세 살 소녀 나탈리 길버트Natalie Gilbert는 미국 국가를 부를 기회를 얻었다. 하지만 길버트는 독감을 앓고 있었다. 길버트는 국가의 첫 줄을 무난하게 시작했지만, 곧 2만 명의 관중 앞에서 가사를 버벅거렸다. 소녀는 노래를 멈추고 애써 웃은 뒤 관중석에 있는 아버지를 보며 도움을 요청했다. 하지만 아버지는 너무도 멀리 있었다. 수백만 명의 시청자가 생중계로 이 장면을 지켜보는 가운데 잠시 후 당시 트레일블레이저스의 감독이었던 모리스 칙스가 길버트를 구하러 다가왔다. 숨이 막힐 정도로 감동적인 순간이었다.

유튜브에서 "Mo Cheeks and Natalie Gilbert anthem"을 검색하면 당시 영상을 찾을 수 있다.[4] 칙스는 순식간에 등장해 바로 길버트의 어깨를 감싸고 '내가 너를 위해 이곳에 있다'는 신호를 보냈다. 그리고 함께 노래하기 시작했다. 길버트는 몇 번이나 포기하고 마이크를 내려놓으려 하지만 칙스는 다정하게 마이크를 받쳐 주며 '너는 할 수 있다'고 응원했다. 그리고 비어 있는 다른 손을 흔들며 관중 역시 함께 노래하도록 유도했다. '우리 모두가 함께한다.' 그리고 모두가 노래하기 시작했다. 어린 길버트는 기운을 되찾고 힘차게 노래를 마쳤다. 그리고 칙스의 품에 안겼다. 13살 아이의 인생에서 최악의 날이 될 수도 있었던 경험이 함께 지켜본 모든 이의 승리로 바뀌었다. 영상을 보면 그 외에도 주목할 만한 점이 몇 가지 있다. 우선 칙스의 노래 실력은 그다지 좋지 않다. 사실 그는 국가 가사를 거의 몰랐다. 하지만 오로지 길버트만을 걱정하며 스스로 나섰다. 둘째, 카메라가 벤치로 돌아가는 칙스를 비출 때 우리는 그가 거의 15미터를 걸어왔다는 사실을 알게 된다. 길버트에게 가기 위해 코트의 절반을 건너온 것이다. 그는 코치들이 하는 일을 했다. 누군가가 응원을 받고 있다

는 것을 느끼고, 집중하고, 압박감 속에서도 능력을 발휘하도록
도왔다.

칙스는 15년간 선수 생활을 하며 미국프로농구 정상을 밟았고,
네 차례 올스타팀에 선정되었으며, 4년 연속 최고의 수비팀(정규
시즌에 가장 뛰어난 활약을 펼친 수비수들로 구성한 팀. 1군 팀 5명, 2군
팀 5명을 선정한다—옮긴이)에 이름을 올렸다. 선수 생활을 마감할
당시에는 스틸에서 역대 1위, 도움에서 역대 5위의 기록을 보유
하고 있었다. 하지만 어떠한 승리와 통계도 그가 13살 소녀에게
공감과 연민을 보여 주었던 순간에 미치지 못할 것이다.

> 전문가의 팁: 공감에 관해 더 많이 배우고 싶다면 타라 쿠시노 박사의 책
> 『따뜻한 처방: 연민의 과학으로 당신의 마음과 당신의 세계를 치유하는
> 법The Kindness Cure: How the Science of Compassion Can Heal Your Heart and Your
> World』을 추천한다.[5]

사회적 기술

앞서 설명한 감성지능 기술은 좀 더 정기적으로 평안을 찾고
지금 여기에 머무르는 것이라 정리할 수 있다. 그러면 타인과의
관계에서 이해하고, 이끌고, 연결하고, 영감을 주고, 동기를 부여
하는 능력인 사회적 기술도 더 좋아진다.

그림 18.2 오늘날의 일은 열린 태도와 호기심, 협력 플레이를 요구한다

리더들은 언제든 미끄러질 수 있다. 우리는 모두 평범한 인간이다. 우리 뇌는 산만해지도록 훈련받아 왔다. 산만함은 때때로 우리에게 맞지 않는 행동으로 이어진다. 마인드풀니스가 산만해진 것을 알아채고 집중의 대상으로 돌아오도록 도와주듯 자신을 관리하는 방식을 점검하기 위한 도구도 필요하다. 이런 깨달음 때문에 '마음을 놓치지 않고 챙기는 법' 도구(그림 18.3, 18.4)를 만들게 되었다. 쉽게 자신을 점검하는 방법으로 책에도 수록했다. 주기적으로 페이지를 찾아서 최근 2주간 자신의 행동에 해당하는 항목에 모두 표시해 보자. 처음에는 아마 자신이 많은 것을 놓치고 있다는 사실을 알게 될 것이다. 괜찮다. 사실 그게 정상이다. 우리 자신에게 너무 가혹해지지 말자.

마인드풀니스mindful

나의 믿음	나의 행동	나의 말
• 모든 게 잘될 것이다.	충만함/열려있음을 느낀다.	"우리는 할 수 있어." "우리는 한 팀이야."
• 틀리지 않는 사람보다 배우는 사람이 되고 싶다.	마인드풀니스 호흡을 한다.	"……해서 고마워"
• 진솔해지면/약점을 드러내면 연결이 만들어지고 사람들을 편안하게 할 수 있다.	진짜가 된다. 삶의 이야기를 공유한다.	"내가 여기서 배운 건 ……"
• 나는 모든 대답을 갖고 있지 않다. 늘 두 가지 이상의 가능성이 있다.	마인드풀니스 듣기를 한다. 다른 사람들에게 경청하고 인정한다는 느낌을 준다.	"왜 그 반대가 사실일까?"
• 모든 것 그리고 모든 이가 나를 도와준다.	책임을 진다. 솔직하게 이야기한다.	"나는 ……에 대한 책임이 있어."
• 내 생각과 믿음, 가정에 의문을 품는 것은 좋은 일이다.	몸의 상태를 살피고 일어지려진다. 감정에 이름을 붙인다.	"내 느낌은 ……" "나는 ……를 경험하고 있어."
• 내가 검증해야 할 유일한 존재는 나 자신이다.	마인드풀니스 대화를 한다. 모두 승리할 수 있는 해결책을 만들어 낸다.	"나는 ……라고 말했어." "나는 ……를 느낀다고 했어."
• 상황을 너무 심각하게 받아들이지 않는다.	자신과 다른 사람들을 위한 재미를 만든다.	"여기서 재미를 찾아보자."
• 실제로 별어지는 일들과 "이야기들"에는 차이가 있다.	감정에서 사실을 분리한다.	"아무것도 더하거나 빼지 말고, 어떤 일이 있었던 거지?"
• 논쟁이나 혼란에 뛰어드는 건 내 일이 아니다.	'멈춰라-호흡하라-알아체라-숙고하라-반응하라(SBNRR)'를 지킨다.	"네 입장을 이해해." "내가 뭘 도와줄 수 있을까?"

그림 18.3 마인드풀니스를 연습하라

마인드풀니스가 아닐 때 mindless

whil.

나의 믿음	나의 행동	나의 말
• 틀리지 않는 것이 가장 중요하다.	권력과 이권을 고수한다.	"나는 …… 해야 해."
• 나는 위협당하고 있다.	잘못을 찾는다. 책임을 떠넘긴다.	"그건 불가능해."
• 사람 그리고/또는 환경이 내게 불리하게 작용한다.	험담하고 말을 옮긴다.	"이런/그 사람들은 쓸모없어."
• 나는 결핍 때문에 고통받고 있다. 충분한 적이 없었다.	어쩔 줄 모른다.	"그건 내 잘못이 아니야." "나는 감당이 안 돼."
• 나는 통제권을 가지고 있지 않다.	정당화한다. 합리화한다.	"……를 시도하고 있어." "사실은 ……"
• 맞는 길과 틀린 길, 오직 두 개의 길이 있다.	내 자존심/신분을 보호한다.	"나는 ……를 이해하지 못하고 있어."
• 내 시각이 옳다.	다른 사람들이 실패하게 된다. 그들을 돕지 않는다.	"나는 누구 편이야?"
• 내게는 선택권이 없다.	충돌을 피한다.	"미안해. 하지만 ……"
• 나는 헌신하지 않는다.	사심을 확인한다. 이용한다. 내 몫을 챙긴다.	"나라면 더 잘했을 거야."
• 내가 ……보다 낫다/못하다.	언쟁을 벌인다. 비교한다.	"왜 내가 이런 대접을 받는 거지?"

그림 18.4 마인드풀니스가 아닌 때를 피하라

목표는 리더로서 더 자주 자기의 생각과 믿음, 행동에 벌어지고 있는 일에 머무르는 것이다. 지금 여기를 살면 자동 조종 모드에 들어갔을 때 자신을 다잡고, 다시 지금 이 순간에 존재하도록 데려오며, 해로운 일을 했을 때도 상황을 바로잡을 수 있게 된다.

여러 해 전 나는 한 광고업체의 지주 회사에서 면접을 보았다. 광고업계로 돌아갈 생각은 크게 없었지만 다섯 번이나 전화를 걸어 "당신의 빛나는 순간을 위한 패키지"를 제안하며 그저 CEO나 만나 보라고 설득하자 솔깃했다. 인사 총괄 책임자는 인터뷰에 앞서 CEO가 면접 중 이메일에 답장을 쓰거나 통화를 할 수 있다고 경고하느라 30분을 썼다. 그는 "아, 그리고 종종 상대방에게 더 빨리 말해 달라고 요청하기도 해요"라고 덧붙였다. 나는 "제발 농담이라고 해 주세요"라고 답했다. 농담이 아니었다. CEO는 책임자의 사전 경고에 충실했다. 면접이 이어진 한 시간 중 15분은 두 통의 전화와 수많은 이메일이 차지했다. 나는 정중히 면접을 마쳤고 우리 둘은 업무수행 방식이 맞지 않을 것 같다는 의견을 전했다. 그는 개의치 않고 휴대전화를 들여다보며 "당신 손해죠"라고 답했다. 인사 총괄 책임자는 이번에도 30분간 나의 보고를 듣고 싶어 했고 "이건 참을 수 없네요"라고 대화를 끝냈다. 그 책임자는 몇 달 후 그 회사를 떠났다. 이후 몇 년간 경영진급으로 일하는 동료 다섯 명이 비슷한 경험을 했고 모두 나와 같은 선택을 했다. 사회적 기술은 중요하며, 마음을 놓치면 비용이 발생한다. 아무리 짧게 접하더라도 사람을 대하는 방식은 중요하다. 문제의 CEO는 몇 년 뒤 미국 증권거래위원회의 윤리 사찰을 받던 중 사임했고, 사찰 결과 2천만 달러 이상의 의심스러운 경비와 기타 지출을 변상해야 했다.[6]

질이 높은 관계를 발전시켜라

연구 결과 마인드풀니스를 훈련한 사람들은 더 깊고 더 진실한 관계를 발전시키는 것으로 나타났다. 심지어 사고를 담당하는 전전두엽 피질의 크기와 활성화 정도도 증가했다.[7] 뇌의 생각하는 영역은 뇌의 "감정적" 영역을 조절하는 데 중요한 역할을 한다. 둘 사이의 연결을 훈련하면 반응성은 떨어지고 더 안정적인 감정적 관계를 유지할 수 있게 된다.

> 전문가의 팁: 친구, 가족과 어울리며 활발한 사회생활을 계속하는 것 역시 인지 능력을 건강하게 유지하는 데 필수적이다. 사회 활동이 많은 사람은 그렇지 않은 사람과 비교해 평균 70퍼센트의 인지 능력만 저하되는 것으로 나타났다.[8]

상황을 너무 개인적으로 받아들이지 마라

감성지능 기술은 자신의 성공이나 실패를 개인적인 것으로만 받아들이지 않게 도와준다. 연구에 따르면 감성지능 기술을 훈련한 사람들은 성공과 실패를 받아들일 때 자신만의 서사에 지나

치게 의존하는 대신 더 객관적으로 삶의 경험을 바라보게 되었
다고 한다.[7]

"내 성과는 나 자신의 가치(여기에 자기 패배적인 믿음들을 넣어
보자)를 말해 준다"라는 관점에서 성공과 실패는 나 자신의 근본
적 가치와는 상관없는 경험이라는 더 깊은 이해로 옮겨간다고
상상해 보라.

속도를 늦추고 더 잘 듣자

우리 뇌가 우리에게 불리하게 작동하는 또 다른 방식은 말도
안 되게 빠르다는 것이다. 노벨상 수상자 대니얼 카너먼Daniel
Kahneman은 『생각에 관한 생각』에서 뇌에 두 가지 사고 시스템이
있다고 설명했다.[9]

- "시스템 1"은 얼굴을 인식하거나 추정을 하는 것처럼 빠른 사
  고를 위해 존재한다. 과거 경험을 최대한 활용하는 시스템으
  로 항상 가동되며 반사적이다. 정신적 지름길을 만들고 활용
  하며, 그래서 인지적 편향에 취약하다.
- "시스템 2"는 복잡한 수학 문제를 푸는 것처럼 느리고 신중한
  사고를 위해 존재한다. 두 시스템은 독립적으로 작동한다.

당연히 뇌는 빨리 사고하는 쪽을 선호한다. 뇌는 기계다. 따라

서 시스템 1을 사용하려 하며, 특히 맥락이 분명하지 않거나 간단히 맥락을 추론할 수 있을 때는 더 그렇다. 카너먼의 연구는 우리가 지금 하는 생각이 앞서 설명했던 수많은 인지적 편향과 일치하는 선입견에 크게 의존함을 보여 준다. 또한 인간은 단순한 답을 선호한다. 이러한 답들 역시 보통 선입견에 기초한다. 따라서 빠르게 사고할 때는 데이터를 무시하거나 맥락을 완전히 이해하지 못한 채 추정하는 경향이 있다. 그러면 실수하게 된다.

사람들은 보통 분당 125개에서 150개의 단어를 말하지만 뇌는 분당 1,000개에서 3,000개의 생각을 처리한다.[10] 카너먼의 연구와 함께 생각해 보면 다른 사람들의 말을 듣고 있을 때 뇌가 방황하는 경향이 있는 것도 전혀 놀랍지 않다. 지루해지는 것이다. 뇌를 듣는 데만 사용하는 것은 강을 건너기 위해 비행기를 타는 것과 비슷하다. 능력의 낭비다. 그래서 리더들은 이미 답을 알고 있다고 느끼며 핵심을 이야기하라고 다른 사람들을 재촉하거나 멍해진다. 어느 쪽이든 상대방은 무시당했다는 기분이 들 수 있다. 그리고 데이터나 성공 확률이 아니라 역사적으로 누적된 감정적 연상들, 즉 앞서 살펴본 188가지 확증 편향에 기초해 결정을 내려서 위기를 초래할 수 있다.

여러 연구에서 경청의 중요성을 리더들의 핵심 기술로 강조한다. 미주리 대학교 연구진에 따르면 우리는 깨어 있는 시간의 70퍼센트에서 80퍼센트를 다양한 형태의 소통에 사용한다. 평균적으로 쓰기에 약 9퍼센트, 읽기에 16퍼센트, 말하기에 30퍼센트, 듣기에 45퍼센트가 투입된다. 하지만 보통 제대로 혹은 효율적으로 듣지 못한다는 연구 결과도 있다.[11]

마인드풀니스 듣기

리처드 브랜슨Richard Branson은 "일어나서 말하게 하는 것이 용기다. 그리고 자리에 앉아 듣게 하는 것도 용기다"는 말을 남겼다. 다른 사람의 말을 집중의 대상으로 삼게 하는 5분짜리 "마인드풀니스 듣기" 연습을 소개한다.

동료나 친구와 함께 연습해 보라. 두 가지 질문을 던진 후 상대방의 말을 끊지 말고 들어라. 상대방에게 완전히 집중하라. 마음이 방황하려 할 때마다 부드럽게 상대방의 말로 다시 돌아오라.

두 가지 질문을 다음과 같다. "당신의 삶에 스트레스를 불러오는 것은 무엇인가요?" "당신의 삶에 기쁨을 안겨주는 것은 무엇인가요?"

당신이 답할 차례가 되면 이 연습이 아주 낯선 경험이라는 것을 알게 될 것이다. 시스템 1의 습성 때문에 대화 상대가 당신의 말을 끊는 법 없이 2~3분 내내 이야기하도록 둔 적이 없

었을 것이다. 한 주 내내 마인드풀니스 듣기를 시도해 보고 이
연습이 당신의 대화와 관계를 어떻게 바꾸었는지 살펴보자.

당신은 누구인가?
그리고 어떤 사람이 되어가고 있는가?

평범한 직장인이라면 도전적인 환경에서 십여 년을 보내면서
자신도 깨닫지 못하는 사이에 다른 누군가로 천천히 변할 수 있
다. 계속되는 스트레스와 변화에 대처하느라 더 큰 사명이나 팀,
심지어 자신까지 보지 못하게 될 수 있다. 빌 조지는『최고는 무
엇이 다른가』에서 "나 리더I Leaders"와 "우리 리더We Leaders"의
차이를 설명한다(그림 18.5).[12]

나 리더 vs. 우리 리더

나 리더 I Leaders	우리 리더 We Leaders
• 리더가 권력과 지위를 얻는다	• 리더가 다른 이들에게 도움을 준다
• 자신의 이익에 따라 의사 결정을 내린다	• 목적에 따라 의사 결정을 내린다
• "나 혼자 할 수 있어"	• "서로 보완하면서 힘을 발휘하는 팀이 필요하다"
• 속도를 설정하는 사람: "내가 앞으로 치고 나가면 따라 와"	• 권한을 주는 사람: "임무를 다하기 위해 함께 일하자"
• 규칙을 지켜달라고 요청한다	• 가치를 통해 길을 찾는다
• 오만하다	• 겸손하다
• 리더가 다른 이들을 지휘한다	• 리더는 다른 이들을 지도하고 조언자가 되어 준다
• 단기적인 결과에 집중한다	• 고객과 직원을 돕는 것에 집중한다
• 극단적인 신념을 고집한다	• 영감과 희망을 준다
• 충성스러운 추종자들을 키운다	• 사람들에게 이끌고 나갈 권한을 준다
• 리더만이 공을 인정받는다	• 팀에 공을 돌린다

그림 18.5 나 리더 vs. 우리 리더

스트레스가 우리를 지시형 리더십에 빠트리는 것과 마찬가지로 우리는 "나 리더" 혹은 자신의 가장 나쁜 버전으로 미끄러질 수 있다.

나는 최근 광고계에서 인사 총괄 책임자로 일하는 친구와 저녁을 먹었다. 그를 디바Diva라 부르기로 하자. 식사하는 동안 그의 기분은 점점 가라앉았다. 디바는 고객과 부하직원, 동료, 항시 대기해야 한다는 기대, 여러 직책을 동시에 소화해야 하는 것을 비롯해 온갖 일에 관해 불평을 늘어놓았다. 모든 것이 그의 "숨통을 조이고" 있었다. 나는 실리콘밸리, 월가, 여행업계, 의료업계를 비롯해 온갖 분야에서 일하는 친구들과도 비슷한 대화를 해 왔다. 우리는 모두 "정신없이 바빴다".

디바는 내가 아는 가장 재미있는 사람이다. 영리하고 에너지가 넘치는 타고난 리더이며 보통은 환경에 굴복하지 않았다. 그에게 지금 분노만이 보인다고 이야기하자 디바는 충격을 받았다. 쉽사리 할 수 있는 말은 아니었지만 우리는 서로 오래 알아 왔고 그날 그는 마치 자기 자신을 잃은 것처럼 보였다. 디바는 내 말을 받아들이기 전까지 몹시 화를 냈다.

좋은 친구가 되기 위해 냉정하게 조언하라

40대 초반에는 비슷한 대화에서 반대의 입장이었던 적이 있었다. 나는 쉴 새 없이 고충을 토로하고 있었고 친구 칼 할러Karl Haller가 나를 멈춰 세웠다. "제발 그만해. 넌 나와 가장 가까운 친구야. 내가 아는 가장 재미있는 사람이었지. 늘 너와 함께 보낼 시간을 기다리곤 했어. 그런데 요즘 너는 보통 어두워 보여. 무엇에도 만족하지 않고 쓰레기 같은 회사에 사로잡혀 있어서 함께 시간을 보내기가 점점 어려워져." 맙소사. 벽돌로 머리를 맞은 듯했다. 꼭 필요했던 경고 신호이기도 했다.

경력을 쌓고 있을 때는 회사 내의 게임에 휘말리기 쉽다. 산업마다, 회사마다 특유의 게임이 펼쳐지며 보통 다음과 같은 핵심적인 주제를 공유한다.

1. 항상 승리해야 한다(동시에 다른 누군가가 패배해야 한다면 더욱 좋다)
2. 절대 약한 모습을 보여서는 안 된다
3. 당신이 공을 차지해야 한다(아니면 미국 가수 투팍Tupac의 랩처럼 "나는 내 몫을 가져야겠어. 너는 네 몫을 가져.")

진이 빠지는 일이고 정작 우리의 삶과 경력에서 가장 중요한 관계들을 보살피지 못하도록 방해한다.

가능한 곳에서 영감을 찾아라

나는 나를 도와줄 두 가지를 찾아냈다. 하나는 가수 조니 캐쉬 Johnny Cash가 2002년 커버한 나인인치네일스Nine Inch Nails의 곡 「허트Hurt」였다. 캐시는 이 노래를 발표한 이듬해 71세의 나이로 사망했다. 이 노래는 나이가 드는 것을 한탄하면서 다른 누군가로 변해 다시 시작할 수 있기를 소망한다.[13] 수년간 나는 눈앞에서 너무나 많은 경영진이 교체되는 것을 목격했다. 우리는 무언가를 대표하기 시작하면 곧 길을 잃는다. 다른 무언가로 변하고 정신없이 이어지는 업무에 휘말려 자신이 누구인지를 놓치고 만다. 이 노래는 변화, 후회, 삶에 관한 감동적이고 잊을 수 없는 시이다. 험난한 삶과 세월에 피폐해진 캐시의 몸이 더욱더 큰 울림을 전한다.

연습을 습관화하자

내게 도움이 된 다른 한 가지는 현실 감각을 유지하는 간단한 연습이었다. 나는 디바에게도 이 연습을 가르쳐 주었다. 먼저 내가 누구인지 정의하는 단어 세 개를 고른다. 핵심을 짚는 단어여야 한다. 당신을 움직이는 건 무엇인가? 그리고 당신의 삶에서 한결같이 보여 주고 싶은 것은 무언인가? 꼭 일과 관련된 단어일 필요는 없다. 삶의 어떤 영역과 관련이 있든 괜찮다.

내가 고른 세 단어는 "재미있는", "힘을 주는", "리더"다. 내가 동료들과 친구들, 가족들에게 보여 주고 싶은 모습이다. 매일 아침 차를 몰고 출근할 때마다 이 단어들을 되새긴다.

당신은 어떤 사람이 되어 가고 있나?

칼과 앞의 대화를 주고받은 뒤 친구들이 더는 나를 묘사할 때 "재미있는"이라는 단어를 사용하지 않는다는 사실을 알아채기 시작했다. 실제로 가까운 친구와 동료에게 나를 묘사할 수 있는 세 단어를 골라 달라고 하자 주로 "심각한", "투지가 넘치는", "직접적인"을 들었다. "멍청한 놈"보다야 낫지만 내가 바라는 모습과는 달랐다.

당시의 나를 가장 잘 묘사하는 단어를 정말 솔직하게 고르면 "성질이 급한", "화가 난", "경쟁심이 강한"이었다. "재미있는", "힘을 주는", "리더"와는 한참 거리가 멀었다. 그리고 분명히 "마음을 챙기는"은 전혀 떠올릴 수 없었다.

자신을 스스로 비교하며 평가할 수 있는 기준이 없으면 당신이 되고 싶은 사람과 당신이 실제로 되어 가고 있는 사람을 견주기 어렵다. 나는 자신이 낯설고 성난 존재가 되어 가는 것을 알아채지 못했다. 실은 성질이 급하고 화를 내며 경쟁심이 강한 사람이 되어가는 사이 대단한 성공을 거두고 있었다. 나는 오래된 미국 드라마 「하우스House」의 성격 나쁜 의사 같았다. 괴로워했고, 절뚝거리며 돌아다녔고, 나는 모든 답을 가지고 있다고 생각하며 다른 사람들은 그러지 못한다는 데 분노했다. 리더로서 좋은 모습을 보이지는 못했지만 내 드라마는 시즌을 이어가며 계속되었고 승진과 보너스, 수많은 축하 만찬이 따라왔다.

이기는 것이 곧 지는 것일 때를 알아차려라

당신이 승리하는 동안 회사에서는 리더로서 어떤 모습을 보여 주든지 모든 것을 강력하게 강화하는 환경이 조성된다. 나는 성질 급하고 화를 내며 경쟁심이 강한 사람이 되는 것이 보상을 받기 위한 훌륭한 방법이라는 사실을 수도 없이 확인했다. 하지만 늘 덜미를 잡히고 만다. 당신이 그런 모습을 받아들이기 시작했다면 다른 접근 방식을 취해야 할 때다.

> 전문가의 팁: 리더들은 복잡한 측정 도구와 데이터 피드백 고리를 마련하는 데 엄청난 시간을 쓴다. 하지만 당신 자신을 위한 데이터 점검 지점을 만드는 데는 얼마나 많은 시간을 쓰는가? 당신 자신을 최적화할 계획은 무엇인가?

강력한 트리거를 만들어라

지금 나는 내가 되고 싶은 사람처럼 보일까? 이런 질문을 던지며 하루를 시작하라. 회의, 업무 평가 혹은 연인과의 저녁 식사 중에도 스스로 선택한 세 단어를 이용해 자신을 점검할 수 있다. 월에서는 심지어 새로운 직원을 위한 적응 교육 과정에도 "세 단어" 프로그램이 포함되어 있다. 팀원들과 솔직하게 직접 소통하는 동시에 누군가가 한계를 벗어났을 때는 다른 팀원들과 함께 도움을 줄 수 있는 계기가 된다. 누구나 그런 시기를 맞을 수 있다.

스스로 인정하는 완벽주의자로서 나는 항상 뜻을 이룰 방법을 찾는다. 어쩔 수 없다. 늘 내게 닻이 되어주는 세 단어와 씨름하는데, 특히 "힘을 주는"이 어렵다. 그래서 연습이 필요하다. 하지만 이런 소소한 연습이 더 행복하고, 더 연결되고, 더 협력적인 사람이 되려 노력하면서 계속해서 일을 추진하는 데 도움을 준다는 사실을 알게 되었다.

당신만의 세 단어 닻을 만들어라

바로 분노로 치닫는 친구가 있다면 당신의 도움이 필요할 수도 있다. 그들에게 간단한 두 가지 질문을 던져라. "당신이 되고 싶은 모습을 나타내는 세 단어는 무엇인가?" "실제로 당신이 되어가고 있는 사람을 묘사할 수 있는 세 단어는 무엇인가?" 지금 여기에 존재하며 집중하고 친절한 사람이 되고 싶지만, 우리 모두 종종 미끄러지고 만다. 리더로서 보여 주고 싶은 모습과 지금 실제로 보여 주는 모습을 비교하면서 점검 기준으로 삼을 수 있다. 때로는 둘 사이에 아주 큰 차이가 존재한다. 당신은 어떤가?

일관성이 중요하다

오길비앤매더Ogilvy&Mather를 떠나는 것은 내 경력을 통틀어 가장 어려운 결정이었다. 나는 모회사인 WPP에서 10년간 일하며 세 개 법인을 운영했다. 이 회사를 사랑했고 두 달 앞서 퇴사를 알린 후에도 끝까지 하루에 12시간씩 일했다. 마지막 주에는 오길비의 전설적인 CEO 셸리 라자러스Shelly Lazarus를 만났다. 라자러스는 상냥했으며 나를 격려해 주었다. 그리고 "오길비의 문은 언제나 당신에게 열려 있을 거예요"라며 내게 감사를 표했다. 나는 위대한 인물을 마주하고 있었다. 영원히 잊을 수 없는 감동적인 순간이었다. 현재 CEO인 존 세이퍼트John Seifert 그리고 이사들과 각 부문의 CEO들도 같은 말을 들려주었다. 사람을 소중히 여기는 것은 오길비 디엔에이DNA의 일부다.

유일한 예외가 지금은 이 회사를 떠난 한 부문의 CEO였다. 그는 내가 떠난 다음 날 약 200명의 직원이 참석한 회의에서 내가 경쟁회사로 이직한 것을 개인적인 배신이라 생각한다고 말했다. "제가 아는 한 조 버튼에게 오길비의 문이 열리는 일은 영원히 없을 겁니다." 이사 몇 명이 내게 전화를 걸어 대신 사과했다. 기업 문화에 맞지 않는 발언이었다. 내가 오길비에서 쌓았던 실적과도 맞지 않았다. 하지만 나는 바로 그의 실수를 용서했다. 나는 오길비를 사랑했다. 반면 그는 조직과 강력하게 부딪히는 메시지를 보냈다. 핵심 가치와 일관성, 사회적 기술이 중요하다. 그리고 리더라면 감정에 치우쳐 범한 작은 실수라도 지속적인 영향을 미칠 수 있다.

제19장

아이를 키울 때 활용할 수 있는 감성지능 기술

다른 모든 이와 마찬가지로 결함이 있는 존재인 부모를 마침내 용서할 때 우리는 비로소 어른이 된다.

_더글라스 케네디Douglas Kennedy

행복은 가정에서 시작된다. 그런데 스트레스도 마찬가지로 가정에서 시작된다. 육아는 우리가 리더십을 발휘해야 하는 가장 큰 도전이지만 스스로 스트레스를 잘 관리하고 있다고 믿는 사람은 삼 분의 일에 불과하다.[1] 놀라운 일은 아니다. 우리는 사회적 경력, 재정 상태, 학교 일정, 숙제 그리고 확장된 가족들까지 챙겨야 한다. 미국에서 18~34세에 해당하는 젊은 성인의 수가 75년 만에 최대치를 기록한 2016년에는 이러한 스트레스가 증가했다.[2] '부모로서 나는 더 이상 해 줄 수 있는 게 없다'고 느끼는

일도 상당히 흔하다. 실제로 25퍼센트의 부모가 정서적 지지를 충분히 얻지 못한다고 생각한다.[3]

학교에서 전혀 가르치지 않는 것이 두 가지 있다. 하나는 부모가 되는 법이다. 다른 하나는 자신의 감정을 다스리는 법이다. 우리는 두 가지 모두 아무런 대비를 하지 않다가, 막상 맞닥뜨리면 가장 좋은 결과로 이어지길 바란다. 훌륭한 전략은 아니다. 스트레스에 짓눌리고 산만해진 마음을 집까지 끌고 와 가족들과 공유하기 쉽다. 그들에게 원치 않는 선물을 계속 준다.

"지시형" 문화는 일터에서 문제를 일으키기 쉽다. 그리고 가정에서는 아이들이 당신의 가장 나쁜 점 일부를 물려받도록 몰아가는 가운데 당신이 가장 사랑하는 사람들과의 관계를 영원히 바꾸어 버릴 수 있다.

많은 가정이 맞벌이를 하는 오늘날 마인드풀니스 육아는 아이들을 "완벽하게" 키우는 것보다 아이들과 긍정적인 관계를 맺고, 소통을 가능하게 하며, 경계를 정하는 데 도움을 준다. 사실 완벽한 육아란 불가능하다. 더 실용적인 접근법은 연결된 상태로 지금 여기에 머무는 것이다. 이 책에서 소개했던 감성지능적 행동들을 본보기로 삼아야 한다. 마인드풀니스 훈련이 아이들의 불안과 우울, 잘못된 행동을 줄여 준다는 연구 결과가 있다.[4]

불과 몇 년 전만 해도 나는 집을 업무를 처리할 수 있는 또 다른 장소로 생각하는 "상시 대기" 아빠였다. 집에 도착하면 30분에서 60분 정도 그날의 마지막 전화 회의를 했다. 잠자리에 들기 전 아이들을 보는 시간은 하루에 한 시간 정도밖에 되지 않았다. 이메일에 답하느라 낭비한 귀중한 시간이 너무도 많았다.

마인드풀니스와 감성지능 기술을 발전시킬 때 얻을 수 있는 가장 큰 혜택은 자신이 실제로는 가족과 함께하고 있지 않을 때 스스로 알아차릴 수 있게 된다는 것이다. 그러면 흐름을 바꿀 수 있고 실로 커다란 변화가 일어난다. 연구 결과 자기 효능감과 자신감이 개선되면 육아의 질이 상당히 향상되었으며, 어린 시절 심각한 수준의 트라우마를 경험했던 사람들에게서도 같은 효과가 나타났다.[5]

작은 것부터 시작하라

마인드풀니스와 감성지능은 당신과 아이들의 안녕을 위해 평생 갈고 닦아야 할 기술이다. 내 경험에 비추어 볼 때 이러한 리더십 기술을 육아에 끌어들이는 가장 좋은 방법은 가족에게 도움이 되지 않는 건강하지 못한 기준을 없애고, 내가 가장 사랑하는 일들이 자동조종 모드에 말려들 때 알아차리는 것이었다. 지금 당장 시작해 보자. 다음 세대인 Z세대는 이미 가장 높은 수준의 스트레스를 호소하고 있다. 당신의 아이들은 학교에서, 대학에서, 삶에서 이런 기술이 필요할 것이다.

가족이 연결될 수 있는 쉽고 반복적인 루틴을 골라 거기서부터 시작하자. 그러면 더 긍정적인 새 습관과 루틴, 전통을 만들 수 있다. 내가 찾아낸 기적을 만드는 법을 정리했다.

아이들이 참여하게 하자

내 아들들은 학교의 무술 수업과 체육 수업에서 마인드풀니스를 접했다. 체육 선생님들은 마인드풀니스의 이점을 활용하려 했다. 우리 가족은 몇 년 전부터 주말마다 5분간 함께 앉아 있는 연습을 시작했다. 이 시간을 통해 아이들에게 뇌가 작동하는 법, 가족의 분위기와 언어를 바꾸는 법, 잘못된 루틴에 빠졌을 때 다른 루틴을 만들어 내는 법을 가르칠 수 있었다.

그림 19.1
작은 나 돌보기

식탁에서 감사하는 연습을 하자

어린이들과 함께하는 일상적인 가족 훈련 중 내가 가장 좋아하는 것은 저녁 식사를 하며 "장미, 꽃봉오리, 가시"를 이야기하는 것이다. 함께하는 이들은 각자 그날 가장 좋았던 일(장미)과 가장 좋지 않았던 일(가시), 그리고 앞으로 가장 기대되는 일(꽃봉오리)을 공유한다. 이 훈련은 대화를 원활하게 하고, 심지어 상황이 어려울 때도 우리 삶에는 좋은 것이 있다는 사실을 알고 감사하게 한다. 우리가 쉽사리 내뱉지 않는 "고마워", "사랑해", "네가 자랑스러워" 같은 말들을 연습하는 훌륭한 방법이기도 하다. 연구 결과 아주 간단한 감사 훈련도 마음가짐을 긍정적으로 바꿀 수 있었다.[6]

가족이 함께하는 특별한 밤을 만들자

우리 가족이 가장 사랑하는 전통은 금요일 "영화의 밤"이다. 너무 많은 가족이 자동 조종 모드로 저녁을 보낸다. 아이들이 TV를 보는 사이 부모는 이메일에 답장하거나 집을 치운다. 하지만 의도를 갖고 서로 연결되는 특별한 시간을 만들 수도 있다. 함께 본 영화에 관해 이야기하며 서로 무엇을 좋아하는지, 좋아하지 않는지, 그리고 이유가 무엇인지도 알게 된다. 각자 감상이 다르더라도 서로 존중하는 가운데 아이들도 자기 의견이 중요하다는 것을 이해하고 자신감 있게 자신을 표현할 수 있는 건강한 토론의 장이 만들어진다.

자유로워질 기회를 주자

A 유형 성격의 소유자라면 완벽한 하이킹이나 식당, 휴가를 기대한 나머지 흥을 깨는 사람이 되기 쉽다. 이런 행동은 가족들의 숨통을 조인다. 나는 몇 년 전 새로운 전통을 만들었다. 아이들에게 내 생일 계획을 맡긴 것이다. 그리고 하루 휴가를 냈다. 30년간 일하며 한 번도 해본 적이 없는 행동이었다. 가족들은 내가 보낸 메시지를 제대로 이해했다. 아이들이 세운 계획은 여러분이 예상하는 그대로였다. 미니 골프를 쳤고, 점심으로 피자를 먹었으며, 비디오 게임을 했다. 그리고 함께 내 생일 선물을 조립했다. 트레비 분수를 만드는 레고 세트였다. 어린아이들에게 모든 일을 맡기는 것은 놀라운 경험이었다!

> 전문가의 팁: 어린아이들이 전자 기기를 사용할 수 있는 시간에 제한을 두자. 그리고 스스로 그 시간을 얻게 할 수도 있다. 우리 아이들은 온라인 수업을 20분 들으면 주말에 아이패드를 쓸 수 있는 시간 20분이 생긴다. 보상을 원한다면 노력해야 한다.

자기 연민을 실천하자

자신에게 가끔 "혼자인 시간"을 주자. 조금 더 자는 것, 운동하는 것, 자신만의 친구와 어울리는 것 모두 자신을 스스로 돌보는 일이다. 아이들은 당신이 하는 말에 귀 기울이기보다 당신이 하는 행동을 본다. 당신이 자신을 보살피는 모습을 보면 도움이 될 것이다.

반려자에게 감사하자

연구에 따르면 마인드풀니스는 관계의 만족도와 관련이 있다. 게다가 높은 수준의 마인드풀니스는 애착 불안의 영향을 감소시켜 관계가 끝날 위험을 줄인다.[7] 당신에게 좋은 것이 가족 모두에게 좋은 것이 된다.

감사 연습

당신의 반려자를 당연한 존재처럼 여기는 함정에 빠지기 쉽다. 월의 프로그램 중 반려자에게 고마움을 전하는 1분짜리 감사 훈련을 소개한다.

편안하지만 정신이 맑아지는 자세를 찾아 눈을 감고 반려자가 당신과 함께 있다고 상상해 보라. 반려자를 마음속에 그려 보라. 어떻게 생겼는지, 어떤 느낌인지 떠올려라. 한 명의 인간으로서 상대방을 그리고, 그가 가족을 돌보기 위해 해 온 모든 것을 온전히 인식할 수 있도록 마음 깊이 감사하라. 머릿속에 떠오르는 모든 이미지를 알아차리고 진심 어린 감사의 마음이 반려자에게 향하도록 하라. 이 과정에서 어떤 느낌이 드는지 인식하라. 훈련을 마치면서 상대방이 당신의 삶에 함께해 주는 데 고마워하라. 이후 반려자를 만나면 이러한 감사의 마음을 전하고 당신이 그를 생각했다는 것을 이야기해 보자.

잠이 들도록 도와주자.

아이들이 잠자리에 들면 불안을 가라앉히고 쉽게 잠들 수 있도록 2~3분 정도의 마인드풀니스 훈련을 시도해 보라. "지금 여기에 머무는 것"은 지금 일어나지 않는 일들을 놓아 버리는 법을 배우는 것이라는 사실을 알려 줄 좋은 루틴이다(효과가 없다면 애덤 맨스바크Adam Mansbach가 2011년 발표한 베스트셀러 『재워야 한다, 젠장 재워야 한다』를 살지 고민해 보자.[8] 싫으면 말고).

그림 19.2
오늘날의 십대들은
특히 도움이
필요하다

각 세대의 이야기를 공유하자

『가족을 고쳐드립니다』의 작가 브루스 파일러는 각 세대의 이야기를 공유하는 것이 가장 좋은 학습 방법이라고 썼다. 자신과 비슷한 사람들의 분투와 승리를 알게 되기 때문이다.[9] 아이들이 삶은 다사다난한 것이고 그래서 너무 심각하게 받아들일 필요가 없다는 사실을 이해하도록 도와준다.

내재적 보상에 초점을 맞추자

1970년대 초반부터 시작되어 점점 늘어나고 있는 연구들은 외적 보상에 초점을 맞추면 어린아이의 내재적 흥미를 약화시킬 수 있음을 보여 준다.[10] 뇌물은 동기 부여가 되지 않는 아이들을 만든다.

연구 결과 성취가 뛰어난 아이들은 스트레스를 덜 느끼고, 어린 나이에도 책임감이 있으며, 사회적 기술이 있고, 부모와 건강한 관계를 맺고 있으며, 성장하겠다는 마음가짐을 보이는 등 많은 공통점이 있었다.[11] 육아에 감성지능과 마인드풀니스 리더십 기술을 적용하면 수동적으로 반응하는 대신 지금 여기에 존재하면서, 조바심을 내는 대신 의도적으로, 추측을 하는 대신 이해할 수 있는 방법이 생긴다. 이러한 기술들은 차분하면서도 진심으로 궁금해하면서 경탄하는 태도로 아이들을 보고 그들의 말에 귀 기울일 수 있게 한다. 또한 당신의 생리 작용에 영향을 미쳐 뇌의 화학 작용이 스트레스에서 멀어지고 안녕한 상태로 다가가게 한다. 가족 구성원 모두에게 유용한 변화다.

육아 트리거 관리하기

아이들은 자신에게는 전혀 거슬리지 않을지 몰라도 부모는 폭발할 수 있는 행동을 반복하기도 한다. 그런 일이 자주 일어나면 일상이 된다. 그러면 아이들은 부모가 폭발해도 무시하는 법을 배우거나 그런 상황을 두려워하게 된다. 손을 쓰지 않으면 건강하지 않은 트리거와 반응의 조합이 가족의 문화가 된다. 이러한 트리거들을 점검하고 약화해 주는 월의 5분짜리 일기 쓰기 훈련을 시도해 보자. 2분 30초 동안 첫 번째 문장을 이어서 쓰고, 나머지 시간 동안 두 번째 문장을 이어서 쓴다.

첫 번째 문장: 우리 아이들이 하는 행동 중 나를 화나게 하는 것은 ……
두 번째 문장: 내가 이러한 행동에 더 잘 대처하려면 ……

훈련을 마친 후 앞으로 트리거를 맞닥뜨리면 앞에서 다루었던 S.T.O.P 기술이나 SBNRR 기술을 활용하며 대처하겠다고 마음먹자.

공통점과 차이점을 살펴보자

육아가 주는 가장 큰 기쁨은 한 아이가 온전한 한 사람으로 성장하는 모습을 지켜보는 것이다. 자신만의 인격과 유머 감각, 옷이나 음식 취향을 발전시켜 가는 것을 보면 경이롭기 그지없다. 하지만 부모들은 종종 자동 조종 모드에 빠져 어린아이도 고유한 인간이라는 사실을 잊곤 한다. 이런 상황이 되면 아이들이 건강하지 않은 수준까지 자신을 닮도록 부추기게 된다.

전문가의 팁: 타라 쿠시노 박사는 아이들과 함께 좋아하는 것과 싫어하는 것, 좋아하는 이유와 싫어하는 이유, 장점과 단점 같은 서로의 공통점과 차이점을 이야기해 보라고 추천한다. 서로 솔직해질 기회를 만들 수 있고 가족 전체의 공통점과 핵심 가치를 찾아낼 수도 있다. 가족의 한 사람 한 사람이 얼마나 고유하고 놀라우며 기발한지 확인하며 즐거워할 수도 있다.

회복탄력성을 보고 배울 대상이 되기

당신이 아이들과 같은 나이였을 때 어땠는지, 어떻게 어려움을 이겨 냈는지, 언제 가장 자랑스러웠는지 공유하는 것도 도움이 된다. 슬프고, 실망스럽고, 화가 나고, 마음이 아프고, 혼란스러웠을 수도 있다. 아니면 마냥 기쁘고, 들뜨고, 행복했을 수도 있다. 모두 괜찮다. 신체적-감정적 통증이나 고통을 경험할 수도 있다. 때로는 "내가 미안해"나 "너를 사랑해"라는 말을 하기 위해 엄청난 용기가 필요할 수도 있다. 우리는 누구나 안전하고, 건강하고, 행복하고 사랑받기를 절실히 원한다. 이러한 경험들은 한 아이가 그저 자기 자신이 되려면 거쳐야 하는 평범한 도전에 맞서는 동안 그저 있는 그대로의 자신으로 괜찮다는 느낌을 받도록 도와줄 수 있다. 자신이 어떤 이야기를 하고 있는지 의식하고 아이의 발달 단계와 가장 잘 소화할 수 있는 시기, 당신이 이야기를 꺼낸 목적을 고려하자(물론 술이나 약물, 기물 파손, 10대 섹스 등 특정한 주제는 피하는 게 나을 수도 있다는 사실도 기억하자).

당신의 루틴을 바꾸어 당신의 세상을 바꾸자

마인드풀니스 육아와 마인드풀니스 리더십은 삶의 모든 면에 더 많은 놀이와 기쁨, 감사를 더해 준다. 또한 젊은 정신을 가질 수 있게 도와준다. 다른 사람들도 당신을 지켜볼 수 있게 연습하

자. 그러면 당신과 함께 살아가는 사람들에게도 옮겨 갈 것이다.

전문가의 팁: 십 대 자녀와 어울리는 데 어려움을 겪고 있다면 멋진 친구인 대니얼 시겔Daniel Siegel 박사가 쓴 『십대의 두뇌는 희망이다』를 강력히 추천한다.[12]

제20장

마인드풀니스를 루틴으로 만들자

나는 계속 숨을 쉬어야 한다. 그러지 않으면 내 일에서 최악의 실수가 될 것이다.

_스티브 마틴Steve Martin(미국의 영화배우—옮긴이)

　나는 지금까지 마인드풀니스와 감성지능이 리더인 당신 자신의 신체적-정신적 안녕을 가능하게 할 뿐 아니라 직원들의 성과와 당신이 몸담은 회사의 문화를 완전히 바꿀 수 있게 도와줄 도구라 설명했다. 2018년에는 포춘 500대 기업 중 절반이 직원들의 스트레스를 줄이고 성과와 생산성, 안전을 향상하도록 돕기 위해 공식적인 마인드풀니스 프로그램을 마련할 예정이다. 구글, 제너럴일렉트릭, 에스에이피, 프라이스워터하우스쿠퍼스, 애트나, 포드, 애플, 카이저퍼머넌트Kaiser Permanente, 타겟, 세일즈포스 같은 기업들은 이미 직원들의 건강과 사업적 성과를 개선하기 위해 마인드풀니스와 회복탄력성 훈련을 기업 문화의 일부로 받아들였다.

수천 개의 연구에서 마인드풀니스 훈련으로 스트레스 감소, 회복탄력성 향상, 수면 개선 등의 혜택을 얻을 수 있음이 확인되었다. 또한 기업은 결근율과 이직률을 낮추고 건강 관리 비용을 줄이는 동시에 문화를 개선하고 생산성을 높이는 효과를 볼 수 있다. 이제 당신과 당신 회사의 투자 수익률을 높여줄 과학적 도구들을 보유하게 되었다.

이 책에서 소개한 프로그램들을 비롯해 마인드풀니스와 감성 지능 훈련을 계속하면서 내 삶은 완전히 바뀌었다. 마인드풀니스와 명상 훈련은 자신에게만 골몰하는 것이 아니다. 리더인 우리는 쉴 새 없이 뇌를 쓴다. 뇌에 회복하고 정비할 시간을 주는 것은 당신의 정신적-정서적 안녕과 성과, 관계, 잠을 위해서도 필요한 일이다. 리더가 되려면 자신을 돌보는 것에서 시작해야 한다.

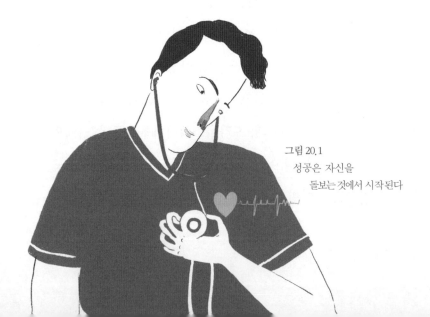

그림 20.1
성공은 자신을
돌보는 것에서 시작된다

또한 마인드풀니스는 하루에 5분, 10분씩 명상을 하는 것으로 끝나지 않는다. 삶의 방식이라 할 수 있다. 당신의 몸 상태와 경력을 엉망으로 만들어 행복과 성과를 떨어뜨리고 수명까지 몇 년이나 단축할 수 있는 부정적이고 건강하지 못한 루틴을 바꾸는 것이다. 당신 내면의 비평가들, 즉 머릿속에 자리 잡은 강압적인 비평가들과의 대화를 바꾸는 것이다.

살면서 내 마음속에서 오가는 대화를 바꿔 놓는 사건이 두 번 있었다. 첫 번째 사건은 내가 펜실베이니아주 피츠버그에서 복지 제도에 의존하며 자라던 아홉 살 때 일어났다. 미국소년소녀클럽이 나를 찾아냈고 포기하지 않았다. 이 단체는 내 마음속에서 오가던 대화를 부끄러움, 불안, 공포에서 희망, 자신감, 가능성으로 바꿔 놓았다. 지금까지 두 명의 누나를 잃었기 때문에, 나는 주저 없이 미국소년소녀클럽이 내 삶을 구했다고 단언할 수 있다.

두 번째 사건은 사십 대에 들어서던 해에 일어났다. 마인드풀니스 훈련은 화가 나 있고 조바심을 내며 불만에 찼던 내 마음속 대화를 목적을 가지고 연민을 품으며 의도적으로 삶의 경험을 만들어 가는 대화로 바꾸어 놓았다. 지금 생각해 보면 나는 세계적인 기업들의 최고재무책임자와 최고운영책임자를 맡았던 것을 비롯해 놀라운 경력을 쌓아 왔다. 하지만 계속되는 변화와 혼란에 맞서 나 자신의 정신적-정서적 안녕을 요령 있게 관리하기 위한 올바른 훈련이나 도구, 마음가짐은 지니지 못했다. 제대로 된 기술이 없는 상황에서 나는 뇌가 부정적인 면에 집중하고 지금 일어나지도 않은 일들을 걱정하도록 훈련했다. 건강이 망가지는 것도 알아채지 못한 채 정신의 함정에 빠져들었다. 이제는 인간이라면 누구나 겪을 수 있는 일이라는 것을 안다. 마인드풀니스와 감성지능 훈련이 새로운 삶을 시작할 수 있게 해 주었다.

우리는 계속되는 변화에 맞서며 동료들을 불신하게 된다. 고객들을 미워하게 되고 직원들은 물론 가족들까지 무시하게 된다. 스마트폰에 중독된다. 불면증의 대가가 된다. 건강하지 않은 반추를 계속하며 만성 통증을 키운다. 모두 훈련된 행동이다. 많이 연습할수록 잘하게 되기 때문이다.

마찬가지로 우리는 더 집중하고 현재에 머물도록 자신을 훈련할 수 있다. 낙관주의, 신뢰, 인내를 기본적인 상태로 만들 수 있다. 더 행복해지고, 더 건강해지고, 더 몰입하는 법을 배울 수 있다. 하지만 연습해야 한다. 평범한 사람은 하루에 2만1천 6백 번 정도 숨을 쉰다. 모든 호흡이 정신을 집중하고 신경계의 긴장을 풀면서 당신이 되고자 하는 리더가 되는 데 도움을 얻기 위해 바로 지금 이 순간에 의식을 가져갈 기회다.

그러면 압박감을 느끼면서도 평온을 유지할 수 있는 경쟁 우위가 생기고, 무조건 반응하기 전에 잠시 멈추고 숙고할 수 있게 된다. 많이 연습할수록 잘하게 된다. 감사와 연민, 수용, 목적, 용서를 연습하길 권한다. 더 건강하고 더 긍정적인 존재로 사고하게 된다. 연습이 가능성을 만들어 낸다. 산만해질 때 자신을 붙들고 집중하는 대상에 돌아오게 하는 법을 배우는 것이 현대를 살아가는 이들에게 가장 중요한 생활 기술일 수도 있다. 찰스 다윈 Charles Darwin이 쓴 것처럼 "가장 강하고 지능적인 종이 아니라 변화에 가장 잘 반응하는 종이 살아남는다." 게다가 빠르게 변화하는 시대다.

레스 브라운Les Brown은 "내일 남들이 가지지 못할 것들을 가지려면 오늘 남들이 하지 않는 일들을 기꺼이 해야만 한다"는 말을 남겼다.[1] 모두 성공을 꿈꾸지만 꿈을 이루려면 지금 이 순간에 존재하면서 깨어 있고 몰입해야 한다. 아쉽게도 마인드풀니스를 알약으로 만들 수는 없다. 마인드풀니스를 습관이라고 말하는 이유다.

이 책은 행동하길 요구한다. 당신의 집중력과 인식을 훈련하는 데 마인드풀니스를 활용하라. 하루에 5분은 당신의 삶을 구하기 위한 훈련에 투자하라. 더 마음을 챙기는 방식으로 살아가기 위해 당신이 배운 것들을 활용하라. 당신이 하는 모든 일에 자기 알아차림, 자기 조절, 의도, 목적, 연민을 더 불어넣을 수 있도록 이 책에서 접한 감성지능 기술들을 통합하라. 평정을 유지하면서 호기심을 느끼고 판단하지 않으면서 집중하고 지금 여기에 머물면서 인식하도록 기본적인 존재 방식을 새롭게 만들 수 있다. 매일 필요한 만큼 몇 번이고 다시 시작하고, 다시 설정하고, 다시 집중하는 법을 배워라. 마인드풀니스가 인생 경험의 모든 측면에 안녕을 가득 채워 넣도록 하라. 그리고 그 보상을 만끽하라. 당신이 되고 싶은 사람, 반려자, 리더가 되어라.

에이브러햄 링컨은 언젠가 "사람들은 보통 스스로 행복하겠다고 마음먹은 만큼 행복하다"고 썼다. 감성지능과 마인드풀니스 훈련을 익힌 덕분에 내가 너무 오랜 세월 동안 잘못된 마음 상태로 일해 왔다는 사실을 깨달을 수 있었다. 『가지 않은 길, 마인드풀니스』에서 소개한 훈련을 몇 달간 계속한 끝에 내가 되고 싶은 사람이 되어가는 방향으로 내 삶을 완전히 바꾸어 놓을 수 있었다. 여러분도 분명 나와 같은 경험을 할 수 있을 것이다.

여러분은 항상 여러분의 뇌를 훈련하고 있다. 가장 많이 연습하는 것을 가장 잘하게 된다. 왜 의도적으로 훈련하지 않는가? 당신 자신과 가족들, 동료들을 위해 해야 한다. 습관처럼 계속하라.

그리고 마지막으로 묻는다. 당신은 어디로 가고 있는가? 그리고 무엇을 만들어 낼 것인가?

마지막 전문가의 팁: 삶이 괴로울 수 있다. 모든 것을 너무 심각하게 혹은 너무 개인적으로 받아들이지 마라. 진실은 당신은 지금 존재하는 그대로 온전하다는 것이다. 그리고 아주 조금 더 나아질 수도 있다.

부록: 윌Whil의 무료 콘텐츠

많은 콘텐츠를 접하고 싶다면 whil.com에 접속해 다양한 무료 기사와 이북, 모범 사례 지침을 살펴보자. 인사, 학습, 복리후생 담당자들에게 평생 교육 학점을 제공하는 월간 팟캐스트도 있다.

윌의 디지털 훈련 프로그램은 직장인들을 위해 회복탄력성, 마인드풀니스, 감성지능, 요가, 수면에 관한 250개 이상의 프로그램을 제공하며 1,500개 이상의 영상 및 음성 훈련이 지원된다. 윌은 서비스형 소프트웨어로 대형 기업을 기준으로 구독자마다 매년 15달러 안팎의 구독료가 부과된다. 또한 주요 건강 및 학습 관리 시스템에 통합할 수 있다.

직원들의 안녕과 기업 문화를 바꾸기 위한 'CML 워크숍'이나 인증 프로그램, 강의, 도서, 디지털 훈련 제공에 관해 문의하고 싶다면 infowhil.com으로 연락 주시기 바란다.

링크드인에서 저자 조 버튼의 정보를 확인할 수 있으며 트위터 계정 @joeWburton에서 저자를 팔로우할 수 있다.

저자 소개

조 버튼은 직장인들이 스트레스를 줄이고 회복력을 높이며 성과를 향상할 수 있도록 도와주는 세계적인 디지털 마인드풀니스 훈련 플랫폼 윌의 창립자이자 CEO다. 명상 전문 온라인 헬스케어 기업 헤드스페이스에서도 회장을 맡았던 디지털 헬스 분야 기업가이며, 여러 상장기업에서 15년간 최고운영책임자를 역임하기도 했다. 하버드 경영대학원을 졸업했고 「포브스Forbes」, 「앙트레프레너Entrepreneur」, 「비즈니스인사이더Business Insider」, 「옵서버the Observer」, 「24아워피트니스24 Hour Fitness」, 「허프포스트 HuffPost」에 꾸준히 글을 싣고 있다. 50여 개국에서 일했고 전 세계를 누비며 혼란과 기업 문화, 감성지능 기술, 상황 인식, 경쟁 우위로서의 마인드풀니스에 관해 이야기하고 있다. 기업용 명상 프로그램 '너의 내면을 검색하라search inside yourself'의 지도자 자격증도 가지고 있다. 경영진으로 일하며 스트레스에 짓눌렸던 시절 마인드풀니스를 알게 되었고 처음에는 "절대 나를 위한 것은 아니"라며 무시했지만 이후 마인드풀니스 덕분에 삶이 완전히 바뀌었다.

여러 웹캐스트와 팟캐스트에 출연했으며 핏빗 캡티베이트Fitbit Captivate, 스탠퍼드 메디신 엑스Stanford Medicine X, 에이치알 테크 페스트HR Tech Fest, 히어로 포럼HERO Forum, 버진 펄스 스라이브 서밋Virgin Pulse Thrive Summit, 포에이의 탤런트4A's Talent 2030, 커넥티드 헬스 심포지엄Connected Health Symposium, 메인스트림 Mainstream, 글로보포스 워크휴먼Globoforce WorkHuman, 내셔널 비즈니스 그룹 온 헬스National Business Group on Health, 브레인 퓨처스 콘퍼런스Brain Futures Conference 등 전 세계에서 열린 행사에서 기조연설자로 활약했다.

5천여 명의 청중 앞에서 연설한 적도 있다. 즉흥적인 유머와 편안하게 공감을 끌어내는 화법으로 유명한 버튼은 스트레스와 혼란에 대처했던 경험과 고성과 조직을 운영했던 경험을 공유한다. 복잡한 주제를 이해하기 쉬운 언어로 풀어내며 그 근거로 최신 연구를 제시한다. 또한 윔의 CEO로서 직장인들을 위한, 직장인들에 의한 뇌 훈련 기술을 현대화하고 있다. 우리 모두를 위한 마인드풀니스를 만들어 가고 있는 것이다.

버튼은 헤드스페이스, 랜턴Lantern, 리프레시바디Refresh Body, 오픈아워Open Hour에 이사회 고문과 투자자로 참여하는 것을 비롯해 30개가 넘는 기술 스타트업에 자문을 해왔다. 소셜미디어 광고컨소시엄Social Media Advertising Consortium의 이사를 지내기도 했다. 『마음을 챙기는 비즈니스 콘퍼런스 백서: 혼란의 시대에 고성과와 리더십, 문화를 위한 로드맵The Mindful Business Conference White Paper: A Roadmap for High Performance, Leadership and Culture in the Age of Disruption』(2016)을 공저했다. 단독 저서로는 『소셜 마케팅에서 강력한 중간자의 가치The Value of the Power Middle in Social Marketing』(2013)와 『디지털 광고와 미디어 서비스의 경제 이해하기: 전통적인 광고와 미디어 서비스에 비교하여Understanding the Economics of Digital Compared to Traditional Advertising and Media Services』(2009)가 있으며 미국광고대행사협회를 위한 백서도 작성했다. 2010년 "위대해지자be great" 캠페인을 만든 공로를 인정받아 미국소년소녀클럽 명예의 전당에 이름을 올렸고 이 캠페인은 지금까지 계속되고 있다. 관련 업무는 하지 않지만, 보험료를 낮추기 위해 미국 공인회계사와 공인관리회계사 자격증을 유지하고 있다(회계사는 낮은 요율을 적용받는다). 마지막 이야기는 비밀로 해 달라고 한다.

감사의 말

살면서 만난 특별한 이들의 도움이 없었다면 이 책도 없었을 것이다. 여기서 모두 언급할 수는 없지만 먼저 아내 사라 버튼에게 감사하고 싶다. 윌에서 함께하는 팀원들도 빠트릴 수 없다. 특히 조사와 지원을 맡아준 막 아크타르Mak Akhtar와 제나 파스칼Jenna Pascal, 아름다운 디자인을 만들어 낸 이지 산체스Izzy Sanchez, 마야 에델만Maya Edelman, 유니스 소Eunice So에게 고마움을 전한다. 칩 윌슨Chip Wilson과 섀넌 윌슨Shannon Wilson은 내 꿈에 투자해 주었고 진정한 헌신과 진실함이 무엇인지 보여 주었다.

지넨 레이Jeanenne Ray, 다니엘레 세르피카Danielle Serpica, 바라트 쿠마르 라자세카란Barath Kumar Rajasekaran를 비롯한 와일리Wiley 출판사 관계자들은 윌에 흥미를 느끼고 나를 믿어 주었다. 조쉬 버신Josh Bersin은 기꺼이 이 책의 서문에서 전문 지식과 업계 최고의 리더십을 공유해 주었다. 윌의 수석 과학자인 타라 쿠시노Tara Cousineau 박사는 편집 단계에서 놀라운 의견을 더해 주었다. 윌 과학자문위원회의 다른 구성원들, 제프리 더머Jeffrey Durmer 박사와 폴 프리가Paul Friga 박사, 로버트 그레이엄Robert Graham 박사에게도 감사를 전한다. 마크 콜먼Mark Coleman, 파스칼 우클레어Pascal Auclair, 알리 스미스Ali Smith는 윌이 자랑하는 스승들로 신뢰와 헌신을 보여 주고 있다. 홀리스틱라이프재단Holistic Life Foundation의 아트만 스미스Atman Smith, 안드레스 곤잘레스Andres Gonzalez도 빼놓을 수 없다. 스티브 모리스Steve Morris, 그렉 힐리Greg Healy를 비롯한 디이벤트풀그룹The Eventful Group의 파트너들과 미국 에스에이피이용자그룹American SAP Users' Group은 내가 여러 훌륭한 행사에 연사로 설 수 있게 기회를 주었다. 잡지 「마인드풀Mindful」의 발행인 짐 기미언Jim Gimian은 소중한 조언자로서 충고와 빈정거림을 아끼지 않았다. 미국 소년소녀클럽Boys & Girls Clubs of America은 피츠버그의 가난한 꼬마에게 "훌륭한 사람이 되겠다"는 희망과 확신, 긍지를 선사했다. 가족에게도 고마움을 전한다. 완벽한 환경에서 자라진 못했지만 우리에겐 사랑이 있었고 서로가 있었다. 존John, 수Sue, 셰리Sherry는 지금도 함께 있고, 매리Mary와 쌍둥이였던 줄리Julie는 세상을 떠났지만 둘의 죽음을 겪으며 내 삶의 방향이 바뀌었다. 그리고 나의 어머니, 셜리 버튼Shirley Burton. 엄마, 엄마야말로 우리가 처음 만난 마음을 챙기는 리더였어요. 언제나 사랑합니다.

 내게 영감과 통찰을 준 연구자들, 학자들, 작가들, 리더들도 언급하고 싶다. 대니얼 골먼Daniel Goleman 박사, 댄 시걸Dan Siegel 박사, 릭 핸슨Rick Hanson 박사, 에일리아 크럼Alia Crum 박사, 존 카밧진Jon Kabat-Zinn, 조쉬 버신, 다니엘 핑크Daniel Pink, 토니 셰이Tony Hsieh, 타라 쿠시노 박사, 마틴 셀리그만Martin Seligman, 데이비드 데스테파노David DeStefano, 대니얼 커너먼Daniel Khaneman, B. J. 포그Fogg, 게리 하멜Gary Hamel, 피터 드러커Peter Drucker, 프레드 러스킨Fred Luskin, 루디 울프Rudy Wolfe, 짐 로허Jim Loehr 박사, 제인 맥고니걸Jane McGonigal, 리즈 스탠리Liz Stanley 박사, 피터 샐로비Peter Salovey, 존 메이어John Mayer, 젠 림Jenn Lim, 존 이턴John Eaton, 잭 젠거Jack Zenger, 조셉 폴먼Joseph Folman, 알베르트 아인슈타인Albert Einstein, 크리스 버티시Chris Bertish, 바버라 프레드릭슨Barbara Fredrickson, 윌리엄 제임스William James, 헨리 제임스Henry James, 앤디 리Andy Lee, 제프리 더머 박사, 빅터 프랭클Victor Frankl, 마크 베르톨리니Mark Bertolini, 스티브 제이프론Steve Zaffron, 데이브 로건Dave Logan, 아일린 피셔Eileen Fisher, 빌 모이어스Bill Moyers, 도널드 헵Donald Hebb, 라몬 이 카할Ramon y Cajal, 리처드 브랜슨Richard Branson, 시걸 바세이드Sigal Barsade, 올리비아 오닐Olivia O'Neill, 라즈 시소디아Raj Sisodia, 데이비드 울프David Wolfe, 자드 세스Jad Seth, 더글러스 스톤Douglas Stone, 브루스 패튼Bruce Patton, 쉴라 힌Sheila Heen, 배리 슈워츠Barry Schwartz, 찰스 다윈Charles Darwin, 브루스 파일러Bruce Feiler, 빌 조

지Bill George, 크리스틴 카터Christin Carter, 브레네 브라운Brene Brown, 존 바스John Barth, 닐 도쉬Neel Doshi, 린지 맥그리거Lindsay McGregor, 레스 브라운Les Brown.

누구보다도, 이 글을 읽고 있는 독자들에게 감사의 마음을 전한다. 내가 찾은 것을 여러분도 찾아내길 바란다.

시작: 리더가 된다는 건 놀라운 일인 동시에 끔찍한 일이다

1. Kozlowski, Lori. "Getting America To Check InWith Itself." Forbes, Forbes-Magazine, 28 Jan. 2013, www.forbes.com/sites/lorikozlowski/2013/01/28/getting-america-to-check-in-with-itself/748cc4ffa7a8.

2. "Workplace Stress," The American Institute of Stress, March 14, 2017. https://www.stress.org/workplace-stress/.

3. Christina Congleton, Britta K. Hölzel, and SaraW. Lazar. "Mindfulness Can Literally Change Your Brain." Harvard Business Review, 8 Jan. 2015, hbr.org/2015/01/mindfulness-can-literallychange-your-brain.

4. "Seventy-Five Percent of U.S. Employers Say Stress Is Their Number One Workplace Health Concern." Willis Towers Watson. https://www.willistowerswatson.com/en/press/2016/06/75-percent-of-us-employers-say-stress-is-top-health-concern (accessed October 30, 2017).

제1장. 마인드풀니스란 무엇일까?

1. Santiago Ramón y Cajal and LarryW. Swanson, "Advice for a Young Investigator," translated by Neely Swanson. The Quarterly Review of Biology 75, no. 1 (2000): 25.

2. D. O. Hebb, Organization of Behavior: A Neuropsychological Theory (Mahwah, NJ: Lawrence Erlbaum Associates, 2002).

3. Bill D. Moyers, Healing and the Mind (New York: Doubleday, 1993).

4. Rick Hanson, Hardwiring Happiness: The New Brain Science of Contentment, Calm, and Confidence (New York: Harmony Books, 2016).

5. Brain Futures Conference, September 7, 2017, Washington, DC. https://www.brainfutures.org/conference/.

6. Attention spans, 2015. https://advertising.microsoft.com/en/WWDocs/User/display/cl/researchreport/31966/en/microsoft-attention-spans-research-report.pdf.

7. "Multitasking Undermines Our Efficiency, Study Suggests." Monitor on Psychology 32, no. 9 (2001): 13, http://www.apa.org/monitor/oct01/multitask.aspx.

8. "Multitasking: Switching costs." 2017. American Psychological Association. American Psychological Association. Accessed October 28. http://www.apa.org/research/action/multitask.aspx.

9. Mark, Gloria, Shamsi T. Iqbal, Mary Czerwinski, Paul Johns, and Akane Sano. 2016. "Neurotics Cant Focus." Proceedings of the 2016 CHI Conference on Human Factors in Computing Systems - CHI 16. doi:10.1145/2858036.2858202.

10. Steve Bradt, "Wandering Mind Not a Happy Mind," Harvard Gazette, November 11, 2010, https://news.harvard.edu/gazette/story/2010/11/wandering-mind-not-a-happy-mind/.

11. Shimoff, Marci, and Carol Kline. Happy for no reason: 7 steps to being happy from the inside out. New York: Atria Paperback, 2013, 83.

12. "Tiny Habits," Tiny Habits w/Dr. B. J. Fogg—Behavior Change, http://tinyhabits.com/ (accessed August 5, 2017).

13. "Many Americans Stressed about Future of Our Nation, New APA Stress in America™ Survey Reveals." American Psychological Association. Accessed July 17, 2017. http://www.apa.org/news/press/releases/2017/02/stressed-nation.aspx.

14. Jacqueline Andriakos, "Meditation Made Mobile: On-the-Go Apps," TIME Special Edition, February 3, 2014.

15. Tim Ryan, A Mindful Nation: How a Simple Practice Can Help Us Reduce Stress, Improve Performance, and Recapture the American Spirit (Carlsbad, CA: Hay House, 2013).

16. Dreyfus, Rebecca, director. On Meditation. Snapdragon Films, 2016.

17. "Home." American Mindfulness Research Association, https://goamra.org/ (accessed October 31, 2017).

18. David M. Levy, Jacob O. Wobbrock, Alfred W. Kaszniak, and Marilyn Ostergren, "The Effects of Mindfulness Meditation Training on Multitasking in a High-Stress Information Environment." GI '12 Proceedings of Graphics Interface, 2012, 45-52, https://faculty.washington.edu/wobbrock/pubs/gi-

12.02.pdf.

19. Julie A. Brefczynski-Lewis, A. Lutz, H. S. Schaefer, D. B. Levinson, and R. J. Davidson, "Neural Correlates of Attentional Expertise in Long-Term Meditation Practitioners," Proceedings of the National Academy of Sciences, USA, 104, no. 27 (2007): 11483-21488. doi:10.1073/pnas.0606552104.

20. David J. Kearney, Carol A. Malte, Carolyn McManus, Michelle E. Martinez, Ben Felleman, and Tracy L. Simpson, "Loving-Kindness Meditation for Posttraumatic Stress Disorder: A Pilot Study," Journal of Traumatic Stress 26, no. 4 (2013): 426-434.

21. Fadel Zeidan, Nakia S. Gordon, Junaid Merchant, and Paula Goolkasian, "The Effects of Brief Mindfulness Meditation Training on Experimentally Induced Pain," Journal of Pain 11, no. 3 (2010): 199-209. doi:10.1016/j.jpain.2009.07.015.

22. Richard J. Davidson, Jon Kabat-Zinn, Jessica Schumacher, Melissa Rosenkranz, Daniel Muller, Saki F. Santorelli, Ferris Urbanowski, Anne Harrington, Katherine Bonus, and John F. Sheridan, "Alterations in Brain and Immune Function Produced by Mindfulness Meditation," Psychosomatic Medicine 65, no. 4 (2003): 564-570. doi:10.1097/01.psy.0000077505.67574.e3.

23. B. Barrett et al., "P02.36. Meditation or Exercise for Preventing Acute Respiratory Infection: A Randomized Controlled Trial," BMC Complementary and Alternative Medicine 12, Suppl 1 (2012). doi:10.1186/1472-6882-12-s1-p92.

24. Joel W. Hughes, David M. Fresco, Rodney Myerscough, Manfred H. M. Van Dulmen, Linda E. Carlson, and Richard Josephson, "Randomized Controlled Trial of Mindfulness-Based Stress Reduction for Prehypertension," Psychosomatic Medicine 75, no. 8 (2013): 721-728. doi:10.1097/psy.0b013e3182a3e4e5.

25. Marci Shimoff and Carol Kline, Happy for No Reason: 7 Steps to Being Happy from the Inside Out (New York: Atria Paperback, 2013), 83.

26. Loucks, Eric B.,Willoughby B. Britton, Chanelle J. Howe, Charles B. Eaton, and Stephen L. Buka, "Positive Associations of Dispositional Mindfulness with Cardiovascular Health: The New England Family Study," International

Journal of Behavioral Medicine 22, no. 4 (2014): 540-550. doi:10.1007/s12529-014-9448-9.

27. Ute R. Hülsheger, Alina Feinholdt, and Annika Nübold, "A Low-Dose Mindfulness Intervention and Recovery from Work: Effects on Psychological Detachment, Sleep Quality, and Sleep Duration," Journal of Occupational and Organizational Psychology 88, no. 3 (2015): 464-489.

28. Heleen Slagter, Antoine Lutz, Lawrence L. Greischar, Andrew D. Francis, Sander Nieuwenhuis, James M. Davis, and Richard J. Davidson, "Mental Training Affects Distribution of Limited Brain Resources," PLoS Biology 5, no. 6 (2007). doi:10.1371/journal.pbio.0050138.

29. Taylor, Tess. "22% of companies now offering mindfulness training." HR Dive. August 16, 2016. Accessed August 5, 2017. http://www.hrdive.com/news/22-of-companies-nowoffering-mindfulness-training/424530/.

제2장. 무엇이 스트레스를 주는가?

1. Abstract, The Outsourcing Revolution, 2004, https://pdfs.semanticscholar.org/61ca/86672db149bc4bb9981b287b328ba7bf1dec.pdf.

2. Deloitte's 2016 Global Outsourcing Survey, May 2016, https://www2.deloitte.com/content/dam/Deloitte/nl/Documents/operations/deloitte-nl-s&o-global-outsourcing-survey.pdf.

3. Associated Press, "Japan's Robot Hotel: A Dinosaur at Reception, a Machine for Room Service," The Guardian, July 15, 2015, https://www.theguardian.com/world/2015/jul/16/japans-robot-hotel-a-dinosaur-at-reception-a-machine-for-room-service.

4. Oliver Cann, "Five Million Jobs by 2020: The Real Challenge of the Fourth Industrial Revolution," World Economic Forum, January 18, 2016, https://www.weforum.org/press/2016/01/five-million-jobs-by-2020-the-real-challenge-of-the-fourth-industrial-revolution/.

5. Lesley Stahl, "The Great Brain Robbery," CBS News, January 25, 2016, https://www.cbsnews.com/news/60-minutes-great-brain-robbery-china-cyber-espionage/.

6. Alison DeNisco Rayome, "Report: US Tech Jobs Hit Nearly 7 Million Workers,

Up 3% from Year Before," TechRepublic, April 3, 2017, https://www.techrepublic.com/article/reportus-tech-jobs-hit-nearly-7-million-workers-up-3-from-year-before/.

7. Gary Hamel, What Matters Now: How to Win in a World of Relentless Change, Ferocious Competition, and Unstoppable Innovation (San Francisco, CA: Jossey-Bass, 2012).

8. Christine Comaford, "63% of Employees Don't Trust Their Leader—Here's What You Can Do to Change That," Forbes, January 30, 2017, https://www.forbes.com/sites/christinecomaford/2017/01/28/63-of-employees-dont-trust-their-leader-heres-what-youcan-do-to-changethat/2/42a8eb21a430.

제3장. 스트레스가 통장을 비우고 있다

1. "Workplace Stress," The American Institute of Stress, March 14, 2017, https://www.stress.org/workplace-stress/.

2. Kathy Flora, "There's a Workplace Trust Gap. How Can Leaders Close It?" Leadership Topics, A. J. O'Connor Associates HR Consulting, July 7, 2016, http://www.ajoconnor.com/blog/close-leader-trust-gap.

3. Carolyn Gregoire, "Work Stress on the Rise: 8 in 10 Americans Are Stressed About Their Jobs, Survey Finds," Huffington Post, April 10, 2013, https://www.huffingtonpost.com/2013/04/10/work-stress-jobs-americans_n_3053428.html.

4. "Financial Cost of Job Stress: How Costly Is Job Stress?" Report, Financial Cost of Job Stress: How Costly Is Job Stress? University of Massachusetts Lowell, 2017, accessed July 2, 2017, https://www.uml.edu/Research/CPH-NEW/stress-at-work/financial-costs.aspxcostly.

5. Harvey R. Colten and Bruce M. Altevogt, Sleep Disorders and Sleep Deprivation: An Unmet Public Health Problem (Washington, DC: Institute of Medicine, 2006), https://www.ncbi.nlm.nih.gov/books/NBK19960/.

6. 2015 Work and Well-Being Survey," —American Psychological Center for Organizational Excellence," 2015, http://www.bing.com/cr?IG=72E3C72D5C144 99EBA1988F990BFF1AE&CID=06937A7456A96B2126B2715857AF6AB3&rd=1 &h=mgRlE14SBF-Wmis2oaZ9ab0GvAbjeShS561rF7Yd5jE&v=1&r=http%3a%2f

%2fwww.apaexcellence.org%2fassets%2fgeneral%2f2015-work-and-wellbe-ing-survey-results.pdf&p=DevEx,5063.1.

7. Anthony Bleetman, Seliat Sanusi, Trevor Dale, and Samantha Brace, "Human Factors and Error Prevention in Emergency Medicine," Emergency Medicine Journal 29, no. 5 (2011): 389-393. doi:10.1136/emj.2010.107698.

8. "2016 Turnover Rates by Industry," 2017. Compensation Force, http://www.compensationforce.com/2017/04/2016-turnover-rates-by-industry.html (accessed October 31, 2017).

9. Kathryn Dill, "Survey: 42% of Employees Have Changed Jobs due to Stress," Forbes, April 18, 2014, https://www.forbes.com/sites/kathryndill/2014/04/18/survey-42-of-employeeshave-changed-jobs-due-to-stress/635796053380.

10. Gallup, Inc., "State of the American Workplace," Gallup.com, http://news.gallup.com/reports/178514/state-american-workplace.aspx?g_source=position1&g_medium=related&g_campaign=tiles (accessed September 6, 2017).

11. "2015 Work and Well-Being Survey," American Psychological Association, http://www.apaexcellence.org/assets/general/2015-work-and-wellbeing-survey-results.pdf?_ga=1.101252289.1351206308.1462281864.

12. Gallup, Inc., "Unhealthy, Stressed Employees Are Hurting Your Business," Gallup.com, May 22, 2012, http://news.gallup.com/businessjournal/154643/unhealthy-stressed-employeeshurting-businessaspx. 13. "Research and Advisory Services in Enterprise Learning and Talent Management," Bersin by Deloitte, http://marketing.bersin.com/predictions-for-2017.html (accessed August 31, 2017).

13. Bersin, Josh. Bersin by Deloitte 2017 Predictions Everything is Digital. January 2017. Http://www.bersin.com/uploadedFiles/011817_PPT_Bersin byDeloitte2017PredictionsEverythingisDigital_JB_Final.pdf.

14. Saul McLeod, "Maslow's Hierarchy of Needs," Simply Psychology, February 4, 2016, https://www.simplypsychology.org/maslow.html.

15. David DeSteno, David. 2017. "The Simplest Way to Build Trust." Harvard Business Review. September 22. https://hbr.org/2014/06/the-simplest-way-to-build-trust.

16. Rhonda Magee, "How Mindfulness Can Defeat Racial Bias," Greater Good Science Center, May 14, 2015, https://greatergood.berkeley.edu/article/item/how_mindfulness_can_defeat_racial_bias.

17. Bruce Feiler, The Secrets of Happy Families: Improve Your Mornings, Tell Your Family History, Fight Smarter, Go Out and Play, and Much More (New York: HarperCollins, 2013).

18. Amy Adkins, "Majority of U.S. Employees Not Engaged Despite Gains in 2014," Gallup News, January 28, 2015, http://news.gallup.com/poll/181289/majority-employees-notengaged-despite-gains-2014.aspx.

19. Barry Schwartz, "The Paradox of Choice," TED Talk, https://www.ted.com/talks/barry_schwartz_on_the_paradox_of_choice/transcript (accessed October 30, 2017).

20. "Consumer Health Mindset Study 2016," Report, Aon Hewitt, http://www.aon.com/attachments/human-capital-consulting/2016-Consumer-Health-Mindset.pdf.

21. Rich Bellis, "Why It's So Hard to Pay Attention, Explained by Science," Fast Company, September 25, 2015, https://www.fastcompany.com/3051417/why-its-so-hard-to-payattention-explained-by-science26.

22. "Email Statistics Report, 2015-2019," The Radicati Group, Inc., March 2015, https://www.radicati.com/wp/wp-content/uploads/2015/02/Email-Statistics-Report-2015-2019-Executive-Summary.pdf.

23. "How Many Ads Do You See in One Day? Get Your Advertising Campaigns Heard," Red Crow Marketing, August 3, 2017, http://www.redcrowmarketing.com/2015/09/10/manyads-see-one-day/.

24. Sarah Perez, "U.S. Consumers Now Spend 5 Hours per Day on Mobile Devices," TechCrunch, March 3, 2017, https://techcrunch.com/2017/03/03/u-s-consumers-nowspend-5-hours-per-day-on-mobile-devices/.

25. Jason Karaian, "We Now Spend More than Eight Hours a Day Consuming Media," Quartz, June 1, 2015, https://qz.com/416416/we-now-spend-more-than-eight-hours-a-day-consuming-media/.

26. Satoshi Kanazawa, "We Haven't Evolved in Over 10,000 Years—Video," Big Think, April 12, 2010, http://bigthink.com/videos/we-havent-evolved-in-

over-10000-years.

27. "Holmes-Rahe Stress Inventory," The American Institute of Stress, August 15, 2017, https://www.stress.org/holmes-rahe-stress-inventory/.

28. Melanie Greenberg, "Find Relief from the Stress of Life's Daily Hassles," Psychology Today, October 15, 2014, https://www.psychologytoday.com/blog/the-mindful-selfexpress/201410/find-relief-the-stress-lifes-daily-hassles.

29. Allen D. Kanner, James C. Coyne, Catherine Schaefer, and Richard S. Lazarus, "Comparison of Two Modes of Stress Measurement: Daily Hassles and Uplifts versus Major Life Events," Journal of Behavioral Medicine 4, no. 1 (1981): 1-39. doi:10.1007/bf00844845.

30. "Research and Advisory Services in Enterprise Learning and Talent Management," Bersin by Deloitte, accessed August 31, 2017, http://marketing.bersin.com/predictions-for-2017.html.

31. "2015 Stress in America: The Impact of Discrimination," n.d. PsycEXTRA Dataset. doi:10.1037/e503172016-001.

32. Dreyfus, Rebecca, director. On Meditation. Snapdragon Films, 2016.

제4장. 받아도 좋은 스트레스가 있다?

1. "Elizabeth Stanley," School of Foreign Service—Georgetown University, accessed October 31, 2017, https://sfs.georgetown.edu/faculty-bio/elizabeth-stanley/.

2. Elizabeth A. Stanley, "War Duration and the Micro-dynamics of Decision Making Under Stress," Polity, vol. 50, no. 2 (April 2018).

3. Tom Vanden Brook, "Suicide Kills More U.S. Troops than ISIL in Middle East," USA Today, Gannett Satellite Information Network, December 29, 2016, https://www.usatoday.com/story/news/nation/2016/12/29/suicide-kills-more-us-troops-than-isil-middle-east/95961038/.

4. Elizabeth A. Stanley, Widen the Window: Training Your Brain and Body to Thrive during Stress, Uncertainty, and Change (New York: Avery Books, forthcoming in 2019).

5. Elizabeth A. Stanley, "Optimizing the Caveman within Us," TEDx Georgetown, October 2013. At https://www.youtube.com/watch?v=e0AMlf-mwY4.

6. Gillespie, Patrick. "The opioid crisis is draining America of workers." CNNMoney. Accessed August 4, 2017.

7. George Guerin, "Turning Up the Energy for Corporate Professionals—The J&J Human Performance Institute," NJ.com, January 13, 2016, http://www. nj.com/healthfit/fitness/index.ssf/2016/01/post_90.html.

8. Martin P. Paulus et al., "Subjecting Elite Athletes to Inspiratory Breathing Load Reveals Behavioral and Neural Signatures of Optimal Performers in Extreme Environments," PLoS ONE 7, no. 1 (January 19, 2012). doi:10.1371/journal.pone.0029394.

9. "HEROForum," in Phoenix, accessed September 12, 2017, http://hero-health. org/.

10. W. Atkinson, "Stress: Risk Management's Most Serious Challenge?" Risk Management, 51, no. 6 (2004).

11. C. Hammem, "Stress and Depression," Clinical Psychology, vol. 1 (April 27, 2005): 293-319, doi:10.1036/1097-8542.yb071370.

12. K. Goodkin and A. P. Visser, eds., Psychoneuroimmunology: Stress, Mental Disorders, and Health (Washington, DC: American Psychiatric Press, 2000).

13. Bruce S. McEwen and Teresa Seeman, "Protective and Damaging Effects of Mediators of Stress: Elaborating and Testing the Concepts of Allostasis and Allostatic Load," Annals of the New York Academy of Sciences 896, no. 1 (1999): 30-47, doi:10.1111/j.1749-6632.1999.tb08103.x.

14. Robert M. Sapolsky, "Stress, Glucocorticoids, and Damage to the Nervous System: The Current State of Confusion," Stress 1, no. 1 (1996): 1-19, doi:10.3109/10253899609001092.

15. N. Schneiderman, G. Ironson, and S. D. Siegal, "Stress and Health: Psychological, Behavioral, and Biological Determinants," Annual Review of Clinical Psychology 1, no. 1 (2005): 607-628.

16. Lars Schwabe and Oliver T. Wolf, "Learning Under Stress Impairs Memory Formation," Neurobiology of Learning and Memory 93, no. 2 (2010): 183-188, doi:10.1016/j.nlm.2009.09.009.

17. Richard A. Dienstbier, "Arousal and Physiological Toughness: Implications for Mental and Physical Health," Psychological Review 96, no. 1 (1989): 84-

100. doi:10.1037//0033-295x.96.1.84.

18. Elissa S. Epel, Bruce S. McEwen, and Jeannette R. Ickovics, "Embodying Psychological Thriving: Physical Thriving in Response to Stress," Journal of Social Issues 54, no. 2 (1998): 301-322. doi:10.1111/0022-4537.671998067.

19. P. A. Hancock and J. L. Weaver, "On Time Distortion Under Stress," Theoretical Issues in Ergonomics Science 6, no. 2 (2005): 193-211. doi:10.1080/14 639220512331325747.

20. Crystal L. Park and Vicki S.Helgeson, "Introduction to the Special Section: Growth Following Highly Stressful Life Events—Current Status and Future Directions," Journal of Consulting and Clinical Psychology 74, no. 5 (2006): 791-796. doi:10.1037/0022-006x.74.5.791.

21. Richard G. Tedeschi and Lawrence G. Calhoun, "Posttraumatic Growth: Conceptual Foundations and Empirical Evidence," Psychological Inquiry 15, no. 1 (2004): 1-18. doi:10.1207/s15327965pli1501_01.

22. L. Cahill "Enhanced Human Memory Consolidation with Post-Learning Stress: Interaction with the Degree of Arousal at Encoding," Learning and Memory 10, no. 4 (2003): 270-274. doi:10.1101/lm.62403.

23. Alia J. Crum, Peter Salovey, and Shawn Achor, "Rethinking Stress: The Role of Mindsets in Determining the Stress Response." Journal of Personality and Social Psychology 104, no. 4 (2013): 716-733. doi:10.1037/a0031201.

24. Alia J. Crum, Modupe Akinola, Ashley Martin, and Sean Fath, "The Role of Stress Mindset in Shaping Cognitive, Emotional, and Physiological Responses to Challenging and Threatening Stress," Anxiety, Stress, and Coping 30, no. 4 (2017): 379-395. doi:10.1080/10615806.2016.1275585.

제5장. 진짜 성과란 무엇일까

1. Stress in America: Our Health at Risk, American Psychological Association, January 11, 2012, https://www.apa.org/news/press/releases/stress/2011/fin al-2011.pdf.

2. Alex Gray, "5 million jobs to be lost by 2020," World Economic Forum, accessed July 1, 2017, https://www.weforum.org/agenda/2016/01/5-million-jobs-to-be-lost-by-2020.

3. Tiffany McDowell, Dimple Agarwal, Don Miller, Tsutomu Okamoto, and Trevor Page, "Organizational Design," Deloitte Insights, February 29, 2016, https://dupress.deloitte.com/dup-us-en/focus/human-capital-trends/2016/organizational-models-network-of-teams.html.

4. "New Study Suggests We Remember the Bad Times Better than the Good," Association for Psychological Science, accessed August 4, 2017, http://www.psychologicalscience.org/news/releases/new-study-suggests-we-remember-the-bad-times-better-than-the-good.html,WFl0l6IrLUI.

5. "United States Department of Labor," Occupational Safety and Health Administration, accessed July 2, 2017, https://www.osha.gov/SLTC/healthcarefcilities/index.html.

제6장. 당신 vs. 기술

1. "Global Mobile Consumer Survey: U.S. edition," Deloitte U.S. October 24, 2017, https://www2.deloitte.com/us/en/pages/technology-media-and-telecommunications/articles/global-mobile-consumer-survey-us-edition.html.

2. John Brandon, John, "The Surprising Reason Millennials Check Their Phones 150 Times a Day," Inc.com., April 17, 2017, https://www.inc.com/john-brandon/science-says-this-is-thereason-millennials-check-their-phones-150-times-per-day.html.

3. Jacqueline Howard, "Americans at More than 10 Hours a Day on Screens," CNN, July 29, 2016, http://www.cnn.com/2016/06/30/health/americans-screen-time-nielsen/.

4. Nadia Whitehead, "People Would Rather Be Electrically Shocked than Left Alone with Their Thoughts," Science AAAS, July 26, 2017, http://www.sciencemag.org/news/2014/07/peoplewould-rather-be-electrically-shocked-left-alone-their-thoughts.

제7장. 삶을 구하기 위한 하루 5분

1. The NPD Group, "The NPD Group Reports 34 Million Core Gamers Spend an Average of 22 Hours per Week Playing Video Games," NPD Group, May 13,

2014, https://www.npd.com/wps/portal/npd/us/news/press-releases/the-npd-group-reports-34-million-coregamers-spend-an-average-of-22-hours-per-week-playing-video-games/.

2. Jane McGonigal, "Create the Building Blocks of Lasting Resilience: The Power of a Gameful Mindset." Lecture presented at the 2017 Resilience and Well-Being Conference, October 5, 2017.

3. Peter Kafka, "You Are Still Watching a Staggering Amount of TV Every Day," Recode, June 27, 2016, http://www.recode.net/2016/6/27/12041028/tv-hours-per-week-nielsen.

4. Joe Flint, "TV Networks Load Up on Commercials," Los Angeles Times, May 12, 2014, http://www.latimes.com/entertainment/envelope/cotown/la-et-ct-nielsen-advertising-study-20140510-story.html.

5. Shea Bennett, "This Is How Much Time We Spend on Social Networks Every Day," Adweek, November 18, 2014, http://www.adweek.com/digital/social-media-minutes-day/.

6. Larry Copeland, "Americans' Commutes Aren't Getting Longer," USA Today, March 5, 2013, https://www.usatoday.com/story/news/nation/2013/03/05/americans-commutes-notgetting-longer/1963409/.

7. Stacey Vanek Smith, "Why We Sign Up for Gym Memberships But Never Go to the Gym," NPR, December 30, 2014, http://www.npr.org/sections/money/2014/12/30/373996649/why-we-sign-up-for-gym-memberships-but-don-t-go-to-the-gym.

8. Mindfulness Goes Mainstream. Performed by Jewel, Eileen Fischer and Jon Kabat-Zinn. http://www.pbs.org/video/mindfulness-goes-mainstream-jjfwvu/.

9. "PositivityRatio.com—Home," PositivityRatio, accessed October 1, 2017, http://www.positivityratio.com/.

제8장. 일상에서 실천하는 마인드풀니스

1. "Stress in America: Paying with Our Health," PsycEXTRA Dataset, February 2015. doi:10.1037/e513292015-001.

2. Richard Fry, "Millennials Surpass Gen Xers as the Largest Generation in U.S.

Labor Force," Pew Research Center, May 11, 2015, http://www.pewresearch. org/fact-tank/2015/05/11/millennials-surpass-gen-xers-as-the-largest-generation-in-u-s-labor-force/.

3. Thomas H. Holmes and Richard H. Rahe, "The Social Readjustment Rating Scale," Journal of Psychosomatic Research 11, no. 2 (1967): 213-218. doi:10.1016/0022-3999(67)90010-4.

4. "Happy People Don't Need to Feel Superior," Greater Good, accessed November 1, 2017, https://greatergood.berkeley.edu/article/item/happy_peo ple_dont_need_to_feel_superior.

5. "New Research Reveals the Secret to Making a Good First Impression," University of Glasgow, March 13, 2014, https://www.gla.ac.uk/news/archiveof news/2014/march/headline_312691_en.html.

6. Douglas Stone, Difficult Conversations: How to Discuss What Matters Most (London: Penguin, 2011).

7. "Daring Greatly Engaged Feedback Checklist—Brené Brown," 2017, accessed August 29, http://buhx139thfh1fcf2n21cd78o.wpengine.netdna-cdn.com/ wp-content/uploads/2017/10/Engaged-Feedback-Checklist-Down load.pdf.

8. Michael Landers, Culture Crossing: Discover the Key to Making Successful Connections in the New Global Era (Oakland, CA: Berrett-Koehler, 2017).

9. Jean L. Kristeller and Ruth Q. Wolever, "Mindfulness-Based Eating Awareness Training for Treating Binge Eating Disorder: The Conceptual Foundation," Eating Disorders 19, no. 1 (2010): 49-61. doi:10.1080/10640266.2011.533605.

10. Stephen G. Post, Giving, Happiness, and Health, accessed August 24, 2017, http://www.stephengpost.com/.

11. John Medina, "Essay," in Brain Rules: 12 Principles for Surviving and Thriving at Work, Home, and School (Seattle, WA: Pear Press, 2008).

12. Bridget Murray, "Writing to Heal," Monitor on Psychology, 33, no. 6 (2002), http://www.apa.org/monitor/jun02/writing.aspx.

13. K. A. Baikie and Kay Wilhelm, "Emotional and Physical Health Benefits of Expressive Writing," Advances in Psychiatric Treatment 11, no. 5 (2005): 338-346. doi:10.1192/apt.11.5.338.

14. Linda Wasmer Andrews, "How Gratitude Helps You Sleep at Night," Psychology Today, November 9, 2011, https://www.psychologytoday.com/blog/minding-the-body/201111/how-gratitude-helps-you-sleep-night.

15. SIYLI, "Mindfulness-Based Emotional Intelligence for Leaders," March 2015, http://www.swissnexsanfrancisco.org/wp-content/uploads/sites/6/2015/04/SIY-at-Swissnex-March-2015.pdf.

16. IU Bloomington Newsroom, "Not-So-Guilty Pleasure: Viewing Cat Videos Boosts Energy and Positive Emotions, IU Study Finds," IU Bloomington Newsroom, June 16, 2015, http://archive.news.indiana.edu/releases/iu/2015/06/internet-cat-video-research.shtml.

17. Christine Carter, "The Three Parts of an Effective Apology," Greater Good Science Center, accessed October 2, 2017, https://greatergood.berkeley.edu/article/item/the_three_parts_of_an_effective_apology.

18. Fredrickson, Barbara L., Michael A. Cohn, Kimberly A. Coffey, Jolynn Pek, and Sandra M. Finkel, "Open Hearts Build Lives: Positive Emotions, Induced Through Loving-Kindness Meditation, Build Consequential Personal Resources," Journal of Personality and Social Psychology 95, no. 5 (2008): 1045-1062. doi:10.1037/a0013262.

제9장. 지시형 리더의 그늘

1. Michael D. Watkins, "What Is Organizational Culture? And Why Should We Care?" Harvard Business Review, August 7, 2014, https://hbr.org/2013/05/what-is-organizational-culture.

2. John A. Bargh, John A. and Tanya L. Chartrand, "The Unbearable Automaticity of Being," American Psychologist 54, no. 7 (1999): 462-479. doi:10.1037//0003-066x.54.7.462.

3. Sigal Barsade, Sigal and Olivia A. O'Neill, "Manage Your Emotional Culture," Harvard Business Review, November 17, 2016, https://hbr.org/2016/01/manage-your-emotional-culture.

4. Daniel Goleman, Emotional Intelligence (London: Bantam Books, 2006).

5. Joel Goh, Jeffrey Pfeffer, and Stefanos A Zenios, "The Relationship Between Workplace Stressors and Mortality and Health Costs in the United States,"

Submitted to Management Science, manuscript MS-12-01264.R3.

6. YouTube, June 30, 2007, accessed July 4, 2017, https://www.youtube.com/watch?v=Sv5iEKIEzw.

7. Gallup, Inc., "Why Your Workplace Wellness Program Isn't Working," Gallup.com. May 13, 2014, http://news.gallup.com/businessjournal/168995/why-workplace-wellness-program-isnworking.aspx.

8. Rajendra Sisodia, David B. Wolfe, and Jagdish N. Sheth, Firms of Endearment: How World-Class Companies Profit from Passion and Purpose (Upper Saddle River, NJ: Pearson Education), 2014, 3.

9. "Mental and Substance Use Disorders," SAMHSA, September 20, 2017, https://www.samhsa.gov/disorders.

제10장. 잠들지 못하는 밤과 좀비들

1. "1 in 3 Adults Don't Get Enough Sleep," Centers for Disease Control and Prevention, accessed October 2, 2017, https://www.cdc.gov/media/releases/2016/p0215-enough-sleep.html.

2. "Sleep and Sleep Disorders," Centers for Disease Control and Prevention, May 2, 2017, https://www.cdc.gov/sleep/data_statistics.html.

3. "Division for Heart Disease and Stroke Prevention." Centers for Disease Control and Prevention. May 12, 2017. Accessed January 05, 2018. https://www.cdc.gov/dhdsp/maps/national_maps/hd_all.htm.

4. "CDC Mental Illness Surveillance," Centers for Disease Control and Prevention, accessed November 1, 2017. https://www.cdc.gov/mentalhealthsurveillance/fact_sheet.html.

5. Robin S. Haight and Paul Saskin, "Getting a Good Night's Sleep," American Psychological Association, accessed October 11, 2017, http://www.apa.org/helpcenter/sleep-disorders.aspx.

6. "Sleep Deprivation Can Slow Reaction Time, National Sleep Foundation, accessed October 1, 2017, https://sleepfoundation.org/sleep-news/sleep-deprivation-can-slow-reaction-time.

7. Sandee LaMotte, "Sacrificing Sleep? Here's What It Will Do to Your Health," CNN, September 27, 2017, http://www.cnn.com/2017/07/19/health/dan

gers-of-sleep-deprivation/index.html.

8. Steven Zeitchik and James Queally, "Walmart Driver Charged in Tracy Morgan Crash; Report Cites.,'" Los Angeles Times, June 7, 2014, http://www.latimes.com/entertainment/tv/showtracker/la-et-st-tracy-morgan-car-crash-charges-wal-mart-20140607-story.html.

9. Brian Christopher Tefft, "Prevalence of Motor Vehicle Crashes Involving Drowsy Drivers, United States, 2009-2013," November 2014. doi:10.1016/j.aap.2011.05.028.

10. Prashant Kaul, Jason Passafiume, Craig R. Sargent, and Bruce F. O'Hara, "Meditation Acutely Improves Psychomotor Vigilance, and May Decrease Sleep Need," Behavioral and Brain Functions 6, no. 47 (2010), https://www.ncbi.nlm.nih.gov/pubmed/20670413.

11. Sheila Garland, Linda Carlson, Michael Antle, Charles Samuels, and Tavis Campbell, "I Can Sleep: Rationale and Design of a Non-Inferiority RCT of Mindfulness-Based Stress Reduction and Cognitive Behavioral Therapy for the Treatment of Insomnia in Cancer Survivors," Contemporary Clinical Trials 32, no. 5 (2011): 747-754, https://www.ncbi.nlm.nih.gov/pubmed/21658476.

12. "How Long Should It Take to Fall Asleep?" Sleep.Org, accessed October 19, 2017, https://sleep.org/articles/how-long-to-fall-asleep/.

13. Ute R. Hülsheger, Alina Feinholdt, and Annika Nübold, "A Low-Dose Mindfulness Intervention and Recovery from Work: Effects on Psychological Detachment, Sleep Quality, and Sleep Duration," Journal of Occupational and Organizational Psychology 88, no. 3 (2015): 464-489 doi:10.1111/joop.12115.

14. Amit Sood "To Improve Your Health, Practice Gratitude," Mayo Clinic, Mayo Foundation for Medical Education and Research, November 29, 2016, https://www.mayoclinic.org/healthy-lifestyle/adult-health/in-depth/improve-health-practice-gratitude/art-20270841

제11장. 산업현장에서의 마인드풀니스

1. Nationalsafety, "The OSHA Fatal Four," Nationalsafety's Weblog, January 4, 2012, https://nationalsafetyinc.org/2012/01/05/the-osha-fatal-four/.

2. Praveen Garg, ed., "Human Factors versus Accident Causation," September 2010, http://www.hrdp-idrm.in/e5783/e17327/e28899/e28897/Theme-7CDR-11-11-fb.pdf.

3. Monika Goretzki and Ania Zysk, "Using Mindfulness Techniques to Improve Student Wellbeing and Academic Performance for University Students: A Pilot Study," April 2017.

4. "OS TB 10/27/2016 Table 1: Incidence Rates—Detailed Industry Level—2015" 2016, Report, OSHA, https://www.bls.gov/iif/oshwc/osh/os/ostb4732.pdf.

5. "Business Case for Safety and Health," Occupational Safety and Health Administration, United States Department of Labor, accessed November 1, 2017, https://www.osha.gov/dcsp/products/topics/businesscase/costs.html.

6. "2015 Stress in America Snapshot," American Psychological Association, accessed September 28, 2017, http://www.apa.org/news/press/releases/stress/2015/snapshot.aspx.

7. "2015 Stress in America: The Impact of Discrimination," PsycEXTRA Dataset, March 2016. doi:10.1037/e503172016-001.

8. Melissa Dittmann, Melissa, "Anger Across the Gender Divide," Monitor on Psychology 34, no. 3 (March 2003), http://www.apa.org/monitor/mar03/angeracross.aspx.

9. "Brief Training in Meditation May Help Manage Pain, Study Shows," ScienceDaily, November 9, 2010, https://www.sciencedaily.com/releases/2009/11/091110065909.htm.

제12장. 숫자를 넘어 데이터 바로보기

1. davidsteele1975, "IDC Predicts Huge Growth in Wearable Technology Sales," Android-Headlines.com, Android News, June 18, 2015, https://www.android-headlines.com/2015/06/idc-predicts-huge-growth-wearable-technology-sales.html.

2. "The Largest Connected Health Ecosystem," Validic, accessed October 30, 2017, https://validic.com/ecosystem/.

3. Edward L. Deci, Intrinsic Motivation (New York: Plenum Press, 1975).

4. Edward L. Deci and Richard M. Ryan, Intrinsic Motivation and Self-Determination in Human Behavior (New York: Plenum Press, 1985).

5. Mark Lepper and David Greene, The Hidden Costs of Reward (Hillsdale, NJ: Erlbaum, 1978).

6. Gianluigi Cuccureddu, "Gallup: There's No One-Size-Fits-All Employee Engagement Strategy," Damarque, July 23, 2013, http://www.damarque.com/blog/gianluigi-cuccureddu/gallup-theres-no-one-size-fits-all-employee-engagement-strategy.

7. "Predictions for 2017—Everything Is Becoming Digital," 2016, Report, Bersin by Deloitte, https://www2.deloitte.com/content/dam/Deloitte/at/Documents/about-deloitte/predictions-for-2017-final.pdf.

8. Theresa Boyce, "A CT Exclusive Event—Google's Most Popular Program for Executives and Engineers," CEO Trust, March 11, 2016, https://ceotrust.org/breaking-news/3875821.

9. Eric B. Loucks, Willoughby B. Britton, Chanelle J. Howe, Charles B. Eaton, and Stephen L. Buka, "Positive Associations of Dispositional Mindfulness with Cardiovascular Health: The New England Family Study," International Journal of Behavioral Medicine 22, no. 4 (2014): 540-550. doi:10.1007/s12529-014-9448-9.

10. B. Barrett et al., "P02.36, Meditation or Exercise for Preventing Acute Respiratory Infection: A Randomized Controlled Trial" BMC Complementary and Alternative Medicine 12, Suppl 1 (2012). doi:10.1186/1472-6882-12-s1-p92.

11. Epel, Elissa, Jennifer Daubenmier, Judith Tedlie Moskowitz, Susan Folkman, and Elizabeth Blackburn. "Can Meditation Slow Rate of Cellular Aging? Cognitive Stress, Mindfulness, and Telomeres." Annals of the New York Academy of Sciences 1172, no. 1 (2009): 34-53. doi:10.1111/j.1749-6632.2009.04414.x.

12. Mindful Staff, "How the Most Successful People Avoid Burnout," Mindful, February 12, 2016, https://www.mindful.org/how-the-most-successful-people-avoid-burnout/.

13. "Mindful Leadership Research Results," Institute for Mindful Leadership, accessed September 4, 2017, https://instituteformindfulleadership.org/re

search/.

14. "New Study Shows We Work Harder When We Are Happy," accessed September 26, 2017, https://www2.warwick.ac.uk/newsandevents/pressreleases/new_study_shows/.

15. "8.0% of U.S. Adults (18 million) Used Meditation," National Center for Complementary and Integrative Health, U.S. Department of Health and Human Services, September 24, 2017, https://nccih.nih.gov/research/statistics/NHIS/2012/mind-body/meditation.

제13장. 당신을 위한 감성지능 기술 익히기

1. Harvey Deutschendorf, "7 Reasons Why Emotional Intelligence Is One of the Fastest-Growing Jobs," Fast Company, May 6, 2016, https://www.fastcompany.com/3059481/7-reasons-why-emotional-intelligence-is-one-of-the-fastest-growing-job-skills.

2. Alex Gray, "The 10 Skills You Need to Thrive in the Fourth Industrial Revolution," World Economic Forum, January 19, 2016, https://www.weforum.org/agenda/2016/01/the-10-skills-you-need-to-thrive-in-the-fourth-industrial-revolution/.

3. "A Brief History of EQ—Practical EQ," Emotional Intelligence, accessed August 26, 2017, http://www.emotionalintelligencecourse.com/eq-history.

4. Goleman, Daniel, Emotional Intelligence (London: Bantam Books, 2006).

5. Bliss, Samuel E., "The Affect of Emotional Intelligence on a Modern Organizational Leader's Ability to Make Effective Decisions," Steve Hein's EQI.Org, n.d., http://eqi.org/mgtpaper.htm.

6. "FAQ: The 16 Competencies: Defining Behaviors," Zenger and Folkman, n.d., http://zengerfolkman.com/wp-content/uploads/2013/12/FAQ-16-Competencies-Defining-Behaviors.pdf.

7. Michael A. Trabun, "The Relationship Between Emotional Intelligence and Leader Performance" (Thesis, Naval Postgraduate School, March 2002), https://calhoun.nps.edu/bitstream/handle/10945/6007/02Mar_Trabun.pdf?sequence=1.

8. "Old Man's Advice to Youth: 'Never Lose a Holy Curiosity,'" LIFE (May 2, 1955),

64.

9. Lane Beckes and James A. Coan, "Social Baseline Theory: The Role of Social Proximity in Emotion and Economy of Action," Social and Personality Psychology Compass 5, no. 12 (2011): 976-988. doi:10.1111/j.1751-9004.2011.00400.x.

10. Maria Popova "William James on Attention, Multitasking, and the Habit of Mind that Sets Geniuses Apart," Brain Pickings, August 28, 2016, https://www.brainpickings.org/2016/03/25/william-james-attention/.

11. "Daniel Goleman's Five Components of Emotional Intelligence," Goleman's ET, accessed September 29, 2017, https://web.sonoma.edu/users/s/swijtink/teaching/philosophy_101/paper1/goleman.htm.

제14장. 자기 알아차림 키우기

1. Daniel Goleman, Working with Emotional Intelligence (London: Bloomsbury, 1998).

2. Daniel Goleman, "How Emotionally Intelligent Are You?", April 21, 2015, http://www.danielgoleman.info/daniel-goleman-how-emotionally-intelligent-are-you/.

3. Mindfulness Goes Mainstream. Performed by Jewel, Eileen Fischer and Jon Kabat-Zinn. http://www.pbs.org/video/mindfulness-goes-mainstream-jjfwvu/.

4. Britta K. Hölzel, James Carmody, Karleyton C. Evans, Elizabeth A. Hoge, Jeffery A. Dusek, Lucas Morgan, Roger K. Pitman, and SaraW. Lazar, "Stress Reduction Correlates with Structural Changes in the Amygdala," Social Cognitive and Affective Neuroscience 5, no.) (2009): 11-17. doi:10.1093/scan/nsp034.

5. "News: Finnish Research Team Reveals How Emotions Are Mapped in the Body," Aalto University, December 30, 2013, http://www.aalto.fi/en/current/news/view/2013-12-31/.

6. Malcolm Gladwell, Blink: The Power of Thinking Without Thinking (New York: Back Bay Books, 2013).

7. Matthew Lieberman, "Putting Feelings into Words: The Neural Basis of Unintentional Emotion Regulation," PsycEXTRA Dataset, 2007. doi:10.1037/

e634112013-130.

8. Davide Laneri, Verena Schuster, Bruno Dietsche, Andreas Jansen, Ulrich Ott, and Jens Sommer, "Effects of Long-Term Mindfulness Meditation on Brain's White Matter Microstructure and Its Aging," Frontiers in Aging Neuroscience 7 (2016). doi:10.3389/fnagi.2015.00254.

제15장. 자기 조절 강화하기

1. Sun Tzu, The Art of War (New York: Oxford University Press, 1971).

2. J. A. Brefczynski-Lewis, JA. Lutz, H. S. Schaefer, D. B. Levinson, and R. J. Davidson, "Neural Correlates of Attentional Expertise in Long-Term Meditation Practitioners," Proceedings of the National Academy of Sciences 104, no. 27 (2007): 11483-11488. doi:10.1073/pnas.0606552104.

3. Viktor Emil Frankl, Man's Search for Meaning: An Introduction to Logotherapy (Boston: Beacon Press, 1992).

4. Mindfulness Goes Mainstream. Performed by Jewel, Eileen Fischer and Jon Kabat-Zinn. http://www.pbs.org/video/mindfulness-goes-mainstream-jjf wvu/.

5. Marcus Aurelius, Meditations, n.d.

6. Maria Popova, "Bruce Lee's Never-Before-Seen Writings on Willpower, Emotion, Reason, Memory, Imagination, and Confidence," Brain Pickings, August 9, 2016, https://www.brainpickings.org/2016/08/01/bruce-lee-note book/.

7. Dr. Daniel J. Levitin, RSS, "This Is Your Brain on Music," http://daniellevitin. com/publicpage/books/this-is-your-brain-on-music/ (accessed October 4, 2017).

8. "'Imperfect Harmony': How Singing with Others Changes Your Life," NPR, June 3, 2013, http://www.npr.org/2013/06/03/188355968/imperfect-harmo ny-how-chorale-singingchanges-lives.

9. DolceCamy87, YouTube, November 30, 2011, https://www.youtube.com/ watch?v=1PbHXMJJ-dY.

10. "How the Prescription Drug Crisis Is Impacting American Employers," National Safety Council, 2017, http://www.nsc.org/NewsDocuments/2017/Me dia-Briefing-National-Employer-Drug-Survey-Results.pdf.

제16장. 동기 북돋우기

1. John Hagel, "If You Love Them, Set Them Free," Deloitte Insights, https://dupress.deloitte.com/dup-us-en/topics/talent/future-workforce-engagement-in-the-workplace.html (accessed August 3, 2017).

2. Stuart Brown, "Play Is More than Just Fun," TED Talk, https://www.ted.com/talks/stuart_brown_says_play_is_more_than_fun_it_s_vital (accessed November 1, 2017).

3. "Press Play," Audio blog, TED Radio Hour Podcast, NPR, n.d., http://www.podcasts.com/npr_ted_radio_hour podcast/episode/press-play.

4. Abbot, Lydia, "New Insights that May Make You Rethink How You Recruit Millennials," LinkedIn Talent Blog, https://business.linkedin.com/talent-solutions/blog/hiring millennials/2016/new-insights-that-may-make-you-rethink-how-you-recruit-millennials (accessed November 1, 2017).

5. Brad White, "Millennials or Boomers: Who Is More Purpose Driven?" BrightHouse, Home of Purpose, July 5, 2017, http://thinkbrighthouse.com/millennials-or-boomers-who-is-morepurpose-driven/.

6. Daniel H. Pink, Drive: The Surprising Truth About What Motivates Us (New York: Riverhead Books, 2012).

7. Barry Schwartz, Why We Work (New York: TED Books, Simon and Schuster, 2015), 1-3.

8. "What Is Delivering Happiness?" Delivering Happiness, http://deliveringhappiness.com/company/ (accessed October 13, 2017).

9. Adrian Charles, Nadia Tarlow, and Chris Bertish, dirs., Ocean Driven, n.d., http://www.oceandrivenfilm.com/.

제17장. 낙관주의자의 언어

1. "Resilience," Merriam-Webster, n.d., https://www.merriam-webster.com/dictionary/resiliencemedicalDictionary.

2. Maria Popova "Fixed versus Growth: The Two Basic Mindsets that Shape Our Lives," Brain Pickings, September 18, 2015, https://www.brainpickings.org/2014/01/29/carol-dweckmindset/.

3. Carol S. Dweck, "Mindsets and Math/Science Achievement," Carnegie-IAS Commission on Mathematics and Science Education, 2008, https://www.nd.gov/dpi/uploads/1381/Dweck2008MindsetsandMathScienceAchievemented.pdf.

4. Carol Dweck and Kathleen Hogan, "How Microsoft Uses a Growth Mindset to Develop Leaders," Harvard Business Review, April 21, 2017, https://hbr.org/2016/10/how-microsoftuses-a-growth-mindset-to-develop-leaders.

5. Christine Comaford-Lynch, Smart Tribes: How Teams Become Brilliant Together (New York: Portfolio/Penguin, 2013), https://books.google.com/books?id=UNhOa4zLfCsC&pg=PT256&lpg=PT256&dq=fred luskin research 90%25 thoughts&source=bl&ots=pzdHm0nLCn&sig=oMOLgf3nyvuxf13ywhrnkTZ2nSE&hl=en&sa=X&ved=0ahUKEwji35b1nevVAhVX42MKHfJ6Bn4Q6AEIPTAEv=onepage&q=fred%20luskin%20research%2090%25%20thoughts&f=false.

6. Rick Hanson, Hardwiring Happiness: The New Brain Science of Contentment, Calm, and Confidence (New York: Harmony Books, 2016).

7. "Neuroscience of Mindfulness: Default Mode Network, Meditation, and Mindfulness," Mindfulness, MD, June 17, 2017, https://www.mindfulnessmd.com/2014/07/08/neuroscience-of-mindfulness-default-mode-network-meditation-mindfulness/.

8. Malcolm Gladwell, Blink: The Power of Thinking Without Thinking (New York: Back Bay Books, 2013).

9. Steve Zaffron, and Dave Logan, Three Laws of Performance: Rewriting the Future of Your Organization and Your Life (San Francisco: Jossey-Bass, 2009).

10. Martin E. P. Seligman, Learned Optimism (North Sydney, N.S.W.: William Heinemann Australia, 2011).

11. "Don't Give Up: Why Sales Persistence Pays Off (Op-Ed)," Business News Daily, October 31, 2013, http://www.businessnewsdaily.com/5389-in-sales-persistence-pays-off.html.

12. Jon Gordon, The Positive Dog: A Story About the Power of Positivity (Hoboken, NJ: John Wiley & Sons, 2012).

13. Alexander Caillet, Jeremy Hirshberg, and Stefano Petti, "How Your State of Mind Affects Your Performance," Business Insider, May 13, 2015, http://

www.businessinsider.com/howstate-of-mind-affects-performance
-2015-5.

14. Deborah D. Danner, David A. Snowdon, and Wallace V. Friesen, "Positive
Emotions in Early Life and Longevity: Findings from the Nun Study," Journal
of Personality and Social Psychology 80, no. 5 (2001): 804-813.
doi:10.1037/0022-3514.80.5.804.

15. Jim Keenan, "The Proven Predictor of Sales Success Few Are Using," Forbes,
December 5, 2015, https://www.forbes.com/sites/jimkeenan/2015/12/05/
the-proven-predictor-of-salessuccess-few-are-using/255565a74ede.

16. Ellie Lisitsa, "The Positive Perspective: More on the 5:1 Ratio," The Gottman
Institute, March 13, 2017, https://www.gottman.com/blog/the-posi
tive-perspective-more-on-the-51-ratio/.

17. Alok Chakrawal and Pratibha Goyal, Stress Management(Delhi, India: Studera
Press), 312.

18. "What Is Gratitude and What Is Its Role in Positive Psychology?" Positive
Psychology Program—Your One-Stop PP Resource! April 28, 2017, https://
positivepsychologyprogram.com/gratitude-appreciation/.

19. R. D. Putnam, Bowling Alone: The Collapse and Revival of American Com-
munity (New York: Simon and Schuster, 2000).

20. Daniel Goleman, Leadership: The Power of Emotional Intelligence (Florence,
MA: More than Sound, 2011).

21. B. L. Fredrickson and M. F. Losada, "Positive Affect and the Complex Dy-
namics of Human Flourishing," American Psychologist 60, no. 7 (2005): 678-
686.

22. Harvard Health Publications, "Optimism and Your Health," May 1, 2008,
http://www.health.harvard.edu/newsletters/Harvard_Mens_Health_
Watch/2008/Mayoptimism-andyour-health.

23. "Group Affect," Group Affect: Annual Review of Organizational Psychology
and Organizational Behavior, November 1. http://www.annualreviews.org/
doi/abs/10.1146/annurev-orgpsych-032414-111316?journalCode=orgpsych
(accessed November 1, 2017).

24. Rob Thomas and Robert J. Cross, "Managing Yourself: A Smarter Way to Net-

work," Harvard Business Review, July-August, 2014, https://hbr.org/2011/07/managing-yourself-a-smarterway-to-network.

25. Sheldon Cohen, Cuneyt M. Alper, William J. Doyle, John J. Treanor, and Ronald B. Turner, "Positive Emotional Style Predicts Resistance to Illness After Experimental Exposure to Rhinovirus or Influenza A Virus," Psychosomatic Medicine 68, no. 6 (2006): 809-815. doi:10.1097/01.psy.0000245867.92364.3c.

26. T. Rath and D. O. Clifton, How Full Is Your Bucket? Positive Strategies for Work and Life (New York: Gallup, 2004).

27. Christopher Bergland, "Negative Emotions Can Increase the Risk of Heart Disease," Psychology Today, May 6, 2014, https://www.psychologytoday.com/blog/the-athletes-way/201405/negative-emotions-can-increase-the-risk-heart-disease.

28. Mary C. Davis, Alex J. Zautra, and Bruce W. Smith, "Chronic Pain, Stress, and the Dynamics of Affective Differentiation," Journal of Personality 72, no. 6 (2004): 1133-1160. doi:10.1111/j.1467-6494.2004.00293.x.

29. J. L. Boone and J. P. Anthony, "Evaluating the Impact of Stress on Systemic Disease: The MOST Protocol in Primary Care," Journal of the American Osteopathic Association 103, no. 5 (200): 239-246, https://www.ncbi.nlm.nih.gov/pubmed/12776765.

제18장. 더 좋은 사람이 된 나를 공유하기

1. Fariss Samarrai, "Human Brains Are Hardwired for Empathy, Friendship, Study Shows," UVA Today, August 21, 2013, https://news.virginia.edu/content/human-brains-arehardwired-empathy-friendship-study-shows.

2. "Mirror Neurons After a Quarter Century: New Light, New Cracks," Science in the News, August 15, 2016, http://sitn.hms.harvard.edu/flash/2016/mirror-neurons-quarter-centurynew-light-new-cracks/.

3. John Mark Taylor, "Mirror Neurons After a Quarter Century: New Light, New Cracks," Science in the News, August 15, 2016, http://sitn.hms.harvard.edu/flash/2016/mirror-neuronsquarter-century-new-light-new-cracks/.

4. jayshox, YouTube, January 7, 2013, https://www.youtube.com/

watch?v=Sin9M9boANo.

5. Cousineau, T. (2018). The Kindness Cure: How the Science of Compassion Can Heal Your Heart and Your World (Oakland, CA: New Harbinger Publications)

6. Flavelle, Dana. "MDC's Miles Nadal resigns, agrees to pay 12.5M in SEC probe." Thestar.com. July 21, 2015. Accessed January 05, 2018. https://www.thestar.com/business/2015/07/21/mdcs-miles-nadal-resigns-agrees-to-pay-125m-in-sec-probe.html.

7. Norman A. S. Farb, Zindel V. Segal, Helen Mayberg, Jim Bean, Deborah McKeon, Zainab Fatima, and Adam K. Anderson, "Attending to the Present: Mindfulness Meditation Reveals Distinct Neural Modes of Self-Reference, Social Cognitive and Affective Neuroscience, Oxford Academic," OUP Academic, Oxford University Press, August 13, 2007, https://academic.oup.com/scan/article/2/4/313/1676557/Attending-to-the-present-mindfulnessmeditation.

8. Bryan D. James, Robert S. Wilson, Lisa L. Barnes, and David A. Bennett, "Late-Life Social Activity and Cognitive Decline in Old Age," Journal of the International Neuropsychological Society," Cambridge University Press, April 8, 2011, https://www.cambridge.org/core/journals/journal-of-the-international-neuropsychological-society/article/late-life-socialactivity-and-cognitive-decline-in-old-age/91C0CD4DF1817938EB16E3179567D76E.

9. Daniel Kahneman, Thinking, Fast and Slow (New York: Farrar, Straus and Giroux, 2015).

10. "Understanding the Power of the 125-400 Rule of Listening," Oscar Trimboli, November 28, 2016, https://www.oscartrimboli.com/understanding-power-125-400-rule-listening/.

11. "Listening: Our Most Used Communication Skill," CM150 Listening: Our Most Used Communications Skill, University of Missouri Extension, http://extension.missouri.edu/p/CM150 (accessed October 14, 2017).

12. Bill George, Discover Your True North (Hoboken, NJ: John Wiley & Sons, 2015).

13. Johnny Cash, Hurt, CD, Americans Recording Studios, 2002.

제19장. 아이를 키울 때 활용할 수 있는 감성지능 기술

1. "Stress in America Findings," American Psychological Association, 2010,

https://www.apa.org/news/press/releases/stress/2010/national-report.pdf.

2. Aimee Picchi, "Young Adults Living with Their Parents Hits a 75-Year High," CBS News December 21, 2016, https://www.cbsnews.com/news/percentage-of-young-americansliving-with-their-parents-is-40-percent-a-75-year-high/.

3. "Stress in America: Paying with Our Health," PsycEXTRA Dataset, February 2015. doi:10.1037/e513292015-001.

4. Justin Parent, Laura G. Mckee, Jennifer N. Rough, and Rex Forehand, "The Association of Parent Mindfulness with Parenting and Youth Psychopathology Across Three Developmental Stages." Journal of Abnormal Child Psychology 44, no. 1 (2015): 191-202. doi:10.1007/s10802-015-9978-x.

5. Thomas Jefferson University, "Trauma-Informed, Mindfulness-Based Intervention Significantly Improves Parenting," ScienceDaily, www.sciencedaily.com/releases/2017/07/170727130606.htm.

6. "Teaching Gratitude in a Culture of Entitlement," Greater Good, accessed July 23, 2017, https://greatergood.berkeley.edu/article/item/teaching_gratitude_in_a_culture_of_entitlement.

7. Ann Vernon Cognitive and Rational-Emotive Behavior Therapy with Couples: Theory and Practice (New York: Springer, 2012).

8. Adam Mansbach, Go the F**k to Sleep (New York: Akashic Books, 2011).

9. Bruce Feiler, The Secrets of Happy Families: Improve Your Mornings, Tell Your Family History, Fight Smarter, Go Out and Play, and Much More (New York: HarperCollins, 2013).

10. M. R. Lepper, D. Greene, and R. E. Nisbett, "Undermining Children's Intrinsic Interest with Extrinsic Rewards: A Test of the 'Overjustification Hypothesis,'" Journal of Personality and Social Psychology, 28 (1973): 129-137.

11. "What Parents of Successful Kids Have in Common," Time, http://time.com/money/4738936/parents-of-successful-kids-tips/ (accessed October 1, 2017).

12. Daniel J. Siegel, Brainstorm: The Power and Purpose of the Teenage Brain (New York: Jeremy P. Tarcher/Penguin, 2013).

제20장. 마인드풀니스를 루틴으로 만들자

1. Brown, Les, "To Be Successful, You Must Be Willing to Do the Things Today

Others Won't Do in Order to Have the Things Tomorrow Others Won't Have," Twitter, November 17, 2012, https://twitter.com/lesbrown77/status/269893070298955776?lang=en.

가지 않은 길, 마인드풀니스

2022년 8월 1일 1판 1쇄 펴냄

지은이 | 조 버튼
옮긴이 | 김은미
펴낸이 | 김철종

펴낸곳 | (주)한언
출판등록 | 1983년 9월 30일 제1-128호
주소 | 서울시 종로구 삼일대로 453(경운동) 2층
전화번호 | 02)701-6911 팩스번호 | 02)701-4449
전자우편 | haneon@haneon.com
ISBN 978-89-5596-932-0 (03190)

만든 사람들
기획 · 총괄 | 손성문
편집 | 김세민
디자인 | 박주란

한언의 사명선언문

Since 3rd day of January, 1998

Our Mission − 우리는 새로운 지식을 창출, 전파하여 전 인류가 이를 공유케 함으로써
인류 문화의 발전과 행복에 이바지한다.

− 우리는 끊임없이 학습하는 조직으로서 자신과 조직의 발전을 위해 쉼
없이 노력하며, 궁극적으로는 세계적 콘텐츠 그룹을 지향한다.

− 우리는 정신적·물질적으로 최고 수준의 복지를 실현하기 위해 노력하
며, 명실공히 초일류 사원들의 집합체로서 부끄럼 없이 행동한다.

Our Vision 한언은 콘텐츠 기업의 선도적 성공 모델이 된다.

저희 한언인들은 위와 같은 사명을 항상 가슴속에 간직하고
좋은 책을 만들기 위해 최선을 다하고 있습니다.
독자 여러분의 아낌없는 충고와 격려를 부탁드립니다.
· 한언 가족 ·

HanEon's Mission statement

Our Mission − We create and broadcast new knowledge for the advancement and
happiness of the whole human race.

− We do our best to improve ourselves and the organization, with the
ultimate goal of striving to be the best content group in the world.

− We try to realize the highest quality of welfare system in both
mental and physical ways and we behave in a manner that reflects
our mission as proud members of HanEon Community.

Our Vision HanEon will be the leading Success Model of the content group.